高等职业教育“十二五”规划教材——电子商务专业

网上创业实务

主　编　顾　明

副主编　韩春艳　王宁宁

参　编　钱晓舒　张　沚

主　审　王明高

机 械 工 业 出 版 社

本书将创业教育与网上商务相结合，把创业精神培养、创业知识和技能讲解、创业实践融为一体，在深入分析网上创业系列活动的基础上，采用职业应用项目化教材的编写体例，突显实践性、实用性特点，同时力求做好教材与学材的统一。全书内容共分 9 个项目，包括提升网上创业素质、识别网上创业机会、网上创业准备、开设 C2C 网店、落户网上商城和建立 B2C 网站、推广网上创业、管理网上创业、撰写网上创业计划书、了解网上创业的法律及政策。

本书可作为各职业院校电子商务、市场营销、国际贸易等专业的专业课程教材，也可作为其他相关专业的创业课程教材。本书提供了教师专用的电子课件，可以从机械工业出版社网站 http://www.cmpedu.com 上以教师身份免费注册下载。

图书在版编目（CIP）数据

网上创业实务 / 顾明主编. —北京：机械工业出版社，2013.8（2018.8 重印）
高等职业教育“十二五”规划教材. 电子商务专业
ISBN 978-7-111-42948-7

Ⅰ. ①网… Ⅱ. ①顾… Ⅲ. ①电子商务—高等职业教育—教材 Ⅳ. ①F713.36

中国版本图书馆 CIP 数据核字（2013）第 187838 号

机械工业出版社（北京市百万庄大街 22 号　邮政编码 100037）
策划编辑：梁　伟　责任编辑：蔡　岩
封面设计：鞠　杨　责任印制：常天培
涿州市京南印刷厂印刷
2018 年 8 月第 1 版 • 第 5 次印刷
184mm×260mm • 15.5 印张 • 379 千字
7001—8900 册
标准书号：ISBN 978-7-111-42948-7
定价：39.00 元

凡购本书，如有缺页、倒页、脱页，由本社发行部调换

电话服务	网络服务
服务咨询热线：010-88379833	机 工 官 网：www.cmpbook.com
读者购书热线：010-88379649	机 工 官 博：weibo.com/cmp1952
	教育服务网：www.cmpedu.com
封面无防伪标均为盗版	金 书 网：www.golden-book.com

前　言

“创业教育”最早由联合国教科文组织于1989年提出，美国、英国、日本、加拿大和澳大利亚等国家都已形成一套相对成熟的创业教育体系。目前，我国各类学校大多是以引进国外的创业教育项目为基础开展创业教育，这些创业教育项目主要有KAB、SYB、NFTE，KAB、SYB、NFTE都是在国外有着多年经验积累的成熟的培训项目，但课程内容安排、教学案例选择以传统领域创业为主。随着我国经济的转型和成熟，传统领域创业机会相应减少，成功的难度也越来越大，同时传统领域创业需要筹集资金、解决场地、办理相关手续等，所以学生的创业策划很难付诸实践去接受市场的检验，只有极少数学生有实践可能，大多数学生难以真正体验创业的乐趣，缺乏成就感。

网上创业教育是近几年出现的备受瞩目的创业教育方式。在创业教育系统中，相对于理论的传授，实践被认为是更重要的培训环节，而网上创业教育可以很好地解决学生校内创业实践机会偏少的问题，同时，与传统领域创业相比，网上创业优势明显。

1）机会多、成本低、风险小、程序简单。随着网民规模的扩大，网络市场的发展，网上创业机会不断增加；网上创业无需场地，有现成的租金为零的网上交易平台，可以实现零成本创业；网上创业进入、调整、退出成本低，创业失败的损失小；小规模网上创业实践无需工商税务登记，大大简化了创业程序。

2）网上创业对创业计划书的要求较低。职业院校学生创业基本上是先做了再说，走一步看一步。网上创业可以由一个人独立完成创业流程所有方面的操作，调整经营业务或者退出经营比较方便而且成本低廉，学生可以在网上创业→调整→再调整的过程中，不断学习，积累经验，可以持续地获得阶段性的成就感，增强创业动力，降低创业风险。

3）学生网上创业有比较优势。与其他创业人群相比，学生在传统领域创业很多方面处于劣势，比如资金、经验、时间等方面，但在网上创业学生的比较优势非常明显，比如网络技能、网络体验等方面。

以上这些网上创业的优势，是近年来网上创业成为学生自主创业的最主要方式的重要原因。在创业教育中，不少学校的电子商务专业已经把网上创业作为创业教育的主要内容，有些学校在其他专业创业教育中也积极尝试进行网上创业教育。网上创业教育不仅在培养创业精神、学习创业知识和技能方面可以面向全体学生，更重要的是能够在实践环节实现以低成本覆盖全体参与创业教育的学生，所以，网上创业教育是普及创业教育的有效途径。

为此，我们把创业教育与网上商务相结合，把创业精神培养、创业知识和技能教学、创业实践融为一体，组织编写了《网上创业实务》，希望能够进一步丰富创业教育课程体系，促进创业教育的广泛开展。

本书是在深入分析网上创业系列活动的基础上，采用职业应用项目化教材的编写体例，全书共设计了9个项目，每个项目包含若干任务，每个任务采用任务要点、任务情境、任务分析、任务实施、触类旁通、案例分析的编排方式，重点介绍完成任务的操作步骤和技能。本书的9个项目包括：提升网上创业素质、识别网上创业机会、网上创业准备、开设C2C网店、落户网上商城和建立B2C网站、推广网上创业、管理网上创业、撰写网上创业计划书、了解网上创业的法律及政策。

本书由顾明主编，并负责整体策划和统稿。韩春艳、王宁宁担任副主编。由王明高主审。参与编写的还有钱晓舒、张沚。编写分工如下：顾明编写项目 1、9；韩春艳编写项目 2、3；王宁宁编写项目 4、7；钱晓舒编写项目 5、6；张沚编写项目 8。

本书的编写团队具有丰富的创业实践经验和较高的教学技能，团队的大部分成员是淘宝大学的培训讲师，成员当中有淘宝皇冠卖家，有江苏省职业学校技能大赛电子商务技术项目教师组一等奖获得者。本书是江苏省教育科学"十二五"规划课题"基于 C2C 平台高职学生创业的研究"的成果。

本书在编写过程中借鉴了国内外不同层次网上创业教育、创业教育方面的教材，以及大量的网上创业资料，在此，对所有注明的和未能注明的参考文献作者表示深深的谢意。同时，要特别感谢上海商派网络科技有限公司电商人才事业部讲师曾珠在多方面给予的大力支持。由于编者水平有限，教材中难免有不妥之处，恳请批评指正。

编　者

目　录

项目1

提升网上创业素质

人人都可以在网上创业，可以在网上成就属于自己的一份事业。通过学习那些网上创业的成功人士，我们会发现，他们都具有一定的网上创业基本素质，主要包括4个方面：强烈的创业意识、良好的心理品质、网上创业知识、网上创业能力。

网上创业需要的是以上4个方面的综合素质，每一项都很重要，不可偏废。当然，要做到每一项素质都特别出色也不容易，一般能达到基本要求即可。有些素质是天生的，但大多数可以通过后天的努力来改善。如果我们能够从现在做起，注重培养、提升自己的网上创业素质，那么网上创业的成功一定指日可待。

学习提示

学习目标

- 知识目标：理解网上创业和创业意识的含义，理解网上创业品质的基本内容，掌握网上创业的相关知识。
- 能力目标：能够自我激励，具有强烈的创业意识，能有意识地培养良好的创业品质，能够不断提高网上创业能力。

本项目重点

强化创业意识、养成良好的心理品质、掌握网上创业知识、锻炼网上创业能力。

本项目难点

养成良好的心理品质。

任务1 强化创业意识

任务要点

关 键 词：网上创业、创业意识、网商。

理论要点：网上创业、创业意识的含义。

实践要点：能够查阅网上创业榜样的资料并有所感悟，能够自我激励。

任务情境

小马是一所高职学校的学生，小马穿的外衣是从网上淘来的，玩的手机是在京东商城买的。这天彬彬、小丽和阿强给小马庆祝生日，吃的是从美团网团购的套餐，几个人聊着聊着，话题又聊到大家共同感兴趣的网上创业。

彬彬说："想创业，但没有资金。"

小丽说："还在上学没有那么多时间。"

阿强说："虽然经常在网上玩，但真的在网上创业，这点网络技术水平行吗？"

小马说："在网上创业这些都不算难题，关键是大家想在网上创业的愿望有多强烈。"

任务分析

2012 年 4 月 7 日，在中国互联网站长年会上，乔布斯天使投资人李宗南介绍了他投资的创业人需具备的 3 个条件，其中第一个条件是废寝忘食的圆梦激情。圆梦激情就是我们这里要说的强烈的创业意识。创业意识是创业实践的先导，支配着创业者对创业活动的态度和行为，决定着创业行为的方向和力度，是创业者从事创业活动的强大的内在驱动力。

通过了解社会上哪些人在网上创业、谁在网上创业获得成功，寻找我们身边的网上创业者，搞清楚他们做什么、做得怎样，从而激发我们的网上创业热情，让强烈的创业意识激励、鞭策我们阔步迈上网上创业的金光大道。

任务实施

步骤 1　看看谁在网上创业

网上创业的人当中很多是我们的同龄人，也不乏爷爷奶奶级的人物；有白领，也有农民和下岗职工；有博士、硕士，也有学历低甚至都不会用电脑的朋友；有兼职在网上创业的，也有全职做的；他们专业背景不同、经历各异、网上创业的投资规模也不一样，但是他们却实实在在地在网络创业的大潮中，赢得了自己的一席之地。

沈兴钟先生现年 63 岁，是深圳市汤斯敦珠宝公司的董事长。从负债 170 多万元到年销售额 5 000 多万元，沈兴钟创造了老年人网上创业的奇迹。借助电子商务，汤斯敦珠宝成功地渡过了经济危机，业绩不降反升。

江苏省徐州市睢宁县的沙集镇是江苏北部的一个小镇，当地没有产业、没资源，青壮年一般都选择外出打工，只留老人、妇女在家里打理几亩薄地。就是这样的一个地方，现在已经成为网络家具行业卖家数量最集中、交易额最大的一个群体。2008 年沙集镇网店销售额在 5 000 万元以上。该镇的东风村过去被称为"破烂村"，现在全村 500 多户人家有 400 多户在网上开店卖家具。沙集镇被评为 2010 年最佳网商沃土。

小链接 1-1

网上创业的定义和形式

网上创业是指某个人发现某种信息、资源、机会或掌握某种技术，利用互联网，将其发现的信息、资源、机会或掌握的技术，以一定的方式，转化、创造成更多的财富、价值，并实现某种追求或目标的过程。

网上创业的形式很多，网上开店是目前最常见的网上创业形式。其他形式还包括商务网站、电子出版、博客、威客、网上家教、网上咨询、网上代理等。

所有到过浙江义乌工商职业技术学院的人，都会发现这里和其他学校截然不同的风景：快递公司的车盘踞在校园里，专为学生提供快递服务；几乎每个学生都有自己的网店，大家的话题总是“生意”；每年暑假有超过一半的学生不回家……丁阳波是安徽人，在义乌工商职业技术学院的“创业学院”就读，被班上的同学戏称为“丁总”。不过在进这所学校之前，他并没有想过自己创业，他说：“来到学校之后，被那种创业的气氛感染了。”在大一的暑假，他才开始在淘宝开店。

2009 年 7 月，丁阳波在淘宝的网店开张，专营家居用品。自从丁阳波的网店步入正轨，原先从事家政服务工作的母亲也辞去工作来帮忙。后来，电气自动化专业毕业的哥哥也做出了同样的选择，负责在网店处理接单、售后等服务，父亲下班后也会来搭把手。“因为在网店的收益比打工高嘛。”丁阳波笑着说，他现在除了上课外，只需要跑市场就可以了。2009 年 12 月，网店的营业额达三十几万元。

“市场全是自己跑出来的。”丁阳波说，网店开张后，他一家一家去找供货商，拍照片、看质量、做对比，“蛮辛苦的，早上 9 点多起床，夜里要工作到两三点才睡觉”。加上刚开店时，他的方向并不明确，“几乎什么东西都卖。”3 个月之后，丁阳波慢慢摸清方向，化妆品的进货价很高，而且淘宝上卖化妆品的人太多，这条产品线被他淘汰掉，改进一些家居类的产品。目前，店里销售的宝贝主要是季节性用品和创意家居产品，仅国旗的销售就超过 15 万面，“以后店里的商品会更加多元化，可能会转向批发或者做电子商务网站。”他打算去外地寻找更多的供货商。

现在唯一让丁阳波感觉有点郁闷的是，他和高中同学交流时已经出现了“代沟”，他能明显感觉到。高中毕业仅两年，他和同学已经很难找到共同话题，昔日的高中同学都会聊些类似“这里玩一下，那里玩一下”的话题，而丁阳波更关注生意、商机。

步骤 2　向网上创业成功者致敬

在成千上万的网上创业大军中，张朝阳、杨致远、陈天桥、丁磊、马云、史玉柱，这些都是大家耳熟能详的网上创业成功人士，这些人无一不是身家亿万元的巨富。

除了这些名人，网上创业的高手还有很多，他们都是我们学习的榜样。

2011 年 9 月 9 日，由杭州市人民政府、中国电子商务协会和阿里巴巴集团主办的第八届网商大会在浙江省人民大会堂隆重举行颁奖大会，这次网商大会的主题为开放、生态、共赢，来自全国和世界各地的网商共聚一堂，见证 2011 年全球十佳网商出炉。2011 年全球十佳网商名单如下：

李连柱　广州新居网家居科技有限公司（尚品宅配）

刘鹏飞　世界孔明灯大王

劳富文　东莞亲亲我贸易有限公司
李志勇　广州市森荣手袋制造有限公司
李晓军　艺福堂茗茶旗舰店
胡景晖　伟业我爱我家
孟宏伟　山东嘉祥县黄垓乡来喜肉牛养殖场
佐村信哉　nissen 全球购物网（日本）
阮华君　浙江长生鸟珍珠生物科技有限公司
戴跃锋　湖南御家汇网络有限公司（御泥坊）

小链接 1-2

网商、全球十佳网商评比

网商——是指利用互联网作为企业或个人商业经营平台，进行采购、销售、企业产品展示、信息发布等企业日常经营活动，并以此作为企业主要经营手段的企业家或商人。自阿里巴巴 2004 年提出网商概念至今，网商群体也在发生着持续的演化和变迁。

网商大会是阿里巴巴集团举办的中国规模最大的电子商务行业性会议。网商大会于 2004 年首次举办，2008 年 APEC 工商咨询理事会旗下的亚太中小企业峰会与第五届网商大会一并举行，中国网商大会也由此提升为全球网商大会。现在，每年 9 月举行的全球网商大会以及全球网商颁奖盛典已经成为国际互联网特别是国际电子商务界最为瞩目的盛事，年度全球十佳网商的评选也成为业内最权威和最令人期待的奖项。

2010 年全球十佳网商名单如下：
1 号店网上超市
春秋航空有限公司
何洪伟　万客商城
何荣生　杭州开源艺术品有限公司
林阿里　艾利康建材
沈兴钟　深圳汤斯敦珠宝有限公司
吴芳芳　摩登小姐
徐群　Justyle
张静　青岛适宝家居用品有限公司
赵海伶　青川山大王网店

以上是 2011 年和 2010 年来评选出的全球最佳网商，他们当中一定有我们感兴趣的行业榜样，把他（们）找出来，仔细研究他（们）的奋斗历程，这对我们网上创业大有裨益。

步骤 3　寻找身边的网上创业者

虽然全球十佳网商人人敬仰，但在我们身边也不乏网上创业者的身影。根据对江苏省苏南、苏中、苏北 6 所高职学校的调查，高职学校学生网上创业的意愿高达 60%，网上创业学生比例达到 5.92%。其他研究者做的调查表明，高职学生网上创业意愿高于本科学生。

了解一下，在我们的同学和亲朋好友中，谁在网上创业？他们在网上做什么？怎么做的？做得怎样？

“守时是一种态度，守信是一种美德，100%用心是我们的承诺。”这是淘宝网上扬州市的一家毛绒玩具店给顾客的承诺。店主周亮是个刚 20 出头的小伙子，2010 年高职毕业，虽然是 2009 年才在网上开店，但短短一年时间，他已经把毛绒玩具卖到了新加坡、中国香港、中国台湾等国家和地区，目前月利润已高达 3 万元。说起周亮，班主任很感慨："没想到原先的捣蛋鬼，现在成了创业明星。"在选择网上创业前，周亮在班上的成绩并不好，和很多男生一样，调皮、喜欢上网、爱打游戏。出于兴趣，周亮毕业前选择在一家毛绒玩具网店实习当客服，每个月 2 000 元。周亮发现，干这行很有前景，有的时候一个晚上的销售额就能达到 1 万元。周亮心想：这一行有这么好的发展前景，我也要开店。网店刚开的那阵子，周亮的东西也卖不出去，他在各大网站发帖子、制作产品小广告、以优惠的价格吸引顾客、制作精美的产品说明等。终于有一天，有一个客户一下子给他发来了 1.5 万个毛绒玩具的订单，几个月的等待，让周亮看到了希望，那一次他挣了 1.2 万元。现在周亮已经在扬州五亭龙玩具城拥有了一家实体店，网店销售的玩具品种也多达 600 种，每天仅对外发出的包裹就有 1 000 多个，网上的毛绒玩具店已经做到 3 个皇冠。

李小华 2003 年从学校毕业，为了就业奔波在各个城市。但他毕业半年内都无法找到一份合适的工作。李小华在网上发表文章诉说自己无奈的处境，并将自己的页面命名为南京在线收废网，说自己正在收购破烂，请愿意出售破烂的人留言，自己会上门收购。信息发出去以后，虽然很多人都以为是一个闹剧，但还是有些有同情心的人，就在他的网站上留言，希望他可以来收购破烂。当然，那些留言的人压根没想到真的会有人出现在门口来收购破烂。可是当李小华出现在他们门口的时候，大家都惊讶了。竟然真的有这么一个人存在，他们把破烂低于市场价卖给李小华。网上收破烂的故事一传十，十传百，李小华的南京在线收废网很快传遍了南京城。在很多行业里受挫折的李小华，命运却为他打开另一扇窗户，李小华在认真对待每一条留言中慢慢走向成功，挖到了自己的第一桶金。

步骤 4 我要网上创业

自古以来，创业都是一个新鲜的话题。"励志照亮人生，创业改变命运"。其实，在每个人的内心深处，从懵懂的少年，到白发的老人，都有改变命运的渴望。人生在世，都盼望着自己的生命能活得精彩一些，渴望得到别人的尊重和承认。而拥有一份成功的事业，正是改变命运的保障。因此，在每个人的心里，都隐藏着一个创业情结，创业的念头几乎在每个人的心中涌动过。

考虑一下，创业、网上创业对我们有什么好处？

1. 创业的好处

1）不必遵守别人制定的规则和工作时间。

2）能够将一种技能、爱好或兴趣转变为经营业务。

3）通过辛勤的劳动，获得极大的收获，包括获得财富。

4）能创造有价值的事物。

2. 网上创业的优势

与传统的创业方式相比，网上创业具有明显优势：

1）进入门槛低，启动资金少。

2）风险小，见效快。

3）市场大，客户资源广阔。

4）传播和营销效率高。

5）在家创业管理成本最小化。

6）极高的时空自由度。

7）满足生活和事业的个性化追求，为实现高品质的生活创造条件。

8）无特权，免交际应酬。

3．网络市场前景好

中国互联网络信息中心（CNNIC）每半年发布一次我国互联网络发展状况调查统计报告，把最近发布的数据与3年前的数据进行简单对比（见表1-1），可以看出网络市场不仅机会多，而且发展趋势好，将来的机会更多。

表1-1　我国互联网络发展状况

时　　间	网民规模/人	手机网民规模/人	网络购物用户规模/人
2011-12-31	5.13亿	3.56亿	1.94亿
2008-12-31	2.98亿	11 760万	7400万

步骤5　我要成功

“要成功，先发疯，头脑简单往前冲！”这是国际励志成功学大师、信心和潜能激发大师陈安之的一句名言。经常上网看看陈安之的视频课程《要你成功》，激情会相伴我们走向创业成功。

视力障碍，这个看似与电子商务有着遥远距离的群体，因为有了读屏软件的诞生，也从此拥有了飞往梦想的翅膀。用心创世界——这是由上海的一群爱生活、爱工作的视障大学生开的网络小店，是淘宝网首个盲人网店。4名80后大学生和1名60后，基本上是全盲，或是视力只有0.02左右的极度弱视者。他们在经历了坎坷的求职历程后，选择了网上创业。5个视障者都有国家提供经费保障基本生活来源，家庭条件也不错，生活不成问题，即使不做什么也可以，但他们不想成为社会的包袱。“用心创世界”这个店铺的目的不仅仅是为了赚钱，它承载着更大的使命——负责网店统筹的沈晨娴介绍说希望做到“助人自助”。

“淘宝童姥”吴桂芬是苏州农村的一个五十多岁的老太太。2007年，吴桂芬觉得计算机好玩开始学计算机，第一课是先学拼音。因为以前缺乏基础，学拼音几乎需要从零开始。她下定决心学习拼音，“哪怕一天学一个字，一年我也可以学365个。”从朋友那儿她找来了一本幼儿汉语拼音练习书，从“b、p、m、f”开始学。白天学，晚上学，睡在床上还在学。不久，她已经能把拼音背出来。后来，她把自己总结的办法运用到键盘上，每天学6个字母，没多久就学会了打字。

后来，吴桂芬听说可以通过网络做生意，她又开始去尝试。当时，周围很少有人知道如何操作。她便四处打听，前前后后找了十几个朋友的孩子，不少还是大学生。几经周折，2007年9月1日，她开通了自己的淘宝网店。刚开始，她打字慢，即使是简单回复买家，也需要很长时间。更让人着急的是，吴桂芬对很多操作不熟悉，不会修改价格、不会用支付宝退款等。这时，一个个买家便成了她的老师，是这些买家通过电话等方式教会了吴桂芬最基本的操作。

2009年，网店的生意做得越来越好，只做羽绒裤的吴桂芬把网店的销售额做到了150万元。吴桂芬的小作坊生产速度实在赶不上需求，她只得把很多商品下架，只留少数几个，希望这样少一些客户。新客户如果只是从网店页面上看，可能以为没货。买过多次的老客户知道她忙不过来，一般会留言等待发货。后来有的客户感叹道："姥姥家买裤子，要先下手为强！"几乎整个冬季，吴桂芬用的都是自动回复，连续用了 80 天，三个客服则忙着去发货……

自身条件不太好的沈晨娴、吴桂芬在网上都获得成功，我们更要成功。

触类旁通

创业意识是创业素质的重要组成部分，它是指一个人根据社会和个体发展的需要所引发的创业动机、创业意向或创业愿望。创业意识是人们从事创业活动的出发点与内驱力，是创业思维和创业行为的前提。需要和冲动是构成创业意识的基本要素。创业意识是创业的先导，它构成创业者的创业动力，由创业需要、动机、意志、志愿、抱负、信念、价值观、世界观等组成，是创业者进行创业活动的能动性源泉，正是它激励着创业者以某种方式进行活动，向自己定的目标前进，并力图达到和实现它。

创业意识是以提高物质和精神生活的需要为出发点的。这种需要在很大程度上取决于具体的社会历史条件，因此，创业意识具有社会历史制约性。人人具有创业潜能，这是它的自然属性。但是在社会实践领域中发现，人与人创业能力的差异相当大，究其原因，是各种社会因素、历史条件作用的结果，如是否具有创业的社会历史环境和家庭环境，是否具有鼓励和激发创业的教育方式与文化形态，以及相应的创业机制等。当今社会，随着科学技术的进步和劳动生产效率的提高，经济增长对就业的吸纳能力将会不断下降，就业缺口也会不断扩大。鼓励大学生自主创业，既能解决自身就业难的问题，还能为社会拓展就业渠道，更重要的是能满足大学生自我实现的需要。因此，现代大学生应强化创业意识，主动适应社会与时代发展的现实需要。

【案例 1-1】

人气旺盛的网上餐厅

在广州市区的一幢幢写字楼里，提起网上餐厅的老板衣欣，在那里工作的白领们几乎没有人不知道的，提起衣欣餐厅的饭菜，没有不竖起大拇指的，因为这些白领都是衣欣的忠实客户，他们每天通过邮件、电话、QQ 等通信工具，向衣欣的餐厅订购可口的饭菜，正是由于这些忠实的客户，才使衣欣餐厅成为了人气最旺盛的网上餐厅。

衣欣餐厅的老板衣欣之所以会在网上开餐厅，也是在一个很偶然的机会下才有了这个想法。衣欣并不是高考时代的幸运儿，她没有考上向往已久的大学，而是自费上了一个民办的大学，毕业后，在就业压力严峻的情况下也没有找到合适的工作，为了生计，她去了一家专门针对外国人而开设的酒吧做服务员，虽然收入不菲，但她做得并不开心。

一天，衣欣给自己的男友做了一顿可口的饭菜送到办公室，以慰问一下辛苦工作的男友，当开启饭盒的一刹那，诱人的饭香吸引了身边的同事，大家都用羡慕的目光注视着衣欣男友。因为广州是一个生活节奏比较快的城市，午餐很少有人有时间去张罗，都是吃一些小吃匆匆了事。这样一个细节被细心的衣欣注意到了，于是萌生出了开餐厅的想法。

回去之后衣欣就着手准备，一方面不断更新稳固自己的厨艺，另一方面又寻找合适的店铺，但广州繁华地段的房租惊人，让衣欣刚刚萌生的想法又有点退却。这时有着一定网络知识的男友建议衣欣大胆尝试一下在网上开餐厅，并给衣欣做了一个精美的网页，经过半个月的筹备，衣欣的网上餐厅终于开张了。为了宣传自己，衣欣做了好多名片，上面印制着联系方式和餐厅的网址，在各个商业区域发放，但开业的第一天连一单生意都没有接到，衣欣并不气馁，终于在开业的第 4 天接到了第一单生意。衣欣秉着诚信的态度，不仅在饭菜质量上下工夫，而且在服务态度上也是胜人一筹。

开张三个月后，衣欣房间里的电话接连不断，E-mail 里的订单邮件也是爆满，生意红火之后衣欣雇佣了几个员工，她的精力则放在了饭菜制作和网站布置上，每到周一，衣欣就把一星期的配餐计划发布在网页上，让客户依据自己的口味进行选择，并对饭菜的制作亲力亲为，从原料选购到整个制作过程都严格细心，争取让每一个客户都满意。

此外，衣欣还非常注重自己餐厅的信誉度，因为她知道在网上做生意，特别是食品生意，诚信是必不可少的。即使饭菜再好，服务态度差也会影响生意。一天在从邮件中得知一位送餐员把饭菜送到一名客户手中时，饭菜已经不是太热了，她立即做了一份热气腾腾的套餐和可口的汤，免费送到了这位顾客面前，从此她的订单如雪片一样飞来。

请思考：从这个案例中你得到哪些启示？

任务 2　养成良好的创业心理品质

任务要点

关 键 词：心理品质、自信、毅力、诚信、合作。

理论要点：了解创业心理品质的含义、养成良好心理品质的途径。

实践要点：养成良好的创业心理品质。

任务情境

小马等高职学生因家庭背景、学校教育等原因而形成的忍耐坚毅、行为果敢、渴望成功的特征，是他们网上创业的心理优势。同时，自卑也是他们普遍存在的心理现象，大多数学生虽几经努力却得不到学习要领，成绩进步不明显，易丧失自尊；有的学生觉得就业无望，竞争无资本，自己轻视自己，自我消沉，自甘落后，惶惶中失去自尊和自信。另外，9C 后的学生绝大多数是独生子女，相对富裕的家境往往使他们养成不好的习惯，他们很少尝过艰辛、很少受过挫折、磨难，缺少与困难抗争的意识。

任务分析

创业品质即创业心理品质，它是对创业者在创业实践过程中的心理和行为起调节作用的个性心理特征，它与人固有的气质、性格有密切的关系。创业是高职学生自立人生、实现自我理想的最切实、最可靠，也是最艰辛的漫长途径，它要求学生具备坚定充分的自信心、坚强的意志力，能够诚实守信、敢于冒风险、善于合作。

任务实施

步骤1　增强自信

自信或自卑完全是后天形成的，与先天无关。还是那句老话：最大的敌人是你自己。自信心能赋予人主动积极的人生态度和进取精神。要成为一名成功的创业者，必须坚持信仰如一，拥有使命感和责任感；信念坚定，顽强拼搏，直到成功。要相信自己有能力，有条件去开创未来的事业，相信自己能够主宰自己的命运，成为创业的成功者。可以说，拥有自信就拥有无限机会。那么如何增强自信呢？

1）关注自己的优点。在纸上列下十个优点，不论是哪方面，在从事各种活动时，想想这些优点，并告诉自己有什么优点。这样有助提升自己的自信心，也叫做“自信的蔓延效应”。这一效应对提升自信效果很好。

2）与自信的人交往。俗话说“近朱者赤，近墨者黑”，如果经常和悲观失望的人在一起，你也会萎靡不振。若经常与胸怀宽广、自信心强的人接触，你一定也会成为这样的人。

3）自我心理暗示，不断对自己进行正面心理强化，避免对自己进行负面强化。一旦自己有所进步（不论多小）就对自己说：“我能行！”“我很棒！”“我能做得更好！”等，这将不断提升自己的信心。

4）树立自信的外部形象。首先，保持整洁、得体的仪表，有利于增强一个人的自信；其次，举止自信，如走路目视前方等，刚开始可能不习惯，但过一段时间后就会有发自内心的自信；另外，注意锻炼、保持健美的体形对增强自信也很有帮助。

5）挑选前面的位子坐，可以建立信心。

无论在上课或各种聚会中，大部分占据后排座位的人，都希望自己不会“太显眼”。而他们怕受人注目的原因就是缺乏信心。坐在前面能建立信心，从现在开始就尽量往前坐。当然，坐前面会比较显眼，但要记住，有关成功的一切都是显眼的。

6）要想办法不断增加自己成功的体验，寻找一些力所能及的事情作为试点，努力获取成功。如果第一次行动成功，使自己增加了自信心，然后再照此办理，获取一次次的成功，随着成功体验的积累，你的自卑心理就会被自信取代。

自信心强并不是说不惧怕任何危机，做事只靠勇猛。它只是一种态度，更加理性地分析各种问题、相信自己。每一个创业人每天都要不断地学习，提高知识也会提高自信心，因为总能找到适合自己的话题，总能在和客户沟通中发现问题，细节决定成败，提高自信心，你就会在合作中把握先机。培养自信心来自于生活中的点点滴滴，那就是珍惜每一次机会，珍惜每一位朋友，珍惜来之不易的口碑，这样你的自信心就会越来越强。

小链接1-3

自信名言

信心比黄金和货币重。——温家宝总理

最大的敌人是自己。在新的一天来临时，再不要拿闹钟出气了，还是对自己叫一声加油吧！有信心大家不一定能赢，但是没有信心一定是输；有行动不一定能成功，没有行动肯定是失败。遇到小磨炼，你是小人物；你能把大磨炼扛过，那一定能成为大人物。—— 牛根生

步骤 2 培养毅力

毅力也叫意志力，是人们为达到预定的目标而自觉克服困难、努力实现的一种意志品质；毅力，是人的一种“心理忍耐力”，是一个人完成学习、工作、事业的“持久力”。当它与人的期望、目标结合起来后，就会发挥巨大的作用。

以下是六条培养毅力的途径和方法：

1．确定目标和愿望

“如果你不知道目标在何方，那么你很可能最终偏离轨道。”——劳伦斯·J·皮特。

在培养毅力和最终取得成功之前，首先需要确定目标和愿望。可以简单地将你所有的目标和愿望都罗列出来，即使当前看来它们无法实现。

2．明确动机

动机来源于深层的原因——为什么我们想实现或得到某些东西？如果你知道正在做的这件事情是出于何种动机，那么你将更有动力前行。

比如，你想要出版一本书。由于书籍的出版需要时间和耐心。因此如果你没有充分的动机，即想出版这本书的原因，就很有可能永远无法实现这一目标。但如果你希望通过文字去影响和教育千万个读者，那么你才会不断勉励自己去完成这本书。

3．制定具体的行动计划

确定目标和愿望关注的是想要达到的目标；明确动机则表明为什么想要实现这些目标。要想知道如何实现目标，制定具体的行动计划是必不可少的。

当你知道应该如何去实现目标的时候，实现目标也就变得轻松多了。而要想知道如何实现目标，则需要研究将要做的事情并制定计划。详细说明每一步行动，并为你的目标至少制定两套方案。

4．保持积极的心态

通往成功的道路布满荆棘。事实上，这条道路充满了挑战，这也是为什么只有少数人成功的原因。在这条道路上会无数次面临挫折和失败，一旦你害怕了，恐惧和疑惑所带来的消极情绪将在你的脑海里占据上风。

为了培养毅力并最终将所有努力化为成功，无论处境多么艰难，请保持积极的心态，将思想集中在采取行动实现的目标上。避免消极的想法和情绪，因为它们可能会影响你的注意力。

5．组建智囊团

智囊团应该由能够帮助你实现目标的人员组成，一定要谨慎选择。如果可以，只选择那些能对你做出客观评价以及具有积极心态的人。不要把时间浪费在一些悲观的建议和悲观的人身上。这样的人不仅不能帮助你取得成功，反而会磨灭你的激情，而这一点往往会导致失败。

6．制定纪律和养成良好习惯

如果不能制定纪律和养成良好的习惯，一切目标的设定和计划都将是徒劳的。在实现目标的过程中会遇到许多阻碍，如果没有适用的纪律，很可能就会半途而废、前功尽弃。有了纪律和良好的习惯，即使身处逆境，也会依然坚定地朝着目标前行。

小链接1-4

哪些人缺少毅力

1）心不专者。这类人目标太多，期望值有无数个，好高骛远，一个目标还没有达到，就想到了另一个，这山望着那山高，什么都是三心二意，虽然很努力，却是竹篮打水一场空，因为缺乏恒心，结果什么事情都办不了，什么事情都办不好。

2）不自信者。这类人对自己缺乏信心，不相信自己的能力。事情还没有做，就患得患失。因为没有自信，夸大了自己的弱势，让弱势遮住了自己的强势，自己就显得毫无力量……这类人的失败，不是由于他人，而是在于自己，也就谈不到什么毅力不毅力了。

3）不果断者。这类人独立性差，没有主见，干工作缺乏办法，没有气派，优柔寡断，前怕狼、后怕虎，总有说不清的顾虑，总是担心这个或那个，就是不担心成功。这类人还有一个毛病：容易接受他人的暗示和影响，因而经常改变自己的初衷，将事情搞得不伦不类。

4）不自制者。这类人不能压抑欲望，随心所欲，想怎么干就怎么干，好冲动，不能顺从理性，不知道如何克制自己。因此本是属于可敬可赞的雄心壮志，常被那些卑小的欲望所干扰，将事情搞得一败涂地。

5）不能忍受挫折者。为什么有的人失败之后能东山再起？就在于他能忍受得住挫折，忍受得住失败，忍受得住考验，忍受得住痛苦，坚持信念。不停顿地前进，不停顿地拼搏、奋斗，因而能屡扑屡起，终于成为伟人。所以拿破仑曾说过的一句话还是很有道理的："人生之光荣，不在永不失败，而在能屡扑屡起。"

步骤3 讲诚信

诚信是日常行为的诚实和正式交流的信用的合称，即待人处事真诚、老实、讲信誉，言必信、行必果，一言九鼎，一诺千金。

诚信是经商之魂。在现代社会，商人在签订合约时，都会期望对方信守合约。诚信更是各种商业活动的最佳竞争手段，是市场经济的灵魂，是企业家的一张真正的"金质名片"。

著名徽商胡雪岩在杭州胡庆余堂药店中，向内挂了一块"戒欺"的牌匾。他在跋文中写道："凡贸易均著得欺字"，"余存心济世，誓不以劣品弋取厚利"，"采办务真，修制务精，不至欺余以欺世人。"胡庆余堂药店之所以能够蜚声海内外，生意兴隆，其秘诀就在于"戒欺"二字。这则故事说明，"戒欺"二字是企业成功的秘诀，也是企业家的无价之宝。

下面的故事——淘宝商城卖家坐飞机来给我送货，很好地诠释了什么是现代诚信。

我从2004年开始接触淘宝，至今已是黄钻买家，对奇闻异事早已处变不惊，但今天就在我身边发生了一件震惊所有人的事情。

起因是这样的。公司有个比较大的商业活动，需要买礼品，而重庆的商家库存不足，公司又急用，我建议淘宝采购，经多方比较，在淘宝商城找了一个上海卖家，订了一百盒茶叶。周一（11月8日）下单，由于周四用，请卖家发了顺丰快递。担心到不了，几次跟卖家确认，卖家确定周二早上发出，24小时到货的话，周三上午就能到。

最担心的事情果然最容易发生。周二上午顺丰电话确认收件地址之后，一直到周三中午这批货杳无音讯了。卖家一边安慰我别急，一边打了几个电话给快递。顺丰开始不说，后来说是飞机临时缩运，发重庆的那批货没赶上安排的飞机，延后到下午发了，但是下午也到不了我们手上，只能到明天早上优先送货。我们这边干着急也没辙，卖家说别着急，实在不行我们再想办法给你送过来，一定保证你明天能用上。

今天（周四）早上七点多，卖家给我打电话确认东西要送到北部新区还是北碚新区。因为重庆有一个北部新区就在主城，但是还有个北碚区，离市中心有几十公里。我有点不耐烦，快递已经找我确认了好几次了怎么送货的时候还搞不清楚地点呢？后来我到了公司，大概八点半左右，卖家又打电话说货已经送到公司楼下了。

原来卖家怕快递再次耽误了，从上海把货给我送来了。因为周三晚上大多机票卖光，卖家去浦东机场买了最晚的一班飞重庆的航班的头等舱机票，带着十公斤的茶叶，赶到重庆来。昨天半夜一点才到，由于对重庆不熟搞错了送货地点，他们连夜赶去北碚，找了一晚上，早上跟我确认才发现去错地方了，然后从北碚赶回市区在上班之前把货送到我手里。到公司的时候，他们两个人还没吃饭。卖家为了表示歉意，特地多送了我们十盒茶叶。

更具戏剧性的事情发生了，在卖家之后，顺丰的送货员也到了，前台保安签收了。卖家把顺丰送过来的茶叶带走了，不用我们操心，说他们会处理。

作为买家我不能不感动，其实顶多是退货或者一个差评的代价，他们却花了 7 000 元买机票，两个人熬了一夜来弥补。有人说卖家是不是怕索赔，我不认同，因为我只买了 4 500 元的茶叶，作为卖家来讲，大不了茶叶白送，何必贴 7 000 元的机票专门跑到重庆一趟？

得知此事之后，淘宝记者找到这位店主，在采访中他表示："我们只是做了我们承诺过的事情，没什么大不了的，只不过大家都习惯了不把承诺当回事，所以才觉得惊讶。"

步骤 4　敢于冒风险

有位管理学家说过：冒险就好像探索一片充满神秘的沼泽地，必须携带足够的食品、器材和指南针。敢于冒险几乎是所有创业者共同的特性，但是创业者绝不是野蛮的冒险者，而是擅长衡量风险的冒险者。如果你要问：什么样的人最适合创业？有人回答说是赌徒，而你不要吃惊。道理很简单，创业本身就是一项冒险的活动，需要强大的心理承受能力。赌徒最有胆量，敢下注，想赢也敢输，所以，他们最适合创业。科学研究发现，赌徒的心理承受能力远远强过普通人，而创业正是最需要强大心理承受能力的一项活动。

研究发现，大多数成功人士都有某种程度的赌性。史玉柱的赌性大家都知道。当年，在深圳开发 M-6401 桌面排版印刷系统，史玉柱的身上只剩下了 4 000 元钱，他却向《计算机世界》定下了一个 8 400 元的广告版面，唯一的要求就是先刊登广告后付钱。他的期限只有 15 天，前 12 天他都分文未进，第 13 天他收到了 3 笔汇款，总共是 15 820 元。两个月后，他赚到了 10 万元。史玉柱将 10 万元又全部投入做广告，4 个月后，他成为百万富翁。这段故事如今被人们津津乐道，但是想一想，要是 15 天过去，史玉柱收来的钱不够付广告费呢？要是之后《计算机世界》再在报纸上发一个向史玉柱讨债的声明呢？我们大概永远也不会看到一个轰轰烈烈的史玉柱和一个赌性十足的史玉柱了。

很多创业者在创业的道路上，都有过"惊险一跳"的经历。这一跳成功了，功成名就；如果跳不成，就只好再等凤凰涅槃浴火重生了。

当然，创业者≠赌徒。成功的创业者与赌徒不同，不会在绝望或狂热中孤注一掷、不计后果。创业需要胆量，需要冒险，冒险精神是创业家精神的一个重要组成部分，但创业毕竟不是赌博。创业的冒险，迥异于冒进。有这样一个故事：一个人问一个哲学家，什么是冒险，什么是冒进？哲学家说，例如有一个山洞，山洞里有一桶金子，你进去把金子拿了出来。假如那山洞是一个狼洞，你就是冒险；假如那山洞是一个老虎洞，你就是冒进。这个人表示懂了。哲学家又说，假如那山洞里只是一捆劈柴，那么，即使那是一个狗洞，你也是冒进。这又是什么意思？它的意思就是，冒险是经过努力有可能得到的东西，而且值得你得到。否则，就是冒进，死了都不值得。

创业者很清楚，要实现他们的理想和奋斗目标，就要勇于承担风险，这样才有可能获得巨大的成功。以常人的观念来看，创业者的目标可能看起来很高，甚至不可能，但是他们倾向于乐观对待成功的机会，并且通常这种乐观是基于现实的。创业者一定要分清楚冒险与冒进的关系，要区分什么是勇敢，什么是无知。无知的冒进只会使事情变得更糟，行为变得更加毫无意义，并且惹人耻笑。

步骤5 善于合作

善于合作，是指在需要相互配合的事情上能够与别人协调一致，做好自己的事情。

俗话说，“一个和尚挑水喝，两个和尚抬水喝，三个和尚没水喝。一只蚂蚁来搬米，搬来搬去搬不起，两只蚂蚁来搬米，身体晃来又晃去，三只蚂蚁来搬米，轻轻抬着进洞里。”上面这两种说法有截然不同的结果。“三个和尚”是一个团体，可是他们没水喝是因为互相推诿、不讲协作；“三只蚂蚁来搬米”之所以能“轻轻抬着进洞里”，正是团结合作的结果。

随着社会的发展，人与人之间交往日益频繁，既存在着激烈的竞争，又有着广泛的联系与合作。一个缺乏合作精神的人，不仅事业上难有建树，很难适应时代发展的需要，也很难在激烈的竞争中立于不败之地。在现代社会中，越是孤家寡人、单枪匹马，越难取得成功，必须要团结协作，形成合力。从某种意义上讲，帮助别人就是帮助自己，合则共存，分则俱损。如果因为心胸狭窄，单枪匹马去干事，放着身边的人力资源不去利用，结果只能是事倍功半，甚至更糟。

善于合作，首先要有容人之心，阳光心态。一个人要学会认识自我，既要看到自己的长处，还要看到自己的不足与短处，只有产生了优势互补的需要，才能产生与人合作、共同发展的强烈愿望，充分发挥自己的潜能。还要经常进行换位思考，当看到别人的不足时，也要试想如果自己在他那个位置上会做得如何？而不是一味地评论甚至嗤笑别人的不足，也不要遇到困难或不顺就一味地埋怨指责合作伙伴。“见贤思齐，见不贤而内自省也”。同在一个集体，看到别人成绩优秀就要去认真学习，看到别人有不好的事就认真反思一下我们是否也有这样的表现，如果有就去认真改正。这样就有利于一个组织的共同提高。

合作也要注意方式。在合作过程中，相互之间难免会有意见相左、磕磕碰碰的时候，也难免有差错、有失误，能不能相互宽容谅解，营造一个和谐宽松的合作氛围，往往直接影响事业的成败。合作就要相互帮助，尤其当合作伙伴的失误给共同的事业造成困难或损失的时候，应该给予充分理解与热情鼓励，开诚布公地指出失误，实事求是地分析原因，心平气和地探讨对策，以帮助合作伙伴尽快走出失误的阴影，振奋精神。这样才能尽快克服困难，尽量减少损失。如果你能够使别人愿意和你合作，不论做任何事情，你都可以无往不胜。

小链接1-5

团队的力量

在非洲的草原上如果见到羚羊在奔逃，那一定是狮子来了；

如果见到狮子在躲避，那就是象群发怒了；

如果见到成百上千的狮子和大象集体逃命的壮观景象，那是什么来了呢？——是蚂蚁军团来了。

触类旁通

当前大学生创业品质的现状及其存在原因

（一）当前大学生创业品质的现状

创业品质即创业心理品质，它是创业者在创业实践过程中对心理和行为起调节作用的个性心理特征，是在先天因素和后天因素的基础上形成的综合心理素质，它与人固有的气质、性格有密切的关系，其核心是人的情感和意志。健康的情感和坚强的意志是保证创业成功的重要心理因素。但大学生在自主创业的过程中，在创业品质方面却暴露出种种问题，这些问题直接影响到大学生创业的成败。

1．缺乏坚定的创业信念

南开大学创业管理研究中心主任张玉利教授曾带领团队对沈阳、天津、北京、武汉、杭州、广州、成都和西安等创业活动比较活跃的城市作了随机调查，在 2009 年有创业意愿的人群中大学生占 31.8%，而实际上中国应届大学生创业的比率只有 2%，远远低于国外发达国家，而且创业的成功率比较低。这说明，当代大学生在创业的选择时信心不足，害怕风险。其次，当前大学生在创业动机上，更多的是为了获取财富，缺乏创业的社会责任感。

2．创业意志不够坚定

无论创办什么企业，都面临着一系列问题，从工商、税收的办理，到贷款、生产、销售、管理、服务等一系列问题，这些问题都是对每一个大学生创业者意志的考验。面对这些问题，很多大学生开始时往往豪情万丈，但在面对困难时，怯懦退缩也是当前大学生创业成功率低的一个重要原因。

3．心理适应能力差

自主创业面临着社会上各种各样的竞争，理想和现实的差距，不可避免地导致心理的落差，在创业过程中碰到困难和挫折时，往往会情绪低落、半途而废，这些都是心理适应能力差的表现。

4．缺乏团队精神

大学生创业初期，由于个人时间和精力有限，资金和技术不足，人际关系匮乏，在创业形式上，一般会选择合伙经营，但在取得一定的成功后，许多创业团队在利益分配上出现了分歧，导致创业团队的分裂。当代大学生大多是独生子女，他们个性鲜明，不善于合作，这些都影响着创业的成功。

（二）当代大学生缺乏良好创业品质的原因

影响大学生良好创业品质形成的原因是多方面的。首先，家庭因素的影响。当代大学生大多是独生子女，在父母家人的呵护下，依赖性很强，缺乏独立面对生活，迎接挑战的勇气和信心。其次，社会因素的影响。当前中国社会正处于各项改革深化和转型时期。他们面临的社会环境、经济环境和学校环境更加复杂，在学习、生活、就业和创业方面面临的压力越来越大。

由于他们在成长过程中会碰到各种困难和挫折，因此不可避免地产生种种心理问题。这些心理问题的存在直接影响到他们良好创业品质的形成。最后，传统教育模式的影响。中国的基础教育和高等教育一直局限于升学竞争和就业竞争之中，缺乏学生自主创业的品质培养，忽视了对学生创新能力和冒险精神的培育，忽视了学生情商的培养和环境适应能力的训练。

【案例 1-2】

白手起家永远在路上

梦驰饰品总经理艾生明，1971 年出生于四川内江的一个名叫烂泥沟的贫困农村，家境贫寒，勤奋好学。艾生明为了改变命运，背着行囊，孤身一人，到广东寻梦。曾一度找不到工作，饿过肚子，睡过街头。为了谋生，他摆过地摊，办过五金厂，创办过珠宝设计工作室，也开过数码影视制作店。几次创业都失败了，后来又去珠宝饰品企业打工，曾就职于中国几大知名企业——雅天妮、威妮华、伊泰莲娜、新光饰品。累计 16 年的打工生涯，他学习和掌握了行业高端的专业技术及管理知识，这对他无疑是一笔很大的财富。再加上他一直不断地学习和研究网络知识，熟悉了整个电子商务的流程，为日后的事业打下了良好的基础。在经历了两次创业失败后，艾生明又积累了一些资金，又产生了创业的想法，于是在 2009 年底创办了"梦驰饰品厂"。

在创办"梦驰饰品"的前八个月，企业一直处于亏损状态，几乎到了弹尽粮绝的境地。家人多次要求停止，但艾生明认为成功与失败之间最关键的一步就是能否在最艰难的时刻坚持住。终于，迎来了梦驰饰品的第一笔生意——10 万美金。然而令人始料不及的是，由于没有找到合适的电镀厂，做出来的产品，电镀颜色全部走样，这批货统统不合格。这位外商耸耸肩膀，两手一摊，问他怎么办？

他被当头浇了盆凉水，但还是向外商表示道歉，希望延迟交货期。不甘心的他东拼西凑又筹集了一些资金，重新又做了一批产品，这次他不分日夜监控好每一个生产环节，终于交出这批货。这一单损失惨重，但获得了客户的认可。紧接着，客户第二单来了，产品数量翻倍。艾生明严把质量关，使客户更加满意，后来这位客户成了"梦驰"长期的合作者。渐渐地，艾生明的生意越做越大，他源源不断地把产品下单到相关的加工企业，自己只做研发与销售。

创业的日子无比艰辛，他碰到了种种的困难，总是想把一分钟当两分钟用，一分钱分成两分钱使用。为了找到合适的材料跑遍了义乌市场的每一个角落，甚至于又到外地向众多的成功企业学习，去学习领导力、执行力、销售、管理等知识。他孜孜不倦，没有一个假日，也没有睡过一个懒觉，每天基本上工作到凌晨 1、2 点才休息，在睡觉前还要坚持读书学习一个小时左右，每天早上，又准时出现在公司的办公室里。刘欢唱的歌曲《在路上》，每天早上都回荡在办公室里面，让所有同事都充满着激情。他经常说："我不知道什么叫成功，我只知道什么叫失败，我知道失败是什么样的结局。""我们现在只是开始阶段，我们永远在路上；创业是一种职业，不是享受，是对人生和理想的实践，是一种精彩的过程……"创业教父马云的话，也时常挂在他的嘴边"今天很残酷，明天更残酷，后天很美好，但大多数人死在明天晚上，看不见后天的太阳。我们梦驰饰品一定要看见后天的太阳！"

在艾生明不懈的努力及家人、同事共同的奋斗中，梦驰饰品从最初的几个人，一天天发展壮大，成为现在这个生机勃勃的企业，产品远销俄罗斯、美国、澳洲、非洲等国家和地区。至目前，管理人员、设计团队、业务部门、生产线等，总共有五六十人。虽然在行业的群体中，只能算是一条"小鱼"，但"小鱼"的成长速度不可小看，目前义乌已经有十几家为"梦驰”代工的企业。为了让“梦驰”走得更远，艾生明注册了“梦驰”品牌商标（现已获得了国家商标局的批准），同时也获得了政府颁发的产品质量合格证书。他将用生命的力量让“梦驰”起飞，走向全球。

品牌的全球计划，离不开电子商务这对有力的“翅膀”。艾生明一直对电子商务前景非常看好。他认为电子商务尤其是阿里巴巴平台非常适合这个时代创业的人群。2010 年他与阿里巴巴合作，加入了“出口通”，开始在网上接外贸订单，一年时间竟然做了 1400 多万元的饰品生意，到了 2012 年初，他毅然计划扩大规模，加大投资力度，打算在“出口通”平台上大展身手，将业务目标放大到 3000 万！

请思考：① 对艾生明成功帮助很大的主要创业心理品质是什么？

② 阿里巴巴出口通适合哪些创业者使用？

任务 3　掌握网上创业知识

任务要点

关 键 词：商贸知识、网络技术知识、法律法规。

理论要点：掌握网上创业相关知识。

实践要点：能够灵活运用网上创业知识。

任务情境

创业仅仅拥有热情是不够的，必须具备扎实的知识和过硬的本领。小马他们意识到，现在是知识经济时代，知识的更新速度很快，知识总量不断增加；而网上商务还处于成长期，远未成熟，网上商务新的模式、竞争手段不断推陈出新；虽然与传统的创业模式相比，网上创业的门槛低了许多，但并非没有技巧和知识。因此，要想在网上实现创业梦想，必须认真学习相关知识，提高创业的基本素质和能力，实现独立创业。

任务分析

很多创业者都会在初期感到迷茫，也许很多事情不知道要如何走下去，那么作为第一次创业的创业者需要知道哪些知识呢？首先要学习网上商贸方面的知识，其次要掌握图片处理、网页制作等网络技术方面的知识，另外，要了解相关的法律法规知识，依法创业。

任务实施

步骤 1　学习商贸知识

网上创业需要学习的商贸知识主要包括市场调查、网络营销、电子支付与物流、财务知识、商品知识等。如果做外贸，外语还应该达到一定水平，要学习一些国际贸易方面的知识。

1．市场调查知识

1）调查市场需求。市场需求调查主要包括：市场商品需求量（市场需求总量主要关系到 6 个因素：产品、顾客、地理区域、时限、营销环境、营销组合方案）；需求结构（指对吃、穿、用、住、行商品的需求结构）；需求时间（了解消费者需求的季节、月份以及需求时间内的品种和数量结构）。

2）调查消费者。为了准确把握消费者的需求情况，通常需要对消费者的人口构成、家庭、职业与教育、收入、购买心理、购买行为等方面进行调查，然后再得出结论。

3）市场供给调查。市场供给调查主要包括产品生产能力调查、产品实体调查等。具体为某一产品市场可以提供的产品数量、质量、功能、型号、品牌等，生产供应企业的情况等。

4）调查竞争对手。调查竞争对手的数量，主要的竞争对手，以及是否具有潜在的竞争对手；竞争对手的经营规模、人员组成及营销组织机构情况；竞争对手经营商品的品种、数量、价格、费用水平和营利能力；竞争对手的供货渠道情况和对销售渠道的控制程度；竞争对手所采用的促销方式；竞争对手的价格政策；竞争对手的名称、生产能力、产品的市场占有率、销售量及销售地区。

2．网络营销知识

网络营销就是以互联网为主要手段开展的营销活动，按具体推广方式分为：口碑营销、网络广告、媒体营销、事件营销、搜索引擎营销（SEM）、E-mail 营销、数据库营销、短信营销、电子杂志营销、病毒式营销、问答营销、QQ 群营销、博客营销、微博营销、论坛营销、社会化媒体营销、针对 B2B 商务网站的产品信息发布以及平台营销等。

3．电子支付与物流知识

电子支付具有方便、快捷、高效、经济的优势。用户只要拥有一台能上网的 PC 机，便可足不出户，在很短的时间内完成整个支付过程；或者使用智能手机也可以随时随地完成支付过程。支付费用仅相当于传统支付的几十分之一，甚至几百分之一。

网上创业用到的支付方式主要有网银支付、第三方支付平台支付。只要银行卡开通了网上银行业务就可以在网上进行支付。第三方支付平台支付主要是指通过支付宝、财付通、易付宝等在网上进行支付。

网上创业经营业务如果涉及实体商品的运输，则一定会与物流公司打交道。因此，要了解商品包装知识，熟悉相关物流公司的物流流程、覆盖网络、物流费用、服务时效、服务质量以及商品是否属于禁运物品等。

4．财务知识

财务知识很琐碎，有时也很不起眼，但却是网上创业不可缺少的智慧之一。创业者学习财会知识，并不是要求创业者学会怎样做会计，而是学习怎么记录现金日记账，搞清楚销售价格、销售收入、成本、利润之间的关系，知道怎么看账本，对财务状况心中有数。如果能够看懂财务报表，对经营现金流、库存周转率、应收款增长与销售额增长的对比、及时交付、未交付订单、利息偿还这些财务衡量标准运用自如，就能够加速资金周转、节约开支、增加利润，使得网上创业如虎添翼。

步骤2 掌握网络技术知识

要成为一个成功的网上创业者，应该掌握以下网络技术的基本知识。

1．关于网站的一些基本概念

1）域名，俗称网址，就像人的身份证一样，用于区别不同的网站。从商界来看，域名已被誉为“企业的网上商标”。没有一家企业不重视自己产品的商标，而域名的重要性和其价值也已经被全世界的企业所认识。由于域名实际上是接入互联网的单位在互联网上的名称，所以域名最好与单位的性质、单位的名称、单位产品的商标以及单位平时所做的宣传相一致，这样的域名容易记忆，容易查找，更能够很好地反映单位的形象，为单位和产品进行广告宣传。例如，联想集团的 lenovo.com.cn 就是一个很好的域名，其中 lenovo 是联想集团的英文名称，也是联想集团的注册商标；联想集团是一家中国企业，因此它在代表中国企业的 com．cn 下注册了自己的三级域名。即使有人不知道这个域名，也能结合联想集团平时做的宣传猜出这个域名，然后找出联想集团在网上的站点。

2）空间，也称为网站空间，是指能存放网站文件和资料（包括文字、文档、数据库、网站的页面、图片等文件）的空间。可以想象，网站就是一个完备的家庭，家庭的门牌号码是方便别人找的，网站也需要一个“门牌号码”，就叫做“域名”，或称网址。家庭需要有一个空间放置家具，也许是 $80m^2$，也许是更大的 $200m^2$ 空间。对于网站也一样，需要有一个空间，用来放置制作好的网站的内容、图片、声音和影像等。有了“门牌”和“空间”，就可以把网站内容放进去，这样网站也就做好了，再把网站的“门牌（域名）”告诉好友、客户，别人就能来访问这个网站了。

3）程序。网站的内容是由程序来完成组装工作的，程序更多地被认为是具有动态、交互、适时等功能的语言代码所构成的实体。程序要满足动态、交互、适时的特性最常用的方法是访问数据库来响应用户的请求，程序的这一功能就像人的血液一样把骨骼和肌肉连接起来并输送养分。

4）内容，是网站的粮食，一个网站如果没有好的内容就不会有生气和活力，所以说内容决定了这个网站是否具有生命力。网站的内容往往是与网站的定位联系在一的，内容可以是任何形式的。随着 Web2.0 时代的来临，内容在传统意义上发生了非常大的转变，内容的制造者和发布者或者说内容的来源在发生变化，范畴也越来越大。就像前面说过的，内容往往受到网站定位的影响，一个有活力的网站往往能够在内容上取得突破，即网站生存与否往往是由内容决定的。

2．网页制作

使用网页制作工具如网页三剑客和 Frontpage 来完成网页布局、图片处理等工作，网页三剑客中的 Dreamweaver 是一款所见即所得的可视化网页设计软件，不同版本的 Dreamweaver 在功能上也略有不同，目前使用最多的是 Dreamweaver MX 2004 和 Dreamweaver 8.0 这两个版本，前者在功能上比后者强大，能够实现动态网页编程，能够对 ASP 进行处理并能够实现与 Access、MySQL、SQL Server 或者 Oracle 等数据库的连接，功能相当强大；后者则比较灵活、轻便，比前者更容易上手。建议初学者使用 Dreamweaver 8.0 来制作网页。

网页图片处理也是网页制作的一个非常重要的组成部分，图片是网页内容最有视觉冲击力的表现方法，因此，图片在网页中具有非常重要的作用，不管这些图片是作为内容还是作为修饰而存在。常用的图片处理软件有网页三剑客中的Fireworks和Photoshop，对于一些简单的图片处理工作，用Fireworks即可完成，而对于复杂和性能要求高的图片，如jpg格式的图片往往采用Photoshop去处理。对于这两款图片处理工具，前者学起来较为简单，更易上手；后者功能强大，但学习起来要相对复杂一些。

Flash是表现网页内容的最有效的方式之一，同视频一样，Flash可以同时给人以视觉、听觉的冲击，因此运用Flash也是网页制作的一项非常有用的技能，可以选择网页三剑客中的Flash制作软件，它同样有MX 2004和8.0等几个版本。

步骤3 了解相关的法律法规

在市场经济条件下，任何个人的创业行为和企业的经营行为只有依法进行，法律才能给予有效的保护。作为创业者来说，要保证自己创业事业的成功，必须增强法律意识，学习和掌握相关的法律法规，依法办事，为自己争取最大的生存空间，同时也能运用法律武器维护自己最大的合法权益。

1．国内电子商务方面的法律法规

1）电子商务方面的法律法规。

1996年成立中国国际电子商务中心。

1999年颁布了《中华人民共和国合同法》。

2004年8月，第十届全国人民代表大会常务委员会通过了《中华人民共和国电子签名法》，简称《电子签名法》，首次赋予可靠的电子签名与手写签名或盖章具有同等的法律效力，并明确了电子认证服务的市场准入制度。

2005年4月实施《电子签名法》，从根本上解决了中国电子商务发展所面临的一些关键性的法律问题，为实现中国电子签名合法化、电子交易规范化和电子商务法制化，并为今后的电子商务立法奠定了坚实的基础。

2007年3月颁布了《关于网上交易的指导意见（暂行）》。

2008年4月颁布了《电子商务模式规范》。

2009年11月颁布了《关于加快流通领域电子商务发展的意见》。

2）网络购物方面的法律法规。

1993年10月全国人民代表大会常务委员会通过了《中华人民共和国消费者权益保护法》。

2001年10月全国人大常委通过了《中华人民共和国商标法》。

2008年4月商务部商业改革司颁布了《网络购物服务规范》。

2010年5月国家工商行政管理总局颁布了《网络商品交易及有关服务行为管理暂行办法》。

3）电子支付方面的政策法规。

2005年10月中国人民银行颁布了《电子支付指引（第一号）》。

2010年6月中国人民银行颁布了《非金融机构支付服务管理办法》。

2009年4月中国人民银行颁布了《关于加强银行卡安全管理预防和打击银行卡犯罪的通知》。

2．电子商务领域知识产权的法律保护

（1）网络作品著作权的法律保护　由国家版权局、信息产业部共同制定的《互联网著作

权行政保护办法》于2005年5月30日起正式实施。该办法的出台意味着国内互联网不再是音乐、影像或者文字作品转载盗版的温床。无论是新浪、搜狐等门户网站，或者是百度、搜搜、搜狗等搜索引擎，以及新兴的博客网站都将受到作品原创者的监督。假如网站不协助原创者制止侵权行为，最高可罚款10万元。虽然中国第一部网络著作权行政管理规章《互联网著作权行政保护法》的出台使中国的网络著作权保护达到国际领先水平，但还是存在监管真空的情况，需要进一步完善保护。

（2）信息网络传播权的法律保护　2006年7月1日正式实施的《信息网络传播权保护条例》第二条规定："除法律、行政法规另有的规定外，任何组织或者个人将他人的作品、表演、录音录像制品通过信息网络向公众提供，都应当取得权利人许可，并支付报酬。"

未取得权利人许可，或者未按权利人要求支付报酬而在网络上将著作权人的作品、表演、录音录像制品向公众提供的，构成对信息网络传播权的侵权，须承担相应的侵权责任。

触类旁通

网上学习创业知识

1. 用百科学习

1）百度百科（http://baike.baidu.com）。

2）互动百科：跟百度百科定位一样，涵盖所有领域知识。

3）搜搜百科：跟百度百科定位一样，涵盖所有领域知识。

4）MBA智库百科：专注于经济管理领域，管理、经济、金融、法律……

5）软件百科：360推出的关于各类软件介绍、评分的百科。

6）维基百科：作为始祖的维基百科有着各类语言的百科内容。

2. 网上提问会有很多喜欢分享的朋友回答你的问题

1）在百度知道（http://zhidao.baidu.com）提交问题。

2）在搜搜问问（http://wenwen.soso.com）提交问题。

3）通过论坛等提交问题。

3. 用搜索引擎找到你要的知识

主要的搜索引擎：百度、搜狗、搜搜等。

4. 在创业网站学习知识

1）大学生创业网（http://www.studentboss.com）。

2）全国大学生创业服务网（http://cy.ncss.org.cn）。

3）中国创业网（http://www.ccyw.org.cn）。

4）中国创业培训网（http://www.siyb.com.cn）。

5）创业网（http://www.cye.com.cn）。

6）江苏省大学生创业教育网（http://www.3idea.cn）。

5．利用商务网站学习知识

1）阿里巴巴生意经（http://baike.china.alibaba.com）。

2）淘宝大学（http://daxue.taobao.com）。

3）电子商务世界（http://www.ebworld.com.cn）。

网上学习创业知识，时间不受限制，随时随地都可以学习，而且学习资源丰富，应有尽有。

【案例 1-3】

有位同学在我的网站上看到我将编写创业教材和进行创业讲座的消息后，在QQ里问我：“联想的柳传志创业时，没看过什么创业的书，也没听过什么创业的讲座，为什么他现在也照样在商场上叱咤风云？”

这位同学的言外之意就是学习创业课程没什么实际意义。我当时是这样回答这位同学的：

第一，虽然柳传志没有系统学习过创业理论，但他在创业的时候已经具备了丰富的人生阅历，对社会和人性都有了相当深刻的认识，这些都是创业者最宝贵的资源，在一定程度上弥补了他创业知识的不足。

第二，柳传志受当时创业条件的限制，是没有机会学习创业知识的。正由于没有机会学习，没有人指点，所以他在创业过程中也走了不少弯路，付出了许多代价。比如他第一次去深圳谈生意并不顺利。所以，没有学习创业知识，并不是柳传志成功的秘诀，相反是他创业过程中的教训！

第三，柳传志创业是成功了，但是，与柳传志同时创业的有多少人失败了？如果仔细考虑这个问题，推算一下这个比例，就会明白成功者之所以成功也许有一些偶然因素，而失败者之所以失败则有许多必然因素。这些失败的必然因素是什么？就是没有做好相应的创业准备，缺乏必要的创业知识！

所以，我最后对那位同学说：“你会不会像柳传志那样幸运？如果不能像他那样幸运，那就需要在开始创业前学习一些创业知识；如果你能像柳传志那样幸运，那么你学习一些创业知识后，就会比柳传志更幸运！”

请思考：你对这位老师的回答是怎么理解的？

任务4　锻炼网上创业能力

任务要点

关 键 词：把握机会、决策能力、经营管理能力、学习和创新能力。

理论要点：了解锻炼各种网上创业能力的途径、方法。

实践要点：能够主动提高各种网上创业能力。

任务情境

小马通过中国大学生创业网（http://www.studentboss.com）、阿里巴巴生意经（http://baike.china.alibaba.com）等网站浏览了很多不同经历、行业、领域网上创业的成功故事，他发现这些成功的网上创业者学历不一定高、资金不一定多，有些人的创业初期知识也并不丰富，属于边干边学。但这些成功者都有一个共同的特点，就是网上创业能力较强，他们有的是多面手，各方面的能力都较强，有的只是在网上创业能力的某个方面表现出众。小马很想利用在校时间，努力锻炼、提升自己的网上创业能力，为在校期间或者毕业后网上创业打下良好的基础。虽然小马知道网上创业能力强对网上创业成功至关重要，但网上创业到底需要哪些能力？怎样锻炼这些能力呢？

任务分析

网上创业能力是一个综合能力，包括把握机会的能力、决策能力、经营管理能力、学习能力、创新能力。网上创业能力是以知识和智力为基础，是知识、智力加实践的结果。网上创业能力不是天生的，是在较长时间内逐渐形成的。它不可能像知识那样通过短时间内的强化而获得，也不可能依靠外来灌输而得到，要靠系统训练和逐步培养才能形成。

任务实施

步骤1　善于把握机会

机会对于所有的创业者都是均等的，每个创业者都不缺少机会。不同的是，有的人机会来了，抓住不放，创造出了一番事业；有的人面对机会，却无动于衷、错失良机、一事无成。其中的关键就是对机会的识别和把握。（创业机会识别是创业的关键问题之一，它是创业的起点。创业过程就是围绕着商业机会进行识别、开发、利用的过程。本质上，成功创业者就是正确识别商业机会并将其转化为成功企业的人。因此，如何正确识别创业机会是创业者应当具备的重要技能。）

发现创业机会不是一件容易的事情，对于创业者来说，发现创业机会的能力也是当老板必备的素质之一。创业者在日常生活中需有意识地加强实践，培养和提高这种能力。

1）要培养市场调研的习惯。发现创业机会的关键点是深入市场进行调研，要了解市场供求状况、变化趋势，考察顾客需求是否得到满足，注意观察竞争对手的长处与不足等。

2）要多看、多听、多想。见多识广，识多路广。每个人的知识、经验、思维以及对市场的了解不可能做到面面俱到，多看、多听、多想能广泛获取信息，及时从别人的知识、经验、想法中汲取有益的东西，从而提高发现机会的可能性和几率。

3）要有独特的思维。机会往往是被少数人抓住的。要克服从众心理和传统的习惯思维模式，敢于相信自己，有独立见解，不人云亦云，不为别人的评头论足、闲言碎语所左右，才能发现和抓住被别人忽视或遗忘的机会。

步骤2　培养决策能力

网上创业需要你在难以决断时果断地做决定，这就要求具备一定的决策能力。

决策能力是创业者根据主客观条件，因地制宜，正确地确定创业的发展方向、目标、战略以及具体选择实施方案的能力。决策是一个人综合能力的表现，一个创业者首先要成为一个决策者。决策能力不是与生俱来的，一个人的决策能力不是在偶然中发生的，也不是从别人那里得到的。它需要从我们成长的环境中培育：家庭、学校和职场。培养决策能力应注意以下几点：

1）克服从众心理。从众心理是指个体对社会的认识和态度常常受到群体对社会的认识和态度的左右。从众行为者的意识深处考虑的是自己的行为能否为大众所接受，追寻的是一种安全感。从众行为者认为群体的规范、他人的行为是正确的时候，就会表现出遵从；当他认为群体的规范、他人的行为并不合适，而自己又没有勇气反抗时，就会被动地表现为依从。从众心理重的人容易接受暗示，他们依赖性强，无主见，人云亦云，容易迷信权威和名人，常说违心的话，办违心的事。决策能力强的人，能摆脱从众心理的束缚，做到思想解放、冲破世俗、不拘常规、大胆探索，因此他们能独具慧眼，发现一般人不能发现的问题，捕捉到更多的机遇。

2）增强自信心。拥有自信心是具有决策能力者明显的心理特征。没有自信就没有决策。增强自信心首先要有迎难而上的胆量。丘吉尔就说过："一个人绝对不可在遇到危险的威胁时，背过身去试图逃避。若是这样做，只会使危险加倍。但是如果立刻面对它毫不退缩，危险便会减半。决不要逃避任何事物，决不！"其次要变被动思维为积极思维。"凡事预则立，不预则废"，平时善动脑筋，关键时自然敢作决定。再次要培养自己的责任感和义务感，跳出个人的小天地，如此你的自信才能坚实可靠。另外平时与人交往时注意选择那些有自信心、敢作敢为的人，时间长了，看得多了，自己必然会受到积极的影响。

3）决策勿求十全十美，注意把握大局。做事勿求十全十美，不想有任何挫折或失误，那只能作茧自缚。如能识大体，把握大局，权衡出利弊得失，当机立断，才能尽快达到自己理想目标。持之以恒，你的决策能力和水平就会很快提高。

步骤3 培养经营管理能力

网上企业的经营管理内容包括很多方面，如营销管理、财务管理、质量管理、采购管理、供应链管理、物流管理、库存管理、组织管理、人力资源管理、客户管理和风险管理等。经营管理能力是指对人、财、物的管理能力。它涉及人员的选择、使用、组合和优化，涉及资金聚集、核算、分配、使用、流动，也涉及商品的采购、销售、库存等。经营管理能力是一种较高层次的综合能力，是运筹性能力。经营管理能力的形成要从学会经营、学会管理、学会用人、学会理财几个方面去努力。

1. 学会经营

创业者一旦确定了创业目标，就要组织实施，为了在激烈的市场竞争中取得优势，必须学会经营。

2. 学会管理

要学会质量管理，就要始终坚持质量第一的原则。质量不仅是生产物质产品的生命，也是从事服务业和其他工作的生命，创业者必须严格树立牢固的质量观。要学会效益管理，要始终坚持效益最佳原则，效益最佳是创业的终极目标。可以说，无效益的管理是失败的管理，无效益的创业是失败的创业。做到效益最佳要求在创业活动中人、物、资金、场地、时间的使用，都要选择最佳方案运作。做到人员和资金不闲置、设备和场地不空置、原料和材料不浪费，使创业活动有条不紊地运转。学会管理还要敢于负责，创业者要对本企业、员工、消费者、顾客以及对整个社会都抱有高度的责任感。

3. 学会用人

市场经济的竞争是人才的竞争，谁拥有人才，谁就拥有市场、拥有顾客。一个学校没有品学兼优的教师，这个学校必然办不好；一个企业没有优秀的管理人才、技术人才，这个企业就不会有好的经济效益和社会效益；一个创业者不吸纳德才兼备、志同道合的人共创事业，创业就难以成功。因此，必须学会用人。要善于吸纳比自己强或有某种专长的人共同创业。

4. 学会理财

学会理财首先要学会开源节流。开源就是培植财源，在创业过程中除了抓好主要项目创收外，还要注意广辟资金来源。节流就是节省不必要的开支、树立节约每一滴水、每一度电的思想。大凡百万富翁、亿万富翁都是从几百元、几千元起家的，都经历了聚少成多、勤俭节约的历程。其次，要学会管理资金。一是要把握好资金的预算，做到心中有数；二是要把握好资金的进出和周转，每笔资金的来源和支出都要记账，做到有账可查；三是把握好资金投入的论证，每投入一笔资金都要进行可行性论证，有利可图才投入，大利大投入、小利小投入，保证使用好每一笔资金。总之，创业者心中时刻装有一把算盘，每做一件事、每用一笔钱，都要掂量一下是否有利于事业的发展、是否有效益、是否会使资金增值，这样，才能理好财。

步骤 4　提高学习能力

这里说的学习能力是指网上创业过程中的学习能力，有别于学校安排课程的学习能力。网上创业涉及方方面面，有些可以通过书籍自学或者通过课程在老师的指导下学习，但更多的是靠自己去探索，明确需要学习什么，找到适合自己的学习方法，达到提高创业能力的目的。同时，网上创业的知识更新速度很快，我们不仅要不断学习，还要比别人更快地学习，未来唯一持久的优势就是有能力比你的竞争对手学习得更多更快。

学习能力要求个人不仅要学习宽泛博学的知识，还要学会学习的方法，树立终身学习的理念，与时俱进。一个人的学习能力往往决定了一个人竞争力的高低，提高学习能力主要从以下 3 方面着手。

1. 端正学习态度

提高学习能力首先要端正学习态度，要有归零心态。毛泽东说过：“学习的敌人是自己的满足，要认真学一点东西，必须从不自满开始。”

小链接 1-6

归零心态

古时候一个佛学造诣很深的人，去拜访一位德高望重的老禅师。老禅师的徒弟接待他时，态度很傲慢。后来老禅师恭敬地接待了他，并为他沏茶。可在倒水时，明明杯子已经满了，老禅师还不停地倒。他不解地问：“大师，为什么杯子已经满了，还要往里倒？”大师说：“是啊，既然已满了，干吗还倒呢？”访客恍然大悟。这就是“归零心态”的起源，象征意义是，做事的前提是先要有好心态，如果想要获取更多的知识、技能，获得更大的成就，就必须定期给自己的内心清零。

归零心态要求我们不能沉迷过去的成绩，要调整自己去适应新的变化。归零心态的本质就是挑战自我，永不满足。

2. 学习途径

利用网络系统性地自学；参加线上、线下各类培训；向竞争对手学习；向高手学习。让学习成为一种习惯，留心处处皆学问，人情练达即文章。

3. 学习什么

网上创业需要学习的内容很多，包括产品知识、行业知识、营销知识、沟通知识、谈判知识、网络礼仪、客服技巧、心理分析、网上经营趋势等。

步骤5 培养创新能力

较强的学习能力有助于网上创业者的事业在激烈的市场竞争中站稳脚跟，缩短与竞争对手的差距。如果只有学习没有创新，就只能是永远跟着对手走。如果要超越竞争对手必须创新，所以创业者必须具备创新能力，要有创新思维、无思维定势，不墨守成规，能根据客观情况的变化，及时提出新目标、新方案，不断开拓新局面，创出新路子，可以说不断创新是创业者不断前进的关键环节。

创新是发展的动力，它是一种对未知世界、未知领域的探索性活动，具有动态性、自主性和风险性等特征。创新的实质是通过科学研究、生产活动和管理实践，创造新的理念、产品或服务成果并转化为竞争力，推动所创事业的发展。

创新能力的构成要素不仅包括学习能力、资源投入产出能力，研究开发能力和管理能力，而且还包括在创新过程中对环境的辨别和分析能力、对风险的意识和控制能力。在创业过程中，无论是发现新的创意，捕捉新的机遇，寻找新的市场，还是撰写一份有潜质的创业计划书，创业融资，创办企业，经营管理等，都包含着创新的内容。

创新能力来源于创造性思维，一个成功的创业者的思维一定具有独立性、求异性、想象性、新颖性、灵感性、敏锐性等特质，它意味着对现存事物的不满足，对既有知识和经验的扬弃与发展，对新事物、新知识、新经验的大胆探求与创造。创新能力的培养提高，有赖于刻苦学习、勤于实践、勇于探索，只有这样，才能不断研究新情况，突破新矛盾，解决新问题，在不断解决问题中求创新，在不断创新中求发展。

触类旁通

提高创业素质与能力

学生期间的创业实践是提高创业素质与创业能力的重要途径。实践能力是创业者创业最重要的能力，特别是准备创业的大学生，在学习到一定知识的同时，进行创业实践能力的锻炼对走向社会进行创业活动具有重要意义。

1. 参与创业计划竞赛

创业计划竞赛是由参赛者组成优势互补的竞赛小组，提出一项具有市场前景的技术产品或者服务。围绕这一产品或服务，以描述公司的创业机会，阐述创立公司、把握这一机会的进程，说明所需要的资源，揭示风险和预期回报，并提出行动建议，以获得风险投资家的投资为目的，完成一项完整、具体、深入的商业计划，并通过书面和口头答辩，接受来自银行、风险投资咨询公司以及会计师、律师等专业人士的严格评估，从中选出具有市场前景的项目，由投资家进行投资的比赛。

积极组织学生参加校园创业构思及校内外创业计划大赛活动，这是创业构思和创业项目的重要来源，也是争取项目投资的重要机会。现阶段许多机构都在举行创业计划大赛，这不但有利于激发他们的创业意识，培养他们的创新能力，还会促进一些创业构思的诞生，而且有利于创业计划的实施。

2．校园练摊，为自主创业积累核心能力

良好的专业技术和较高的人文素质，往往是构成所创办企业的核心能力。在校学习期间，当你掌握了一定的专业技术能力之后，可以小试锋芒，在校园进行创业的实践锻炼。这样既可以锻炼专业技术能力，同时又可以发现不足，促进和改进自己的学习。例如，学习经营管理的学生，可以开一个服务型的贸易公司；学习广告、传媒专业的学生，可以开网络广告公司。只要有了经验，毕业后很快就会打开局面。

3．有偿性和见习性的创业实践

大学生可以利用假期的时间和家人、朋友或同学合伙创业，也可以独立投入一点小资本进行经营活动、参与家庭或他人的创业活动、到小企业从事有偿性创业实践等。这是丰富大学生创业经验和提高创业能力的重要途径。

4．模拟性创业实践

在校生由于时间、精力、资本的有限性，为了培养创业意识和提高创业能力，可以参加创业实践情景模拟，进行有关创业活动的情境体验。如应聘雇员的面试、产品推销等实践活动；参加 ERP 企业经营沙盘模拟竞赛，通过在模拟企业中担任角色，体验企业经营与团队合作。

5．参与大学生科技比赛

大学生可以参与大学生科技比赛等创新实践活动，这是大学生创业实践活动的重要组成部分。参与此类活动有利于学生增强科研创新意识、提高科研创新能力，为大学生创业奠定良好的基础，并且通过参加竞赛的系列培训和相关活动环节，有利于学生深化创新认知，挖掘创新潜能，培养创新能力，提高创新素质。

6．勤工俭学创业实践

在校生可以结合个人特长和专业特点，开展勤工俭学活动，这是大学生创业实践的重要形式。缺乏资金和经验的学生，通过参与勤工俭学可以获得一定的经济收入，弥补学习费用的不足，减轻家庭的经济负担，又可以增加对社会的了解，培养艰苦创业的精神，锻炼自己的组织交往等能力，增强创业体验，为以后创业积累经验。

——摘编自辽宁省教育厅，就业与创业概论．第 2 版，2007

【案例 1-4】

从贷款上大学到百万富翁

1．商场“老兵”

石豪杰，1990 年出生，21 周岁的他，已逐渐成长为义乌工商学院继杨甫刚、何宏伟等之后的又一位创业明星。

昨天，见到他时，他不时接听客户的电话，在电话里与对方讨价还价，谋取双方共赢的条件，远超于同龄大三学生的成熟老练，显然就是一位商场“老兵”。

石豪杰说，这两个月，他异常忙碌，通过“出口通”平台，接下了来自全球 500 强企业的一个大订单：250 万副 3D 眼镜。“每副眼镜 0.48 美元，利润能达到 1 元，现在已成交 100 万副，余下的正在抓紧生产中。”一谈起生意，石豪杰总是很自信。

2．夜宿车站

两年前的他却有着截然不同的一番光景。石豪杰的老家位于河南郑州，父亲是退伍军人，家庭条件属于典型的工薪阶层，甚至还有所不及。2009 年的一天，由于急于了解即将要来上学的城市，他从老家坐车来到义乌。当火车抵达义乌站时，夜已经深了，从义乌火车站驶往市区的公交车已经停运，只有选择做的士才行。一问价格，需要几十块钱。石豪杰犹豫了很长时间，最终还是舍不得花这么多钱。这位瘦瘦的小伙子硬是在义乌火车站的候车室里挨过了一夜。第二天凌晨，花几元钱坐上了公交车。

3．第一桶金

2009 年 9 月，石豪杰来到义乌工商学院报到，交纳的 6 000 元学费是他通过学校提供的助学贷款完成的。“来工商学院上学，我是带着目的来的，那就是创业。”开学不久，他就开始鼓捣他的淘宝小店，并经常在义乌的各大市场寻找商品。由于刚处在起步阶段，石豪杰寻找货源到处碰壁，最后通过淘宝批发店才勉强开了自己的淘宝小店。

2009 年 11 月，突如其来的寒潮使得南方的天气也异常寒冷。冬季产品开始热销，石豪杰敏锐地捕捉到了这个难得的商机。他的一款产品“USB 暖鞋”卖得异常火暴。“一天就能卖几百双，我淘到了人生中的第一桶金。”4 个月以后，他的淘宝小店信誉达到了 4 蓝钻，在没有“直通车”等硬广告投入的背景下，达到这个成绩一般人可能要花去一年甚至更长的时间。夜深人静时，别人正在睡梦中，他却认真地在钻研怎么进行搜索词的变更，使得客户能更快速地找到自己。

4．第二转折

2010 年春节后，由于没有很好地判断市场，石豪杰进入彷徨期。“随着暖鞋吸引力逐渐下降，淘宝店生意开始走下坡路。”4 月初，石豪杰开始关注 3D 眼镜这款产品。“当时到福田市场找了好几天，没有找到一家店做这款产品。”虽然没有找到产品，但石豪杰得到了一个线索：台州那边有企业在做这款产品。经历几番波折，石豪杰终于在台州找到了这家企业。“厂子不大，生产能力也很低，但产品价格却非常高，第一次进货我拿了 500 副眼镜。”

2010 年 5 月份，随着国内首部 3D 电视剧《吴承恩与西游记》的热播，3D 眼镜瞬间成为抢手货，国内 3D 市场一炮打响。石豪杰的小店一天的接单量达到了两三千。“这是我第二个转折点。”石豪杰说，暖鞋给他带来了第一桶金，3D 眼镜让他找到了以后的方向。很快，石豪杰开始申报自己的专利。“现在我已经有了 5 个专利，外观设计专利、实用新型发明专利都拿下来了。”

5．选择与放弃

同样在 5 月份，石豪杰开始涉足产品批发，到最后他毅然放弃了自己红火的淘宝小店，决定全力做批发，争取成为综合供货商。他先后在“1688”、“出口通”等批发平台投入巨资。“做‘出口通’时，开店成本近 3 万元，买广告花了近 4 万元。”投入批发领域后，石豪杰并没有很快取得成功。“前两个月几乎没有生意，亏损了一万多元。”石豪杰坚持了下来，迎来了第一份订单。“印度的客人，要了 2 000 副眼镜，货不多，但利润是国内的几倍。”这一起生意，让石豪杰更加坚定了自己的选择。

如今，石豪杰已在义乌注册了自己的公司，并在深圳成立了办事处，拥有了全系列的 3D

眼镜产品。由于成绩优异，“阿里巴巴”邀请他作为实习生到企业学习，他也正通过自己的努力开创自己更大的场面。

你认为石豪杰的成功与他的哪些较强的创业能力有关？

项目小结

成功的网上创业者都具备一些网上创业基本素质，这些网上创业素质主要包括 4 个方面：强烈的创业意识、良好的心理品质、网上创业知识、网上创业能力。可以通过不断学习、锻炼来提升自己的创业素质。

通过了解哪些人在网上创业、学习网上创业者的成功经验等，激发我们的网上创业热情，并能够在创业过程中不断自我激励，始终保持旺盛的斗志。网上创业者应当养成自信、坚忍不拔、诚信、敢于冒风险、既有独立性又善于合作的创业品质。

网上创业者要不断学习和丰富商贸知识、网络技术知识、法律法规等网上创业需要的相关知识；利用一切机会、通过各种途径，锻炼和提高自身的把握机遇的能力、决策能力、创新能力、经营管理能力、学习能力。

实战强化

实训 1　网上创业调查

1．实训目的

通过本次实训，熟悉调查流程和调查方法；增强网上创业信心；结识网上创业朋友，交流网上创业经验。

2．实训组织

1）学生两人一组，在校内进行调查，可以对一个班级进行全面调查，或者进行抽样调查，也可以在校门口、餐厅随机调查。

2）学生以小组为单位在课堂上交流调查经验、调查报告。

3）教师点评、总结。

3．实训要求

1）使用下列调查问卷，在校内完成网上创业状况的调查，可以对问卷重新设计。

我校高职学生网上创业调查问卷

1．您在网上购物吗？

□ 没有网上购物　□ 网上购物 1～3 次　□ 4～10 次　□ 11～40 次　□ 41 次以上

2．如果您在网上购物，那在网上购物有多长时间了？

□ 0　□ 不到 6 个月　□ 7～12 个月　□ 13 个月以上

3．您有自己的网上店铺吗？□ 有　□ 没有

4．如果您目前没有网上店铺，您想网上开店吗？□ 想　□ 不想

5．如果您想开店，家长的态度如何？

□ 肯定支持　□ 可能支持　□ 无所谓　□ 可能反对　□ 肯定反对

6．您周围有人开网店吗？□ 没有 □ 有
7．您觉得网上开店的前景如何？□ 好 □ 一般 □ 不好
8．您认为开网店需要投入多少资金？
□ 0元 □ 1～1000元 □ 1001～2000元 □ 2001～5000元 □ 5001元以上
9．您认为在校学生以网上开店的形式进行网上创业，每个月盈利多少算是成功？
□ 0元 □ 1～500元 □ 501～1000元 □ 1001～2000元 □ 2001元以上
10．您认为网上开店对学校开设课程的学习的影响程度有多大？
□ 影响大 □ 影响小 □ 没有影响
11．您认为就开网店而言，在校学生相对于社会其他阶层的人有优势吗？
□ 有很大优势 □ 有较大优势 □ 有一点优势 □ 没有优势
12．您对在校学生开网店的做法持什么态度？
□ 非常赞同 □ 赞同 □ 无所谓 □ 反对 □ 非常反对
13．您认为在校开网店对毕业时找工作有帮助吗？
□ 有 □ 不一定 □ 没有
14．您希望学校开设网上创业的课程吗？
□ 希望 □ 无所谓 □ 不希望
15．您周围有谁经商？□ 父母 □ 亲戚 □ 同学 □ 朋友 □ 熟人
16．您是否住校？□ 是 □ 否
您的年级　　　　专业　　　　性别　　　　手机

2）撰写调查报告。

实训2 你具备了多少创业者的素质？

阅读表1-2列出的素质及其说明，在每一种素质上给自己打分。过3个月后，使用不同颜色的笔再填一次，看看你是否有进步。

表1-2 创业素质评分表

特　点	解　释	范围（低—高）
动力	很强的冲动	1 2 3 4 5 6 7 8 9 10
毅力	坚持完成任务或达成目标	1 2 3 4 5 6 7 8 9 10
承担风险的能力	愿意冒险	1 2 3 4 5 6 7 8 9 10
计划性	有序地安排工作和生活	1 2 3 4 5 6 7 8 9 10
自信	对自己有信心	1 2 3 4 5 6 7 8 9 10
善于说服他人	能使别人信服	1 2 3 4 5 6 7 8 9 10
诚信	诚实守信	1 2 3 4 5 6 7 8 9 10
竞争性	渴望成功	1 2 3 4 5 6 7 8 9 10
适应能力	善于应付新环境	1 2 3 4 5 6 7 8 9 10
理解	能设身处地为他人着想	1 2 3 4 5 6 7 8 9 10
自律	自我控制	1 2 3 4 5 6 7 8 9 10
远景	能够将目标铭记在心	1 2 3 4 5 6 7 8 9 10
第一次自我评估		总分
第二次自我评估		总分

项目2

识别网上创业机会

随着 Internet 的出现，网络技术得到飞速发展，信息交换的速度得到极大提高，各种依托于网络的经济形式正在全球范围内悄然兴起，让很多怀有创业梦想的人距离梦想更近了。网络给现代商业以崭新的与传统商业截然不同的运作模式，使得无数的年轻人跃跃欲试，渴望体验创业的激情，网上创业成为这个时代的热门话题。

然而，并不是有理想、有冲劲、有技术就一定能在网络中生存下来。随着电子商务模式不断地成熟及网络购物需求量不断地增大，越来越多的人选择网络平台作为销售的主要方式，创业者所面临的竞争压力也逐渐增大。因此在网上创业前，需谨慎地选择创业项目及平台，深入学习网上创业的相关知识，踏踏实实地迈好第一步是走向成功的基础。

学习提示

学习目标

- 知识目标：理解发现网上创业机会的途径，掌握对网上创业 SWOT 分析的方法，理解网上创业评估的各个指标。
- 能力目标：能够从自身实际出发，发现网上创业机会，并对其进行具体的 SWOT 分析和正确的评估。

本项目重点

发现网上创业机会，评估网上创业机会。

本项目难点

提升个人的创业素质。

任务1　发现网上创业机会

任务要点

关 键 词：创业机会、威客、淘宝、易趣、凡客诚品。

理论要点：创业机会特征、创业路上考虑的问题。

实践要点：能够发现网上创业机会，实现成功创业。

任务情境

小王是刚毕业的一名大学生，在学校里学的是计算机专业，对网络颇为熟悉，一直想通过互联网实现自己的创业愿望。一日，和他同时毕业的张伟来看他，闲谈间聊起了网上创业。

小王：我想在网上创业，你能否给点意见啊？

张伟：你打算做什么项目啊？

小王：就是没想好啊！

张伟：创业失败率高，风险大，关键要找准创业机会啊！

任务分析

创业机会即商业机会或市场机会，是指有吸引力的、较为持久和适时的一种商务活动的空间，并最终体现在能够为顾客创造价值或增加价值的产品或服务中。对于创业者来说，在现有的市场中发现创业机会，是很自然和较经济的选择。一方面，它与我们的生活息息相关，能真实地感觉到市场机会的存在；另一方面，由于总有尚未全部满足的需求，因此能减少机会的搜寻成本，降低创业风险，有利于成功创业。创业机会无处不在，关键是要靠挖掘，网上创业也是这样。

任务实施

步骤 1 从解决问题的过程中找机会

创业的根本目的是满足顾客需求，而顾客需求没有得到满足就是问题。寻找网上创业机会的重要途径，就是善于去发现和体会自己和他人在需求方面的问题或生活中的难处。如网络有些人需要某种服务，但他们本身不具备这样的技能或者劳动力来完成，我们不妨称这类人为雇主；同时，网络上也有一些网友身怀不同的技能，他们也希望能够运用自己的技能来创造第二收入，我们不妨称他们为雇员或者威客。可是这里有一个双方存在信息不对称的问题，即如何找到对方。这时就应运而生一批威客网站，他们相当于中介，把双方的需求集中起来，雇主可以在网站上发布信息招募威客，而威客可以在网站上浏览各种招聘信息，选择自己合适的任务去完成，这就是把问题转化为创业机会的成功案例。中国威客网站，如图 2-1 所示。

图 2-1 中国威客网站

目前我国比较有名的威客网站见表 2-1。

表 2-1　知名的威客网站

1	全球设计网	9	新丐帮网
2	时间财富网	10	百脑汇威客网
3	K68 威客网	11	淘智网
4	中国赏金写手网	12	智库威客网
5	创易网	13	猪八戒威客网
6	互帮中国	14	一品威客网
7	自由人雇佣军网	15	八客网
8	任务中国	16	建设网

步骤 2　变化中找机会

创业的机会大都产生于不断变化的市场环境，环境变化了，市场需求、市场结构必然发生变化。这种变化主要来自于产业结构的变动、消费结构的升级、城市化的加速、思想观念的变化、政策的变化、人口结构的变化、居民收入水平的提高、全球化趋势等方面。如随着现在人们环保意识和节约意识的增强，循环经济的发展也带来了一些相关的商机。2005 年 3 月在苏州成立了一家收废网，它是由学化学专业的厉开波和环境保护专业的周敏开办的。在经营过程中两个人不断把自己所学知识应用到经营和管理中，通过网络收购废品的业务发展得很快，仅 2 个月就在当地形成了一定规模，经济收入不菲。厉开波和周敏现在已经成立了苏州工业园区天堂物资回收公司，专门从事收废品的业务。

小链接 2-1

把握创业机会的四大特征

有的创业者认为自己有很好的想法和点子，对创业充满信心。有想法有点子固然重要，但并不是每个大胆的想法和新颖的点子都能转化为创业机会。许多创业者就是因为仅仅凭想法去创业而失败了。那么怎样才能把握创业机会呢？

1）培养发现创业机会的能力。发现创业机会不是一件容易的事情，但也不是高不可攀。创业者可以在日常生活中有意识地加强实践，培养和提高这种能力。

2）要有良好的市场调研习惯。发现创业机会的最根本一点是深入市场进行调研。要了解市场供求状况、变化的趋势，顾客需求是否得到了满足，以及竞争对手的长处与不足。

3）要多看、多听、多想。我们每个人的知识、经验、思维以及对市场的了解不可能做到面面俱到。多看、多听、多想能使我们广泛获取信息，及时从别人的知识、经验、想法中汲取有益的东西，从而增强发现机会的可能性和机率。

4）要有独特的思维。机会往往是被少数人抓住的。我们要克服从众心理和传统的习惯思维的束缚，敢于相信自己，有独立见解，不人云亦云，不为别人的评头论足、闲言碎语所左右，才能发现和抓住被别人忽视或遗忘的机会。

步骤 3　从竞争对手中找机会

如果你能够弥补竞争对手的缺陷和不足，这也将成为你的创业机会。看看你周围的公司，你能比他们更快、更可靠、更便宜地提供产品或服务吗？你能做得更好吗？若能，你也许就找到了机会。

2003 年，中国人民对网上购物已不再陌生。电子商务巨头美国 eBay 公司在这个时候投资 1.8 亿美元，接管易趣，实现了进军中国市场的战略目标。1999 年成立的易趣经历了中国网络经济的疯狂与寂静，可谓一枝独秀，占据着 70%的市场份额，而且拥有良好的品牌优势和用户基础，eBay 由此在中国网络卖场中占据了绝对优势。谁也没有料到，作为后来者的淘宝网出奇制胜，仅两年时间，就成为中国网络购物市场的领军企业。淘宝作为一个激进的后来者，能够超过易趣，与它从竞争对手中找机会来实现成功创业是分不开的。

1. 免费优势

“eBay 易趣当时在中国的确做得很大，但我们发现它有很多弱点，客户对它的抱怨很多，这就是我们的机会。”孙彤宇当时正是淘宝网项目的负责人，他所说的弱点，其中的重要一点是 eBay 易趣坚持的收费原则。于是，2003 年 8 月 17 日，淘宝网就对外宣布，前 10 万名经过身份认证并在淘宝上有过一次买卖经历的会员，将享受 3 年内不收取交易服务费的优惠。通过 3 年“免费”牌，淘宝迅速打开了中国 C2C 市场，并在短短 3 年时间内，打下半壁江山，替代 eBay 易趣登上中国 C2C 老大的交椅。

2. 实现支付宝网上支付

支付宝是淘宝抛出的另一个重型武器。与作为直接卖方的当当、卓越不同，类似易趣、淘宝的网上卖场只提供交易平台，对买卖双方并无绝对的约束力，如果货款或是商品出现了问题，风险只能由买卖双方承担。卖方为了保护自身利益，通常会采用“款到发货”的模式，在这种情形下，即便有以往交易记录作为考量，买家仍要承担非常大的交易风险，这是谁都不愿意的，这也是前几年网站成交数量不少，但金额偏低的主要原因。买卖双方都处于小心试探的阶段，如果不解决支付风险问题，网上交易很难有更大的进展，市场容量也就不可能扩大。买卖双方以及整个市场都在呼唤第三方信用中介的参与，以保证交易的顺利进行，然而每个人都知道“趋利避险”，谁肯出来承担起这个风险呢？易趣没有做到，其他对手也没有做到，这无疑就是市场之虚，淘宝的契机。2003 年 10 月，淘宝试探性地发布了“支付宝”服务——买家将货款打入淘宝提供的第三方账户，确认收到货物之后再将货款支付给卖家。这无疑大大降低了买家的风险，买卖双方对此当然是举双手赞成，由此淘宝的会员注册数和成交率便节节攀升。

3. 推出及时沟通工具——阿里旺旺

eBay 易趣为了控制收费，要求买方必须在拍下商品之后才能与卖方联系，并且不支持私下沟通，这点显然并不符合中国人做买卖的习惯。而淘宝网却别出心裁地开通了一个类似 QQ 的在线聊天工具——阿里旺旺（淘宝版）。通过它，可以查看交易历史、了解对方信用情况、个人信息，交易的双方可以及时、准确地传达各自的想法，大大促进了双方交流的效率，为达成交易提供了有力的支撑。

步骤 4 集中盯住某些顾客的需要

创业机会不能从全部顾客身上去找，因为共同需求容易认识，基本上已很难再找到突破口。而实际上每个人的需求都是有差异的，如果我们时常关注某些人的日常生活和工作，就会从中发现某些机会。因此，在网上寻找创业机会时，应习惯把顾客分类，机会自见。如凡客诚品的定位是互联网快时尚品牌，所属领域是服装 B2C 领域。目标客户是伴随着互联网成长起来的、与国际潮流对接最为快速而消费能力大多又有限的人群，其中 80 后和 90 后的占大部分。而“凡客”所做的就是要使这部分购买力有限的消费群体可以廉价追求时尚，使“时尚”一词变得不再遥不可及。凡客诚品网站如图 2-2 所示。

图 2-2　凡客诚品网站

触类旁通

创业是一个令人兴奋的话题，它既充满激情、充满挑战，又非常残酷。然而不管创业的道路有多么的艰辛，还是有越来越多的朋友奋不顾身地踏上了这条不归之路，他们在各自的领域，用拼搏和奋斗演绎着自己的创业生涯，这种精神着实让人由衷地敬佩。

马云说：一个成功的创业者必须具备 3 个因素：眼光、胸怀和实力。创业路上有 4 个问题是不得不考虑的。

1．找准市场，做有创意的事业

考虑自己所做的项目是否有市场，坚决不做没有市场的事业。创业者要选择有市场需求的项目去开拓市场，不能仅凭一时的兴趣或者盲目跟风去创业。当大多数人说好，而且该项目很赚钱的时候，创业者就不要考虑了。譬如：现在的阿里巴巴很赚钱，如果你再去做一个阿里巴巴的话，估计会死得很惨。反之，如果某个项目确实有前景，但目前几家公司都做得不好，创业者可以好好考虑这个项目。不过启动这个项目时，必须做好前期的市场调研，精确分析为什么其他公司做不好这个项目的原因，自己又有什么方法来解决。

2．降低运营成本，把非核心工作外包出去

很多创业公司因为资金紧缺，想尽办法压低成本。建议创业者把非核心工作外包出去，节省人力资本和时间成本，自己的团队主攻核心业务。创业者可以选择目前企业主们使用得比较多的威客平台（比如“任务中国”http://www.taskcn.com），外包公司取名、企业 LOGO、网站美工、程序开发等非核心的工作。

3．慎重选择创业伙伴，积累原始创业团队

从公司长远的发展出发来选择创业团队。“选择了正确的团队，就是完成了 80%的工作。”这是很多风险投资企业的经验之谈。创业者选择团队的时候一定要谨慎，初期的创业伙伴一

定要能力强、人品好、目标一致、工作互补性强等。

4. 打造核心竞争力，让同行无懈可击

创业者要具有忧患意识，时刻都要考虑自己的核心竞争力。当今一个很普遍的现象是：一个好的产品很容易被人复制，而且复制你的人，可能比你做得还要好。所以对创业者来说，在项目运营之前，一定要打造自己的核心竞争力，而且你的核心竞争力是任何人模仿不了的。否则，最终会被别人挤垮。

【案例 2-1】

世纪佳缘龚海燕的创业路

龚海燕，网名“小龙女”、“潇湘燕子”、“辣椒”，毕业于北京大学中文系，取得了复旦大学新闻学院硕士学位。2003 年 10 月 8 日，她自筹经费，建立了一个专为高校学子牵线搭桥的交友网站：世纪佳缘。今天头上的光环是与她鲜为人知的困苦童年分不开的。

龚海燕出生在湖南省桃源县架桥镇一个贫困农家，从小就争强好胜。“初二开始，每个暑假我都卖冰棍赚学费。”

1992 年的 8 月，龚海燕经历了大喜大悲：先是拿到直接保送省重点中学桃源一中的录取通知书，几天后就遭遇车祸，导致右腿粉碎性骨折！出车祸时，她在卖冰棍的路上。这次车祸，让本不富裕的龚家欠下了 3 000 多元的外债。坚持到高二上学期，龚海燕选择了辍学，当时，她的成绩名列年级第二。

她说服父亲，找亲戚借了 3 000 多元钱，在家乡小学附近开了一家学生用品店，她一个人上常德市的批发市场进货，一个人守店，一年下来竟然赚了 7 000 多。她突然发现，原来钱挺好赚的。一年后，带着对海的渴望，怀着青春的梦想，海燕赴珠海打工。在珠海的松下公司，她凭着自己的文学天赋从一个普通的打工妹做到了公司内部报纸的编辑。

虽然打工生活很顺利，但龚海燕还是渴望着上学。1996 年 11 月 23 日，辍学三年的龚海燕回到桃源一中读高二，这时她已快 21 岁，而当时国家规定的高考年龄线为 24 岁，“正好赶个末班车”。

1998 年 7 月，这个辍学 3 年的女孩，以县文科状元的成绩考取北大中文系。2002 年本科毕业后，她又被保送到复旦大学新闻学院读研究生。

读研期间办起征婚网站

因为辍学 3 年，从高中到大学、到研究生，龚海燕一直比同班同学大，“我的个人问题就成了老大难。我妈特别着急，我只好开始征婚。”一说起这事，龚海燕就笑了起来，没有丝毫的扭捏。

龚海燕坦率地告诉笔者，读研期间，曾经两次被婚介交友网站欺骗。正是这两次受骗，才让她萌发了创办一个严肃的以婚恋为目的的交友平台。“当时没想到会做成这样，我自己是读媒介经营管理的，起初只想借网站练个手，同时也给自己或身边的研究生们提供一个平台。”

龚海燕说做就做。当时，她手上还有在北大读书时做家教积攒的近 4 万元钱。于是，她拿出 1 000 元钱，制作了一个简单的网页，就开始游说身边的人发资料给她。“最初基本上都是我的朋友、同学。网页也特别简单，一个个往上面排。一开始是同济医大的一个女硕士，接着是上海交大的一个男博士，世纪佳缘就算开张了。”龚海燕回忆道。

800、1 000、10 000……网站的人数呈几何级数增长，龚海燕的脚步也无法停下来。2004年2月15日，在会员的要求下，龚海燕在北京、上海两地同时举办了交友见面会，竟然还赚了一万多元。当年，她注册成立了上海花千树信息科技有限公司。

这个网站让龚海燕收获的不仅是物质上的财富，还让她找到了另一半。“呵呵，他其实是我们网站的会员，在见面会上见过我，就在网上对我发了邀请，一见面，感觉还不错。”谈起老公，龚海燕笑了起来，“一个多月后，他就用自行车载着我办理了结婚登记，一共才花了9元钱。朋友们笑我们是老房子着了火，烧得特别快。”

靠严肃赢得市场

当时的互联网上布满了形形色色的交友网站，但由于门槛太低，几乎都充斥着一夜情、婚外恋等不健康的交友信息。龚海燕另辟蹊径，实行会员制，将会员定位在大专以上学历，并要求会员提交真实的身份证明资料。

她最初的想法就是帮助身边大龄、高学历的朋友们找到合适的另一半，没想到，到2005年年底，“世纪佳缘”的会员已经达到32万人，连续几个月都是百度交友网站的排行冠军。2006年初又被艾瑞市场资讯评为婚恋交友类网站的第一名。世纪佳缘成立3年多来，已经有近60万人在网上找到了自己的另一半。尽管没有打广告也没有投入任何宣传费用，“严肃婚恋”的定位和严格的身份鉴定制度还是很快为世纪佳缘赢得了市场。

2007年4月，世纪佳缘获得新东方创始人徐小平、王强、钱永强共4 000万人民币投资。其实，这不是龚海燕拿到的第一笔风险投资。2005年5月，龚海燕收到来自“老钱”的一封电子邮件。这位老钱就是新东方副校长钱永强。他在信中说，他认为“世纪佳缘”很有发展前途，希望龚海燕能专心做好这个网站。

几天后，钱永强专门从北京飞到上海。“我们在金茂大厦54楼的咖啡厅里谈了一个钟头，什么协议也没签，他回到北京后，就给网站打进了两百万元的资金。”

老钱的这次来访，让本有些犹豫的龚海燕坚定起来。当初办这个网站时，一台服务器、几台电脑足矣，随着会员剧增，龚海燕投在服务器和带宽上的钱也剧增。自己的钱花完了，丈夫的钱也全投进去了。她的工作时间也越来越长，先是8小时，再是12小时，后来就经常熬夜，“我以前挺胖的，因为这个网站，整整瘦了28斤”。

在困境中长大

据有关机构预测，2008年中国网上婚恋交友市场规模将达6.53亿元，年复合增长率为106.2%。而根据Alexa的流量统计，目前世纪佳缘网站浏览量仅次于全球最大的交友网站Match.com。在MSN首页上，世纪佳缘也已经占到总流量的58%，超过了MSN其他合作伙伴的流量之和。“风险投资总是希望你有偿地为人民服务，来获得回报，所以在实现社会效益的同时也要有经济效益，这是我的目标。”龚海燕说。

但是怎么样才能既切实体现出网站的服务特色又能真正达到盈利，是现阶段国内所有交友网站面临的一个难题。全球最大的交友网Match.com在2006年的营业收入超过20亿元人民币，其中很大一部分来源于收取入会费。而国内由于网民习惯免费，目前包括世纪佳缘在内的几乎所有婚恋交友网站都在为网民免费服务，寻找合理有效的盈利模式已经成为婚恋网站全行业面临的难题。在这种情况下，龚海燕开始着手建立独立的婚庆网站，利用手中686万会员的庞大资源向婚恋行业的下游发展，开发更多的增值收费项目。除了网站，世纪佳缘还开发了诺基亚、掌讯等手机合作伙伴。等待中国人习惯网上婚恋服务收费将是一个漫长的过程，在此之前，龚海燕还有一段艰难的路要走。

目前，世纪佳缘拥有1 350万注册会员，已有260万人在这里找到了另一半，龚海燕也因此得到了“中国网络红娘第一人”的美誉。

由于实行会员免费制，世纪佳缘的主要收入来自互联网广告、线下VIP婚姻介绍服务、线上增值产品、线下活动等。前者包括虚拟礼品、VIP会员服务等，每年大概有200万元的毛利；后者即是各种相亲见面会，去年已做了300多场，今年将达到500多场。

接下来，世纪佳缘将着手进军每年消费总额达3 000亿元的婚庆市场，其独立的婚庆网将于今年5月正式启动。

请思考：1．龚海燕创业为什么能够成功？

2．结合本案例，谈谈如何发现网上创业机会？

任务2　分析网上创业的SWOT

任务要点

关 键 词：SWOT。

理论要点：SWOT的含义、SWOT分析的内容。

实践要点：能针对自己的网上创业进行SWOT分析。

任务情境

（接任务一谈话）

小王：听你的分析，我打算在网上开一家店铺，现在网上购物的优势已经得到很多人的认同，轻轻松松在家逛店铺，品种丰富多样，这些都是实体商店没办法比较的。

张伟：那你对店铺做过SWOT分析吗？

小王：什么是SWOT分析啊？

张伟：且听我慢慢道来。

任务分析

SWOT分析，即态势分析，就是将与研究对象密切相关的各种主要内部优势、劣势、机会和威胁等，通过调查列举出来，并依照矩阵形式排列，然后用系统分析的思想，把各种因素相互匹配起来加以分析，从中得出一系列相应的结论，而结论通常带有一定的决策性。

SWOT分析法常常被用于制定公司的或者某个项目的发展战略和分析竞争对手情况，在战略分析中，它是最常用的方法之一。进行SWOT分析的目的是分析创业者在某一领域进行创业的优势、劣势、机会、威胁，并以此为基础制定相应的策略。

任务实施

步骤 1 网上创业的优势分析

1. 投资较小，成本较低

对网络创业者来说，如果不是开展很大的项目，起初所需要的资金并不是很多，也许一台电脑+ADSL+虚拟主机+一间小屋，你就可以开始了。现在网络通信很发达，可以说只要有一条宽带，就解决了网络通信的大部分问题，可以节省很多的电话费；同时也不需要去租门面房，去付昂贵的房租。在创业初期，没正式注册公司之前，你也不必为一大堆零碎的收费税务而烦恼。

2. 经营方式灵活

在网上创业，往往都是自己的生意，什么时间上班，什么时间下班，基本上都是自己说了算。开网店做生意，一切都是通过互联网进行的，网店的老板们可以全职经营，也可以兼职。而虚拟的店面又不需要专人时时看守，只要能及时对浏览者的咨询给予答复就不会影响生意。而且网店在商品销售之前只需要少量存货，甚至可以不需要存货，因此可以随时转换经营其他商品，可谓进退自如，没有包袱。

3. 人员组成很简单

很多创业者初期都是白手起家，一人就包揽了所有职务。因为在初期基本上一个人就可以应付过来，不需要再为员工的费用担心。

4. 无条件限制

网上创业没有传统就业市场存在的诸多难以跨越的门槛，也没有创业环境的重重障碍，只要你立志网上创业，它将会是挖掘你无限潜力的一个非常好的创业平台。

5. 无发展空间障碍

没有人会预设在这个事业里的成就大小，因为那取决于自己设定的目标高低及愿意为这个事业付出的努力。

6. 无特权、免交际应酬

充斥在传统社会里的“特权阶级”、“裙带关系”、“走后门”等情形，一般不会发生在网上。网络拥有一个公正、公平、合理的创业环境，只要符合国家有关互联网的法律法规，便能享有互联网带给你的无限商机。

7. 交易不受距离限制

网上商店的顾客群是所有的上网人员，只要是上网的人群都有可能成为商品的浏览者与购买者，这个范围可以是全国的网民，甚至是全球的网民，潜在客户多，而不像实体店客户那样由于地域的影响而受到限制。

小链接 2-2

大四学生开网店

江苏女孩张云是一个大四学生，偶然得知网上可以开服装店，资金投入不大，也无需投入很多的人力，她便想尝试一下。在身边的朋友中做了一番市场调查之后，张云发现网上卖服装鞋帽有一定市场，于是在易趣网上注册了店铺。

按网站的规矩，张云支付了 300 元的开店费和 50 元月租。她还买了一台数码相机，并专门学了图片制作软件 Photoshop。然后，张云在学校附近的一个批发市场“淘”了十几顶不同款式的漂亮帽子，拿回家挨个照相，把图片放到了自己的网上店铺里，并配上简单的说明，标价则比进价高了一倍。一周之后，张云终于收到了订货信息，她到邮局寄出了顾客订的帽子，做成了第一笔网上生意。

小试牛刀后，张云把生意主要集中到了外贸服装上，她和几家外贸服装批发商约定，可以先拍下她看中的服装，并商定价钱，等有了订单再付款取货，这样她无需很多资金就可以顺利地把业务做大了。

步骤 2 网上创业的劣势分析

1. 融资难

创业的最大困难就是融资，融资是创业的前提，网上创业相比传统创业同样有着融资难的问题。

在寻找资金的时候，每个投资方都需要比较细致的商业计划书，它包括：投入成本、成长潜力、竞争环境分析、目标市场分析、客户定位、价格定位、盈利分析、融资计划、自身竞争优势分析、推广宣传、团队等各方面。创业者没有能力写商业计划书，VC（风险投资公司简称）公司就不会投资。

在一个企业中，CEO 的决策直接影响到企业的生死。在网上创业，也是同样需要有相当的经验，包括：组织、计划、执行、控制。如果创业者没有实战的企业管理运作经验，VC 公司不会对其投资。

近期没有盈利，VC 公司不会对其投资。国内真正的天使投资很少，即投资额在 10～50W 之间的 VC 公司。而且即使他们一般都投在项目中期即该项目已经有盈利的希望或正在盈利，真正的雪中送炭少得可怜！

没有好的项目，VC 公司不会对其投资。即使创业者有好的项目，但如果没有好的团队，VC 仍然不会投资，因为你不懂得管理运作。每天有多少好的产品问世，但真正能成功推向市场的有多少？创业的成功不在产品而在于人，在于团队，在于管理运作！

2. 推广难

网上创业虽相比传统创业更为快捷，但是推广项目同样需要资金，缺乏资金便存在着难推广的局限性。在创业之初，即使有了好项目，创业者由于缺乏资金的支持仍然没有实力在各大门户网站做首页广告，甚至没有实力做普通收费登录。

3. 维护难

建站容易维护难。对于网站来说，只有不断地更新内容，才能保证网站的生命力，否则网站不仅不能起到应有的作用，反而会对企业自身形象造成不良影响。网站的维护不仅需要资金还需要技术，网上创业者必须知道一些必要的网络知识以及网站维护知识，这对创业者来说是很大的挑战。

步骤 3　网上创业的机会分析

1．国家政策的支持

加快电子商务发展是落实科学发展观的必然要求，也是应对经济全球化挑战、提高国际竞争力的必由之路，是创立自主品牌的必要途径，也是促进市场资源有效配置的必备手段。2012 年 2 月 6 日，国家发展改革委、财政部、商务部、人民银行、海关总署、税务总局、工商总局和质检总局等八部委联合发布《关于促进电子商务健康快速发展有关工作的通知》(以下简称《通知》)，旨在贯彻落实《国民经济和社会发展“十二五”规划纲要》关于积极发展电子商务的任务，深入开展国家电子商务示范城市创建工作。根据《通知》，八部委联合成立国家电子商务示范城市创建工作专家咨询委员会，并重点推动以下工作：促进国家电子商务示范城市各项创建工作任务落实；推动商贸流通领域电子商务应用的健康快速发展；规范电子支付，推广金融 IC 卡应用；建立电子商务信用服务体系；开展网络（电子）发票应用试点；加强网络商品交易监管，构建诚信交易环境；研究跨境贸易电子商务便利化措施，提高通关管理和服务水平；积极推进电子商务标准化建设。

小链接 2-3

杭州市欲打造“中国电子商务之都”

杭州市积极打造中国电子商务之都，雄心勃勃地提出，电子商务是杭州最可能占领世界发达城市的领域。2009 年杭州网商竞争力位居全国省会城市的首位，电子商务网站数量位居全国第一，除阿里巴巴集团外，杭州还拥有软件产业出口和出口创新基地、动画产业基地等 40 多个国家级别的基地，信息产业已经成千亿产业。

杭州对电子商务的政策扶持，首先是大力培育网商，实施大企业培育计划和中小企业“瞪羚计划”，把电子商务作为培育企业的重要手段，对电子商务企业视同评定高新技术企业、软件企业，且新增税收的 50%以项目资助的形式返还给企业。其次是依靠阿里巴巴等网络公司，以淘宝网等优势网站为支点，打造更多的全国性乃至于国际性的行业信息和电子商务集群，推动各区县市加快建设科技园、软件园。通过铺天盖地抓软件，夯实产业基础，拓展阿里巴巴网络联保信贷，多渠道为网商信贷贷款，发展网上与楼宇招商引资结合，积极引进电子商务总部，给予电子商务总部经济双重的政策扶持。再次是发布电子商务网商排行榜，对优秀企业给予激励，以此扩大电子商务的应用，支持电子商务企业向杭州的农业、制造业、服务业等领域发展，发挥产业的带动作用。最后是加强网上、网下的互动，扶持更多的中小企业，利用网络平台开拓市场，鼓励电子商务企业从无形向有形转变，拉长自己的产业链，每年拿出 5 千万元资金推进电子商务企业，鼓励企业利用电子商务平台营销，服务费用由入网的企业、电子商务平台和政府按照三三制的分担，目前已有 18 000 多家企业享受了这样的服务政策，进入互联网开拓市场。

2．网络市场具有成长性

中国互联网络信息中心（CNNIC）发布的《2012 年中国网络购物市场研究报告》数据显示：截至 2012 年 12 月底，网络购物用户规模达到 2.42 亿，网民使用网络购物的比例提升至

42.9%，人均年网购消费金额 5 203 元，与 2011 年相比增加 1 302 元，增长 25%。此外，用户网购频次有了显著的提升，用户半年平均网购次数达到 18 次，较 2011 年增加 3.5 次。2012 年，全年网络购物市场交易金额达到 12 594 亿元，较 2011 年增长 66.5%，网络零售市场交易总额占社会消费品零售总额的 6.1%。

3．网络购物，正成为消费者上网的“主打项目”

2011 年 3 月 1 日，万事达卡公布的第四次网络购物习惯调查显示，网络购物日益成为两岸三地消费者最为青睐的购物方式之一，而内地消费者网购居两岸三地之首。84%的内地受访者将网络购物作为其上网的主要目的，这个数字在台湾地区为 67%，在香港地区则为 50%。自 2010 年 6 月到 9 月三个月间，内地消费者平均购买了 5.6 件商品，略高于台湾地区（4.1）和香港地区（4.3）消费者；而中国内地消费者网上购物的频率也从 2009 年调查的 4.4 次激增到此次调查的 5.3 次。

步骤 4　网上创业的威胁分析

机遇总是与风险并存。网上创业也面临着较大的风险，这些风险虽然不会给创业者带来巨大损失，但增加了成功的难度。

1．竞争激烈

由于网上创业资金门槛低，进入容易，大量的创业者已经进入了这个领域，一些传统企业也纷纷上网，将市场扩展到网络中，这使新进入者面临巨大的竞争压力。

小链接 2-4

网上创业竞争激烈

近几年，电子商务飞速发展，为广大消费者带来实惠商品的同时，也为更多年轻人提供了就业甚至创业的机会。在淘宝等电子商务平台上，很多几百元、几千元起家的小商户几年间就发展成为销售额过百万甚至千万的大户。

几年前，大专毕业的晓君和其他刚步入社会的年轻人一样，到处参加招聘会、面试甚至托亲戚帮忙找工作。“我在餐厅做过服务员、在超市做过理货员、在商场做过专柜销售……”提起以前的工作经历，晓君坦言由于学历和工作经验方面的因素，自己一直没有找到收入比较满意且稳定的工作，甚至有一段时间待业。后来在朋友的介绍下，她才抱着试一试的心态，尝试做女鞋的网络销售代理。

晓君告诉记者，从刚开网店起，她就一直在做女鞋的网络代理销售，与传统的从厂家进货后再销售的方式相比，做代理没有库存的压力，也不需要太多的资金周转，比较适合她这样的小成本商家。不过，随着网购市场的成熟，竞争也越来越激烈。“前几年每个月的利润都能在 3 000 元左右，赶上厂家推出新产品的时候甚至能超过 5 000 元。但最近几个月最低时不到 2 000 元。”晓君对记者表示，目前仅在淘宝网上天津本地的个体女鞋专卖网店就已经有近千家，同类款式和风格的产品越来越多，其他网店又不断压价，使得她也被迫跟着压缩利润。

在经历了近 5 年的网上创业后，晓君已经学会了把市场竞争的压力转化成动力。面对现状，她已经在考察市场和寻找新的合作厂商，准备扩大自己的代理经营范围，如加入一些利润空间比较大的手机配件、家居饰品、儿童服装等。年底，她还打算在附近的市场里租下一个摊位，尝试网店加实体店的方式经营。

2．物流行业仍是目前电子商务一大瓶颈

物流是电子商务的组成部分，也是电子商务实现的保证。电子商务中，资金流和信息流都可以在网络中完成，物流则必须在现实物理空间中完成。比起美、韩等国来，美国的端对端物流体系相当发达，可以将资金流、信息流、服务流进行无缝对接，物流成本非常低，企业几乎可以做到零仓储。韩国虽然小，但物流业也非常发达，物流配送的速度快、质量高、成本低。中国国内的物流体系，物流成本要占到零售成本的7%～15%，给消费者增加了很大的经济负担。此外，到目前为止，国内没有一家物流公司能够做到端对端服务，服务质量也不尽如人意；针对物流行业的保险也是空白；物流的信息化没有形成产业链，导致交易平台、中小企业、卖家之间信息不对称。

3．电子商务系统安全风险

电子商务是在开放的网络上进行的，支付信息、订货信息、销售信息、谈判信息、机密的商务往来文件等大量商务信息在计算机系统中存放、传输和处理。黑客攻击、计算机病毒等会造成商务信息被窃、篡改和破坏；机器失效、程序错误、错误操作、错误传输都会造成信息失误或失效，给创业者带来不可挽回的损失。

4．缺乏配套的消费环境

跟美国、韩国、日本比，我国在信用卡支付、手机端点支付等方面还相当落后。其实在电子商务发达的国家，很多交易不是只有在网上能完成，年纪大的消费者、不经常上网的人群可以通过便利店、手机、POS机交易，或请人代购，支付方式灵活多样。

步骤5　构造SWOT矩阵，并制定出相应的创业策略

创业者在完成某一领域的优势、劣势、机会、威胁的分析后，便可以用矩阵或表格将结果定位，制定出相应的创业策略，以发挥优势因素，克服劣势因素，利用机会因素，化解威胁因素，见表2-2。

表2-2　SWOT分析中各因素列表

	机　　会	威　　胁
优势	进攻 竭尽全力而为之	调整 恢复优势力量
劣势	防御 密切注视竞争对手行动	生存 战略转移

触类旁通

SWOT分析法又称为态势分析法，它是由旧金山大学的管理学教授于20世纪80年代初提出来的，SWOT4个英文字母分别代表：优势（Strength）、劣势（Weakness）、机会（Opportunity）、威胁（Threat）。

进行SWOT分析时，主要有以下几个方面的内容：

1．分析环境因素

运用各种调查研究方法，分析出公司所处的各种环境因素，即外部环境因素和内部能力

因素。外部环境因素包括机会因素和威胁因素，它们是外部环境对公司的发展直接有影响的有利和不利因素，属于客观因素，一般归属为经济的、政治的、社会的、人口的、产品和服务的、技术的、市场的、竞争的等不同范畴；内部环境因素包括优势因素和弱点因素，它们是公司在其发展中自身存在的积极和消极因素，属主动因素，一般归类为管理的、组织的、经营的、财务的、销售的、人力资源的等不同范畴。在调查分析这些因素时，不仅要考虑到公司的历史与现状，而且更要考虑公司的未来发展。

2. 构造 SWOT 矩阵

将调查得出的各种因素根据轻重缓急或影响程度等排序方式，构造 SWOT 矩阵。在此过程中将那些对公司发展有直接的、重要的、大量的、迫切的、久远的影响因素优先排列出来，而将那些间接的、次要的、少许的、不急的、短暂的影响因素排列在后面。

3. 制订行动计划

在完成环境因素分析和 SWOT 矩阵的构造后，便可以制订出相应的行动计划。制订计划的基本思路是：发挥优势因素，克服弱点因素，利用机会因素，化解威胁因素；考虑过去，立足当前，着眼未来。运用系统分析的综合分析方法，将排列与考虑的各种环境因素相互匹配起来加以组合，得出一系列公司未来发展的可选择对策。

【案例 2-2】

大学生创业的优势和劣势

大学生创业与社会上 40～50 岁的失业人群、退休人员创业相比，还是有自身特点的。孙子兵法云：“知己知彼，百战不殆”，大学生只有深刻认识自己的优点和缺点后，才能在扬长避短基础上对创业准确定位。大学生创业有什么优势？大学生创业有什么劣势？

一、大学生创业的优势

1）具有较高的文化水平，对事物有较强的领悟力，有些东西一点即通。

2）自主学习知识的能力强。

3）接受新鲜事物快，甚至是潮流的引领者。

4）思维普遍活跃，不管是敢不敢干、至少是敢想。

5）运用 IT 技术能力强，能够在互联网络上搜寻到许多信息。

6）自信心较足，对认准的事情有激情去做。

7）年纪轻，精力旺盛，故有“年轻是最大的资本”之说。

8）没有成家的大学生暂无家庭负担，其创业很可能获得家庭或家族的支持。

二、大学生创业的劣势

1）缺乏社会经验和职业经历，尤其缺乏人际关系和商业网络。

2）缺乏真正有商业前景的创业项目，许多创业点子经不起市场的考验。

3）缺乏商业信用，在校大学生信用档案与社会没有接轨，导致融资借贷困难重重。

4）喜欢纸上谈兵，创业设想大而无当，市场预测普遍过于乐观。

5）眼高手低，好高骛远，看不起蝇头小利，往往大谈“第一桶金”，不谈赚“第一分钱”。

6）独立人格没有完全形成，缺乏对社会和个人的责任感，甚至毕业后有继续依赖父母过日子的想法。

7）心理承受能力差，遇到挫折就放弃，有的学生在前期听到创业艰难，没有尝试就轻易放弃了。

8）整个社会文化和商业交往中往往不信任青年人，俗语说的“嘴上没毛，办事不牢”，很不利于年轻人的创业。

三、准确把握自身创业特点

以上是从统计方面来分析大学生创业的优势和劣势，实际上每个大学生的情况是千差万别的，还需要个性化地认识自己。

运用 SWOT 分析工具，在 SWOT 的四方格内分别把自己的优势、劣势、面临的发展机遇、挑战或威胁 4 个因素写下来，每种因素罗列出主要的 4～5 条。

比如说某 A 学生认为自己的优势有：家庭经商，自小在父母身边耳濡目染，对创业有浓厚兴趣；经过几年勤工俭学也积累一些实际经验；做过班干部，组织领导能力得到锻炼；几个朋友合计创业有一定时间，已基本有一个磨合的团队；产品独一无二，有市场竞争力。某 B 学生认为自己的劣势有：个人性格内向，与人打交道较困难；家庭出身较贫，没有资金支持，还指望毕业后还清教育贷款；没有团队，可能要单打独斗；社会经验严重不足；准备创业的产品成本高昂，要委托别人加工。

某 C 学生认为面临的机遇有：大学生创业基金成立，自己的科技项目可以试着申报，有导师的强力推荐；国内市场目前突然变化，产生有利于己方的巨大需求；一些企业正与我方洽谈，个别有签约前景；政府循环经济鼓励政策出台，更是利好消息。

某 D 学生认为自己创业的挑战是：市场竞争不规范，假冒伪劣商品盛行，自己的真东西卖不出去；目前上海店铺租金越来越高，辛辛苦苦赚来的利润越来越低；消费风潮变动很快，自己可能赶不上流行趋势。

在以上 SWOT 分析基础上，大学生可针对自己的情况，发挥优势、弥补劣势、克服威胁、规避风险、抓住机会、迎接挑战，使得自己的创业计划更为实际可行，更多一分胜算的把握。

四、找准“落脚点”大学生创业四大方向

虽然，如今创业市场商机无限，但对资金、能力、经验都有限的大学生创业者来说，并非“遍地黄金”。在这种情况下，大学生创业只有根据自身特点，找准“落脚点”，才能闯出一片真正适合自己的新天地。

方向一：高科技领域

身处高科技前沿阵地的大学生，在这一领域创业有着近水楼台先得月的优势，“易得方舟”、“视美乐”等大学生创业企业的成功，就是得益于创业者的技术优势。但并非所有的大学生都适合在高科技领域创业，一般来说，技术功底深厚、学科成绩优秀的大学生才有成功的把握。有意在这一领域创业的大学生，可积极参加各类创业大赛，获得脱颖而出的机会，同时吸引风险投资。

推荐商机：软件开发、网页制作、网络服务、手机游戏开发等。

方向二：智力服务领域

智力是大学生创业的资本，在智力服务领域创业，大学生游刃有余。例如，家教领域就非常适合大学生创业。一方面，这是大学生勤工俭学的传统渠道，积累了丰富的经验；另一方面，大学生能够充分利用高校教育资源，更容易赚到“第一桶金”。此类智力服务创业项目成本较低，一张桌子、一部电话就可以开业。

推荐商机：家教、家教中介、设计工作室、翻译事务所等。

方向三：连锁加盟领域

统计数据显示，在相同的经营领域，个人创业的成功率低于 20%，而加盟创业的则高达 80%。对创业资源十分有限的大学生来说，借助连锁加盟的品牌、技术、营销、设备优势，可以较少的投资、较低的门槛实现自主创业。但连锁加盟并非“零风险”，在市场鱼龙混杂的现状下，大学生涉世不深，在选择加盟项目时更应注意规避风险。一般来说，大学生创业者资金实力较弱，适合选择启动资金不多、人手配备要求不高的加盟项目，从小本经营开始为宜；此外，最好选择运营时间在 5 年以上、拥有 10 家以上加盟店的成熟品牌。

推荐商机：快餐业、家政服务、校园小型超市、数码速印站等。

方向四：开店

大学生开店，一方面可充分利用高校的学生顾客资源；另一方面，由于熟悉同龄人的消费习惯，因此入门较为容易。正由于走“学生路线”，因此要靠价廉物美来吸引顾客。此外，由于大学生资金有限，不可能选择热闹地段的店面，因此推广工作尤为重要，需要经常在校园里张贴广告或和社团联办活动，才能广为人知。

推荐商机：高校内部或周边地区的餐厅、咖啡屋、美发屋、文具店、书店等。

请思考： 1．你认同该案例对大学生创业的优势和劣势分析吗？

2．运用 SWOT 工具，分析你在创业中的优势、劣势、面临的发展机遇、挑战或威胁。

任务 3　评估网上创业机会

任务要点

关 键 词：市场、效益、创业者的个人素质。

理论要点：理解评估市场和效益的指标。

实践要点：对照创业者的个人素质的指标，提高自身的创业素质。

任务情境

（接任务 2 谈话）

小王：听君一席言，胜读十年书！除了对它进行 SWOT 分析，接下来，我还要做什么啊？

张伟：对网上创业机会进行评估。

小王：那如何评估呢？

张伟：这个可有得说了……

任务分析

所有的创业行为都来自于绝佳的创业机会，创业团队与投资者均对于创业前景寄予极高的期望，创业者更是对创业机会在未来所能带来的丰厚利润满怀信心。但成功与失败之间，除了不可控制的机遇因素之外，显然一定有许多创业机会在开始的时候，就已经注定未来可能失败的命运，如有的创业企业先天体质不良，市场进入时机不对，或者具有致命瑕疵的创业构想。如果创业者能先以比较客观的方式进行评估，那么许多悲剧结局就不至于一再发生，创业成功的几率也可以大幅提升。因此，创业者应在创业前，注意选择评估指标、组织评估活动与评估材料，以减少失败的风险。

任务实施

步骤 1　评估网上创业机会的市场

1．市场定位

一个好的创业机会，必然具有特定市场定位，专注于满足顾客需求，同时能为顾客带来增值的效果。因此评估创业机会的时候，可从市场定位是否明确、顾客需求分析是否清晰、顾客接触通道是否流畅、产品是否持续衍生等，来判断创业机会可能创造的市场价值。创业带给顾客的价值越高，创业成功的机会也就越大。

小链接 2-5

“锦绣纺”的市场定位

从 18 岁起，李女士就非常喜欢手工编织品，她的第一件作品就是一件红色的 T 恤毛衣。参加工作后，就喜欢给自己的父母和孩子编织毛衣，由于她心细手巧，因此单位上很多同事都请她帮忙编织衣服，加上自己特别感兴趣，她也乐意帮忙。久而久之，李女士积累了丰富的手工经验，从别人那儿学习到新的样式，不断创新。

在她的孩子刚出生的时候，她曾为小宝宝编织了很多小衣服、小鞋子，后来宝宝慢慢长大后，衣服和鞋子都穿不了了，李女士就把自己编织的实物拍成图片挂在网上，没想到这一无心插柳的行为居然引来了很多网友的关注，还有人询问怎样买卖。

受到启发后，李女士干脆辞掉了会计工作，在了解了开店注意事项后，专职在淘宝上开网店卖纯手工编织品，网店名为“锦绣纺”。“当时全家人都反对，觉得不该把稳定的工作辞了，但只有老公最支持我。”李女士笑着说。

网店开起后，生意却并没有李女士想象的那么容易，由于没有知名度，刚开业的第一个月只有一个订单。“我的网店目标客户群体是 0～3 岁的小宝宝，刚开始的时候主要卖小宝宝的鞋子，虽然很可爱，但样式不多。”李女士说。

后来经过对其他类似网店的观察，李女士开始意识到要丰富款式，于是她开始尝试在鞋上做新的花样，丰富了产品类型，产品价格也调整到 10 元～70 元，相比人们在市场上购买的要便宜得多，就这样她靠口碑拉到了很多老顾客。如今李女士的编织品已经受到很多母亲的青睐，不少人还用其作为互相馈赠的礼品。

从 2005 年 3 月开店至今，已经有 500 多顾客在“锦绣纺”定做小宝宝的衣物。李女士的生意如今还做到了国外，目前她的顾客中还有很多国外的华人。由于业务繁忙，她现在已经请了三个人帮忙，每个月收入有 5 000 多元，但还是常常忙不过来。

2．市场结构

创业者可以针对创业机会的市场结构进行 5 项分析，包括进入障碍、供货商、顾客、经销商的谈判力量、替代性竞争产品的威胁，以及市场内部竞争的激烈程度。由市场结构分析可以得知新企业未来在市场中的地位，以及可能遭遇竞争对手反击的程度。

3. 市场规模

市场规模的大小和成长速度，也是影响新企业成败的重要因素。一般而言，市场规模大，进入障碍相对较低，市场竞争激烈程度也会略为下降。如果要进入的是一个十分成熟的市场，那么纵然市场规模很大，由于已经不再成长，利润空间必然很小，因此这项新企业恐怕就不值得再投入。反之，一个正在成长中的市场，通常也会是一个充满商机的市场，所谓水涨船高，只要进入时机正确，必然会有获利的空间。

4. 市场渗透力

对于一个具有巨大市场潜力的创业机会，市场渗透力（市场机会实现的过程）评估将会是一项非常重要的影响因素。聪明的创业家知道选择在最佳时机进入市场，也就是市场需求正要大幅成长之际。

5. 市场占有率

从创业机会预期可取得的市场占有率目标，可以显示这家新创立公司未来的市场竞争力。一般而言，成为市场的领导者，最少需要拥有20%以上的市场占有率。但如果低于5%的市场占有率，则这个新企业的市场竞争力自然不高。尤其处在具有赢家通吃特点的高科技产业，新企业必须拥有成为市场前几名的能力，才比较具有投资价值。

6. 产品的成本结构

产品的成本结构，也可以反应新企业的前景是否亮丽。例如，从物料与人工成本所占比重的高低、变动成本与固定成本的比重以及经济规模产量大小，可以判断企业创造附加价值的幅度以及未来可能的获利空间。

步骤2 评估网上创业机会的效益

1. 合理的税后净利

一般而言，具有吸引力的创业机会，至少需要能够创造15%以上的税后净利。如果创业预期的税后净利是在5%以下，那么这就不是一个好的投资机会。

2. 达到损益平衡所需的时间

合理的损益平衡时间应该能在两年以内达到，但如果三年还达不到，恐怕就不是一个值得投入的创业机会。不过有的创业机会确实需要经过比较长的耕耘时间，通过这些前期投入，创业进入佳境，保证后期的持续获利。在这种情况下，可以将前期投入视为一种投资，才能容忍较长的损益平衡时间。

3. 投资回报率

考虑到创业可能面临的各项风险，合理的投资回报率应该在25%以上。一般而言，15%以下的投资回报率，是不值得考虑的创业机会。

4. 资本需求

资金需求量较低的创业机会，投资者一般会比较欢迎。事实上，许多个案显示，资本额过高其实并不利于创业成功，有时还会带来稀释投资回报率的负面效果。通常，知识越密集的创业机会，对资金的需求量越低，投资回报反而会越高。因此在创业开始的时候，不要募集太多资金，最好通过盈余积累的方式来创造资金。

5．毛利率

毛利率高的创业机会，相对风险较低，也比较容易取得损益平衡。反之，毛利率低的创业机会，风险则较高，遇到决策失误或市场产生较大变化的时候，企业很容易就遭受损失。一般而言，理想的毛利率是40%。当毛利率低于20%的时候，这个创业机会就不值得再予以考虑。软件业的毛利率通常都很高，所以只要能找到足够的业务量，从事软件创业在财务上遭受严重损失的风险相对会比较低。

6．策略性价值

能否创造新企业在市场上的策略性价值，也是一项重要的评价指标。一般而言，策略性价值与产业网络规模、利益机制、竞争程度密切相关，而创业机会对于产业价值链所能创造的增值效果，也与它所采取的经营策略与经营模式密切相关。

7．资本市场活力

当新企业处于一个具有高度活力的资本市场时，它的获利回收机会相对也比较高。资本市场的变化幅度极大，在资本市场高点时投入，资金成本较低，筹资相对容易，但在资本市场低点时，投资新企业开发的诱因则较低，好的创业机会也相对较少。不过，对投资者而言，市场低点的成本较低，有的时候反而投资回报会更高。一般而言，新创立企业的活跃的资本市场比较容易创造增值效果，因此资本市场活力也是一项可以被用来评价创业机会的外部环境指标。

8．退出机制与策略

所有投资的目的都在于回收，因此退出机制与策略就成为一项评估创业机会的重要指标。企业的价值一般也要由具有客观鉴定能力的交易市场来决定，而这种交易机制的完善程度也会影响新企业退出机制的弹性。由于退出的难度普遍要高于进入，所以一个具有吸引力的创业机会，应该要为所有投资者考虑退出机制，以及退出的策略规划。

小链接 2-6

网上开店创业加盟：虚拟世界中比拼“硬实力”

“韩至”，这是一个因网络而生的女装品牌。从 2007 年 12 月诞生起，不到两个月，每天的销售额就能达到 2～3 万元。采访了“韩至”老总、杭州人李云后，才明白这不是什么魔法，“韩至”的神速成名，是建立在他在服装业多年打拼的基础和超前眼光之上的。

2000 年当折扣店这种商业形态还不为多数人所识的时候，李云便创立了“妙帛”这个折扣品牌。如今，杭州大街小巷“妙帛”折扣连锁店已经有 30 多家，全国店数更达到 700 多家。

到 2007 年，很多服装企业还只把网店当做销售过季产品和库存的渠道，而李云却专门成立了独立公司，推出网络独立品牌，开始网上开店创业加盟。目前为“韩至”服务的团队达到了 40 余人的规模，其中包括 5 名设计师，15 名提供销售及售后保障的客服，10 多名专门为服装搭配饰物、进行包装的物流人员。

“如今，我们专门聘请了韩国设计顾问，平均每季能出 1 500 多个新款。”李云表示，他的目标是打造“网络的 ZARA”，像这个美国畅销品牌一样，拥有时尚的设计、低廉的价格和快速的流通能力，而这些都建立在前期大量的销售数据分析以及对网购人群心理的精准把握上面。

因为在网上开店创业加盟成功，“韩至”已经走进线下实体店。最近短短1个月时间，“韩至”在全国发展了20多家加盟店。李云说，网络强大的品牌辐射力和实体店的快速出货展示相结合，“韩至”将有更美好的未来。

步骤3 评估创业者的个人素质

创业是极具挑战性的社会活动，是对创业者自身智慧、能力、气魄、胆识的全方位考验。一个人要想获得创业的成功，必须具备基本的创业素质。创业基本素质包括创业意识、创业心理品质、创业精神、竞争意识、创业能力。

1. 强烈的创业意识

要想取得创业的成功，创业者必须具备自我实现、追求成功的强烈的创业意识。只有拥有强烈的创业意识，创业者才能克服创业道路上的各种艰难险阻，将创业目标作为自己的人生奋斗目标。

2. 良好的创业心理品质

创业之路，是充满艰险与曲折的。自主创业就等于是一个人去面对变化莫测的激烈竞争以及随时出现的需要，迅速正确地解决问题和矛盾，这需要创业者具有非常强的心理调控能力，能够持续保持一种积极、沉稳的心态，即有良好的创业心理品质。如果不具备良好的心理素质、坚韧的意志，一遇挫折就垂头丧气、一蹶不振，那么，在创业的道路上是走不远的。

3. 自信、自强、自主、自立的创业精神

自信就是对自己充满信心。自信心能赋予人主动积极的人生态度和进取精神，不依赖、不等待。要成为一名成功的创业者，必须坚持信仰如一，拥有使命感和责任感；信念坚定，顽强拼搏，直到成功。自强就是在自信的基础上，不贪图眼前的利益，不依恋平淡的生活，敢于实践，不断增长自己各方面的能力与才干，勇于使自己成为生活与事业的强者。自主就是具有独立的人格，具有独立性思维能力，不受传统和世俗偏见的束缚，不受舆论和环境的影响，能自己选择自己的道路，善于设计和规划自己的未来，并采取相应的行动。自立就是凭借自己的头脑和双手，凭借自己的智慧和才能，凭借自己的努力和奋斗，建立起自己生活和事业的基础。

4. 竞争意识

竞争是市场经济最重要的特征之一，是企业赖以生存和发展的基础。随着我国社会主义市场经济从低级向高级发展，竞争愈来愈激烈。从小规模的分散竞争，发展到大集团的集中竞争；从国内竞争发展到国际竞争；从单纯产品竞争，发展到综合实力的竞争。因此，创业者如果缺乏竞争意识，实际上就等于放弃了自己的生存权利。创业者只有敢于竞争，善于竞争，才能取得成功。

5. 全面的创业能力

创业能力是一种特殊的能力，这种特殊能力往往影响创业活动的效率和创业的成功。创业能力主要由决策能力、经营管理能力、专业技术能力和交往协调能力组成。

1）决策能力。决策能力是创业者根据主客观条件，因地制宜，正确地确定创业的发展方向、目标、战略以及具体选择实施方案的能力。创业者要创业，首先要从众多的创业目标以及方向中进行分析比较，选择最适合发挥自己特长与优势的创业方向、途径、方法。其次，

还要能从错综复杂的现象中发现事物的本质，能从客观事物的发展变化中找出因果关系，并善于从中把握事物的发展方向，不墨守成规，能根据客观情况的变化，及时提出新目标、新方案，不断开拓新局面，创出新路子。

2）经营管理能力。经营管理能力是指对人员、资金的管理能力。它涉及人员的选择、使用、组合和优化，也涉及资金聚集、核算、分配、使用、流动。经营管理能力是一种较高层次的综合能力，是运筹性能力。经营管理能力的形成要从学会经营、学会管理、学会用人、学会理财几个方面去努力。

3）专业技术能力。专业技术能力是创业者掌握和运用专业知识进行专业生产的能力。专业技术能力的形成具有很强的实践性，许多专业知识和专业技巧要在实践中摸索，逐步提高和发展完善。创业者要重视创业过程中专业技术方面的经验和职业技能的训练积累，对于书本上介绍过的知识和经验在加深理解的基础上应予以提高、拓宽；对于书本上没有介绍过的知识和经验要探索，在探索的过程中要详细记录、认真分析，进行总结、归纳，上升为理论，形成自己的经验特色并积累起来。只有这样，专业技术能力才会不断提高。

4）交往协调能力。交往协调能力是指能够妥善地处理与公众（政府部门、新闻媒体、客户等）之间的关系，以及能够协调下属各部门成员之间关系的能力。创业者应该做到妥当地处理与外界的关系，尤其要争取政府部门、工商以及税务部门的支持与理解，同时要善于团结一切可以团结的人，团结一切可以团结的力量，求同存异共同协调发展，做到不失原则、灵活有度，善于巧妙地将原则性和灵活性结合起来。

5）创新能力。创新能力是创业能力的重要组成部分。它包括两个方面的涵义，一是大脑活动的能力，即创造性思维、创造性想象、独立性思维和捕捉灵感的能力；二是创新实践的能力，即人在创新活动中完成创新任务的具体工作的能力。创新能力是一种综合能力，与人们的知识、技能、经验、心态等有着密切的关系。具有广博的知识、扎实的专业基础知识、熟练的专业技能、丰富的实践经验、良好心态的人容易形成创新能力，它取决于创新意识、智力、创造性思维和创造性想象等。

触类旁通

在人生的道路上，没有人是一帆风顺的，总会经历各种各样的挫折才可以真正地成长。创业也是如此，很少有人可以一次创业成功。我们听到更多的是创业失败者如何东山再起，凭借着顽强的性格，最终在创业的道路上越走越远的故事。其实创业失败并不可怕，可怕的是不敢找创业失败的原因，当然导致创业失败的原因有很多，以下是最容易导致创业失败的 7 种原因。

创业失败一：不仔细进行市场调查

一位朋友向小刘竭力鼓吹某项目的美好前景，“只要你投资 5 万元，其他一切事情全部由我来做，咱们俩五五分成。”结果小刘拿出钱后，没多久项目就垮了。

创业失败忠告：通常，创业者对他人尤其是亲密朋友的意见都容易过度信任，认为朋友的话即代表了市场的真相，自己无需再对市场进行调查，从而导致投资失败。

创业失败二：急于获取回报

张宁看到同乡因售卖某种塑料产品而大笔赚钱，赶紧筹集了资金，决定尽快投资这一项目。他的同乡劝他说："现在产品正在更新换代，你最好推迟4个月。"张宁很不高兴，推迟4个月，意味着丢掉几万元利润。果然，几个月后，张宁的产品因为科技含量低而滞销。

创业失败忠告：创业者在初涉投资时，易受眼前利益驱动。投资是一项系统工程，创业者要克服急功近利的思想，不可杀鸡取卵、涸泽而渔。

创业失败三：合作伙伴选择不当

江苏某乡镇的电子仪表厂准备开发一个环境监测仪器新项目，因自身实力不足，决定寻找一个合作伙伴。幸运的是，某企业愿出资100万元。仪表厂合资心切，立即签下了合作合同。可是，合作伙伴缺乏诚意，资金一拖再拖，最终丧失了抢占市场的最好时机。

创业失败忠告：创业者在合作前，务必对合作伙伴进行全方位的调查研究，对合作伙伴的品行、经营能力、资金实力等，都要有详实的了解，以减少投资风险。

创业失败四：选择实力远超过自己的投资伙伴

几个农民工决定自主创业，他们看好了一个很有市场的投资项目，但因自己经济基础薄弱，不得不寻求投资合作伙伴。他们选择了一家极具实力的大型企业，对方为这一项目投入了足够的资金，同时也占据了大部分的股权。资金问题解决了，但在经营、管理、人力等诸多问题上却达不成共识。由于对方是大股东，根本不按农民工的思路运作，结果项目失败。这几个农民工抱着"大树底下好乘凉"的想法，单纯认为只要有了资金，其他问题都好解决。而事实上，由于合作伙伴过于强大，揽权、抢权意识强烈，他们只能陷入英雄无用武之地的尴尬中。

创业失败忠告：刚出道的创业者，在以股权融资的时候，一定要考虑双方力量的平衡问题。虽然不能一心想着"制住"对方，但也一定要随时警惕被对方"制住"。

创业失败五：忽视投资回报，投资陌生行业

经营刚上轨道的食品厂张厂长决定到一个完全陌生的行业一试身手——办个服装厂。由于他从来没有搞过服装，而食品行业积累的经验在服装行业又完全用不上，结果不到1年，服装厂就败下阵来，还拖累了主业。

创业失败忠告：对于投资新手，不熟不做乃是一条普遍法则。

创业失败六：投资项目过于单一

近年来，特色菜看成了抢手货，辽宁人江华一心一意搞起了特色养殖，他将全部资金投入其中，但一场突如其来的"甲流"疫情，却使其梦想破灭。

创业失败的忠告：虽然单一投资因为资源和资金的集中，在项目选择正确的情况下，会给创业者带来好的收益，但放大的风险只要发生一次，就能使投资者多年积累起来的财富毁于一旦。农民工缺乏创业经验，应将鸡蛋放在不同的篮子里，可以大大减少投资风险。

创业失败七：投资规模过大

王平对自己准备投资的电磁炉项目充满自信，举债铺货，但在同行压价下，产品却卖不出去。

创业失败的忠告：贪大求全，几乎是创业投资者的共性，殊不知种种危机就蛰伏其中，一不小心就可能爆发。在具体投资时，应留有余力，以防风险发生。

以上的7条创业失败原因，是大多数的失败企业的通病，但并不是绝对。对于创业失败的公司，还应该从自己内部进行认真考察，真正找到失败的根本原因。只有这样，才能釜底抽薪，找出问题的所在，使企业走上正轨。

【案例 2-3】

温州商人成功创业思维解读

在全球范围有这样一个群体，他们被称为是世界上唯一可以和犹太商人比肩的群体，是世界上财富积累速度最快的群体，是世界上最能创业赚钱的群体，是世界上最懂得积累人脉的群体，是世界上最敢冒险把苦难当财富的群体，这个群体就是——“温州商人”。

温商是中国的奇迹，也是世界的奇迹；温商是中国的骄傲，也是世界的骄傲。一位著名的韩国企业家感叹到：从我儿子 8 岁开始，我就跟他讲温商的故事，我相信等到他 80 岁的时候，他会发现，他一生的成功都来源于这些故事。

NO.1 温商是世界上唯一可以和犹太商人比肩的群体

“世界的钱装在美国人的口袋里；而美国人的钱却装在犹太人的口袋里”，有“上帝选民”之称的犹太人改变了世界的经济格局。温州人被各界称为“东方的犹太人”，他们用创富的行动证明自己不仅要学习犹太人，还要超过犹太人。据说，在法国，温商独有的做人、做事方法逐渐将犹太人挤出了市场，天下第一的犹太商人惊呼：居然还有比我们更会做生意的人！

NO.2 温商是世界上财富积累速度最快的群体

在 20 世纪五六十年代，日本曾经创造了经济“奇迹”，其年平均经济增长速度为 8.6%。八十年代以来，中国成为世界上经济增长速度最快的国家，在过去 20 多年的时间里，保持了年均 9.4%的高速度，超越了日本，刷新了世界纪录，创造了新的经济奇迹。与此同时，温州市的城镇居民人均可支配收入更是以 15%～20%的速度递增，“温州速度”成了专有名词。

1984 年，南存辉创建的正泰集团是一家注册资金仅 5 万元、产值仅 1 万元的家庭作坊式企业，到 2004 年，正泰在册员工为 14 500 人，总资产为 42 亿元，销售额为 119 亿元。从 1997 年到 2001 年间，正泰集团的年销售收入水平与总资产的年平均增长率分别为 39.46%和 32.23%，远远高于国内同类企业平均水平的 9.7%和 6.5%。2005 年的统计数据显示，正泰集团在未来几年仍将保持着 50%～60%的高速增长率。在世界各地，和南存辉一样的温商比比皆是。

NO.3 温商是世界上最会赚钱的商人

上苍给了温州一个贫穷的起点。20 年前，“平阳讨饭，文成人贩，永嘉逃难，洞头靠贷款吃饭”，温州的空气里充满了贫穷与饥荒的信息。20 年后，“十万元是贫困户，百万元才起步，千万元才算富。”温州人“穷得只剩下钱了”。“温州商人在浙江乃至全中国都以他们强大的资本动员能力而闻名。他们具有敏锐的经商嗅觉，在商机把握上总是能先行一步，只要跟随温州商人选择投资方向，赚钱的大门就向你敞开。”这段出自《韩国经济》杂志，被《环球时报》转载的话印证了温商的赚钱能力。

NO.4 温商是世界上最活跃的商人群体

2003 年温州市统计年鉴表明，共有 40 多万温州人活跃在全球的 87 个国家和地区。据美国《世界日报》报道：纽约法拉盛人气最旺的超市，老板几乎是清一色的温州人。有人戏言，温州打个喷嚏，全球都要感冒，虽然有点夸张，但是，“走出去”的温州人，正在“无孔不入”地影响着世界。“目前在美国约有 24 万温州人，他们以经营小商品、开餐馆等行业起家，投资领域已涉及贸易、房地产开发、服装制造及销售，对美国经济有无法代替的推动作用。”美国浙江温州工商总会名誉会长朱海风介绍。

NO.5 温商是世界上最能创业的群体

创业过程中最常见的问题有三点，即资金问题、信息资源和管理能力。这些问题，在温商面前很自然地不成问题。他们通过"以资金为纽带联合打拼"、"借鸡生蛋"、"虚拟经营"等经商法则轻松地解决了资金问题；他们凭借无处不在的商会网络及时地获取最新的商业信息；人才是挖掘不尽的宝藏，他们通过自身不断地学习和外部人才的引入强化了组织的管理能力。

著名经济学家董辅礽指出，温州模式的最可贵之处在于温州人强烈的致富欲望和创业精神。温商的创业精神有三个方面的内涵：一是敢于冒险，二是善于变通，三是勇于创新。在创业成功路上起决定性作用的是创业精神，温商各方面的成功经验是可以模仿的，其创业精神不可模仿。

NO.6 温商是世界上最会算计的商人

在人际交往上，他们精于人情世故，主张堂堂正正的精明。在金钱应用上，他们主张把钱花在刀刃上，对于经营成本，他们锱铢必较，住最廉价的房子、吃最便宜的饭菜。另一方面，他们看准一个项目之后，能以迅雷不及掩耳之势将大量的钞票"砸"下去，温州人投资买房的举措可称得上是独一无二。另外，温商十分热衷慈善事业，几百万、几千万的捐助他们都认为是理所应当。

NO.7 温商是世界上最善于创新的商人

温州人的模仿能力是十分惊人的，他们把打火机、眼镜、低压电器等商品拆开再重装，然后，就能制造出一模一样的产品了。在模仿的基础上，温商不断地学习、求新、求变，进而巩固自己差异化的竞争优势。

2006年5月，在温州市自主创新大会上，温州市委书记王建满说："创新，是一个民族进步的灵魂，是一个国家兴旺发达的不竭动力。创新是温州发展最鲜明的特征，也是温州发展最有力的支撑。温州的发展之路，就是一条改革创新之路。过去温州靠创新赢得先发优势，将来还要依靠创新引领争先。"

NO.8 温商是世界上最敢于冒险的商人

"平安二字值千金，冒险半生为万贯"的观念使温州人"敢为天下先"、敢于第一个吃螃蟹。他们胆大包"天"、胆大包"海"、胆大包"地"，由此创造了市场经济的先发优势。他们认为：头道汤的味道最好，先人一步的生意最赚钱。事实证明：一分耕耘，一分收获；一分冒险，一分成就。温商的成功经验证实了一句话：唯冒险者生存。

NO.9 温商是世界上最懂得人脉的商人

在关系取向的商业社会里，个人拥有的社会关系逐渐演变成了一种十分重要的资源，一种宝贵的资本。有企业家在《英才》杂志的采访中称："花20万元认识一个对自己有利的圈子很值得。"温州人信奉朋友就是财富，有义就有利。他们和朋友间的利益并不是直接金钱的交往，而是互相帮助。借助政策和政府的公关需求，巩固企业的根基，已经成了温州商人的"共识"，善于利用关系资源的温州人，站在巨人的肩膀上，可以轻松地眺望广阔的商业猎场。

NO.10 温商是世界上最能把苦难当做财富的商人

有这样一句话："人们应当为所经受的苦难而自豪，任何苦难都能成为成功者幸福的回忆。"温商是那种穷时能吃苦，富了也能吃苦；打工能吃苦，当老板也能吃苦的人，他们把苦难和失败看做人生的导师，在面对挫折时，不是怨天尤人，而是保持冷静的头脑笑对失败，他们甚至渴望苦难，因为苦难的背后是财富的源泉。

温州人靠"一元钱"闯天下，他们自无中生有，自小中见大，迅速网罗世界各地的财富；他们集中力量、勇于冒险、敢为人先、攻城略地、战无不胜。温商是世界上最值得学习的商人。

请思考：你觉得温州人创业之所以能够成功有哪些原因？

项目小结

对于创业者来说，创业机会可谓“价值连城”。互联网创业，我们需要时刻关注新的动向、机会，并具有敏感的嗅觉，及时准确地识别和选择创业机会。

在现在的企业战略规划报告里，SWOT 分析算是一个众所周知的工具了。同样，SWOT 也可以用来分析创业机会。运用 SWOT 分析实际上是将创业者内外部条件各方面内容进行综合和概括的一种分析，借以帮助创业者把资源和行动聚集在自己的强项和有最多机会的领域。

创业者创业，有成功也有失败，因此，针对创业机会的市场与效益、创业者自身的素质，提出了一套评估准则，并说明各准则因素的内涵，目的是为创业者评估是否投入创业开发提供参考。

实战强化

实训 1　对网上开店进行 SWOT 分析

1．实训目的

通过本次实训，熟练掌握 SWOT 的分析方法。

2．实训组织

1）学生以小组为单位在课堂上交流、讨论，每组派一位代表上台发言。

2）教师点评、总结。

3．实训要求

每组根据大家的分析，结合教师的点评和总结，交一份 1 000～2 000 字左右的论文，作为该组学生的平时成绩。

实训 2　创业者应具备什么样的创业素质才能成功

1．实训目的

通过本次实训，帮助同学们了解创业者应具备什么样的创业素质才能成功，并结合个人情况，从哪些方面努力提高自身的创业素质。

2．实训组织

1）学生以小组为单位，在实训前搜集相关成功创业人士的资料，在课堂上讨论，总结出这些人具备哪些成功的创业素质，每组派一位代表上台发言。

2）教师点评、总结。

3．实训要求

根据大家的分析，结合自身情况，每人提交 800～1 000 字的感想与心得体会。

项目 3 网上创业准备

随着电子商务的普及，网上购物以其便捷、省时、省钱和安全等特点为人们所青睐。CNNIC《报告》显示，截至 2012 年 12 月底，我国网络购物用户规模为 2.42 亿，网民使用网络购物的比例提升至 42.9%。65%的用户表示自己通过网上购物减少了外出购物频率，55%的用户表示通过在网上购物节约了日常购物花费。

网上开店也是投资创业的一种，要想成功同样需要详细的规划与准备。首先要开一家赚钱的网店，结合自己的个人特点选择合适的商品特别重要；其次，资金是创业成功的保障，没有资金，一切都无从谈起，所以如何获得最初的启动资金，最大限度地找到资金就成为了网上创业的重要任务；最后，找到合适的货源，网上开店才有成功的基础。

学习提示

学习目标

- 知识目标：理解网络上销售的商品，熟悉创业融资的渠道，掌握寻找货源的方法和技巧。
- 能力目标：能够对网站进行正确的定位，找到适合自己网站的商品；能够从自身实际出发，找到最初的创业资金；能寻找到合适的货源。

本项目重点

选择商品、准备资金、落实货源。

本项目难点

寻找合适的货源。

任务1 选择商品

任务要点

关 键 词：评估商品、挑选商品。

理论要点：商品的基本知识。

实践要点：能够结合实际情况，评估、挑选合适的商品。

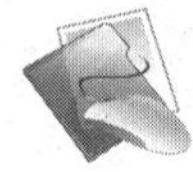

任务情境

小张高职毕业后，一直没有找到满意的工作。闲暇时，上网成了他的主要娱乐活动。在网上，他发现淘宝网上的店铺越来越多，那么，何不自己也开一家店铺呢？俗话说“巧妇难为无米之炊”，确定要在网上开店后，“卖什么”就成为最主要的问题了。他决定先通过搜索引擎来了解哪些商品在网上的交易比较火爆。

任务分析

要在网上开店，首先就要找到适合通过网络销售的商品。那么有哪些类型的商品适合在网上销售，网络店铺是如何搭建的，怎样来选择适合自己店铺的商品，是每个创业者必然要面对的问题。

通过浏览大量的相关信息，小张发现目前网上交易量比较大的商品主要有手机通信设备、化妆品、笔记本电脑、网络游戏虚拟商品、电脑硬件、数码相机、珠宝首饰、运动健身、手机充值/IP 卡、汽车摩托配件。在这方面，网上店铺与传统店铺并无太大的区别，寻找好的市场和有竞争力的产品，是成功的重要因素。当然如果能寻找到时尚又独特的商品，做成特色店铺，那会更受到网络消费者的欢迎。

任务实施

步骤 1　了解网络营销中商品的分类

在网络上销售的商品，按照商品性质的不同，可以分为两大类，即实体商品和虚拟商品。

1．实体商品

实体商品是指具有物理形状的物质产品。在网络上销售实体商品的过程与传统的购物方式有所不同。网上已没有传统的面对面的买卖方式，网络上的交互式交流成为买卖双方交流的主要形式。消费者或客户通过卖方的主页考察其商品，通过填写表格表达自己对品种、质量、价格、数量的选择；而卖方则将面对面的交货改为邮寄产品或送货上门，这一点与邮购产品颇为相似。因此，网络销售也是直销方式的一种。

2．虚拟商品

虚拟商品与实体商品的本质区别是虚拟商品一般是无形的，即使表现出一定形态也是通过其载体体现出来，但商品本身的性质和性能必须通过其他方式才能表现出来。在网络上销售的虚拟商品可以分为两大类：软件和服务。软件包括计算机系统软件和应用软件。网上软件销售商常常可以提供一段时间的试用期，允许用户尝试使用并提出意见。好的软件很快能够吸引顾客，使他们爱不释手并为此慷慨解囊。服务分为普通服务和信息咨询服务两大类，普通服务包括远程医疗、法律救助、航空火车订票、入场券预定、饭店旅游服务预约、医院预约挂号、网络交友、电脑游戏等。而信息咨询服务包括法律咨询、医药咨询、股市行情分析、金融咨询、资料库检索、电子新闻、电子报刊等。

小链接 3-1

网络营销如何划分商品的概念

在网络营销中，商品的整体概念可以分为5个层次：

1）核心利益层次。是指商品能够提供给消费者的基本效用或益处，是消费者真正想要购买的商品。如消费者购买电脑是为了学习电脑、利用电脑作为上网工具；企业在设计和开发商品核心利益时要从顾客的角度出发，要根据上次营销效果来制定本次商品设计开发。

2）有形商品层次。是商品在市场上出现时的具体物质形态。对于物质商品来说，首先商品的品质必须保障；其次，必须注重商品的品牌；第三，注意商品的包装；第四，在式样和特征方面要根据不同地区的亚文化来进行针对性加工。

3）期望商品层次。在网络营销中，顾客处于主导地位，消费呈现出个性化的特征，不同的消费者可能对商品的要求不一样，因此商品的设计和开发必须满足顾客这种个性化的消费需求。顾客在购买商品之前对所购商品的质量、使用方便程度、特点等方面的期望值，就是期望商品。为满足这种需求，对于物质类商品，要求企业的设计、生产和供应等环节必须实行柔性化的生产和管理。对于无形商品如服务、软件等，要求企业能根据顾客的需要来提供服务。

4）延伸商品层次。是指由商品的生产者或经营者提供的购买者的需求，主要是帮助用户更好地使用核心利益的服务。在网络营销中，对于物质商品来说，延伸商品层次要注意提供满意的售后服务、送货、质量保证等。

5）潜在商品层次。是在延伸商品层次之外，由企业提供能满足顾客潜在需求的商品层次，它主要是商品的一种增值服务，它与延伸商品的主要区别是顾客没有潜在商品层次仍然可以很好地使用顾客需要的商品的核心利益和服务。在高新技术发展日益迅猛的时代，有许多潜在需求和利益还没有被顾客认识到，这需要企业通过引导和支持更好地满足顾客的潜在需求。

步骤2　熟悉网上店铺商品的结构搭建

网上店铺商品品种的结构搭建大致可分为主打品、特价品、应季品、促销品和附属品。

1．主打品

主打品是网店的支柱商品，其品种数量不低于网店所有商品的60%。主打品销售的好坏是网店能否获得利润甚至是能否良性运转的关键，因此需要店主投入大部分精力。同时，它也决定了网站在“市场”中的定位以及整个店铺在买家心目中的定位。这就要求店主一方面要明确主要做谁的生意，是男性还是女性、是年轻顾客还是中老年顾客；另一方面对自己所进的货物要符合最初的顾客定位。如屈臣氏的个人护理商店以“探索”为主题，提出了健康、美态、快乐（health、good、fun）三大理念，协助热爱生活，注重品质的人们塑造自己内在美与外在美的统一。在国内，屈臣氏是第一家以“个人护理”概念经营的门店，其独特而准确的市场定位，令人耳目一新。商店的目标顾客锁定在18～35岁的女性，她们注重个性，有较强的消费能力，但时间紧张不太爱去大超市购物，追求的是舒适的购物环境。2011年12月16日，屈臣氏中国宣布正式进驻淘宝商城，开启官方旗舰店，在线上线下展开二次起跑，将从其单一的传统渠道营销模式向电子商务营销模式进行延伸。屈臣氏网站中所列示的主打品如图 3-1 所示。

图 3-1　屈臣氏网站中的主打品

2. 特价品

网店的特价品销售，可以给买家很强的价格信号，以弥补主打品留下的不足。一般来说，特价品包括以下两类：

1）因销售价格低而被划进特价区的特价品。这些一般是店主专门采购的，虽然它们的单价不高，但能贡献的利润和销量是巨大的。

2）因滞销而特意降低利润甚至是赔本销售的特价品。店家在固定周期内统计销售及库存情况，将有可能或已经造成积压的滞销品，通过及时调整价格尽快出货，以免占压资金。

最近屈臣氏搞的特价活动如图 3-2 所示。

图 3-2　屈臣氏特价品

3. 应季品

应季品是指针对特定的节假日或不同季节的需要，如圣诞节、情人节、春节等，在短期内可令销量猛增的商品。此外，网店店主还可以利用一些重大事件（如奥运会、世博会等），出售一些相关的特殊纪念品，不仅能烘托网站气氛，还能巧借“东风”提高成交量。如 2010 年上海世博会期间，易购优品网站专门开辟了世博商品精选，如图 3-3 所示。

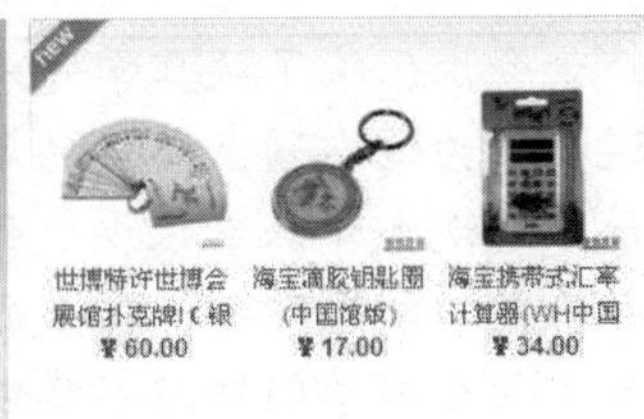

图 3-3　易购优品世博商品

4．促销品

促销品就是指那些印有公司标志，派发（大多数时候是免费赠送）给客户的礼品，其主要功能是配合、协助主打品的销售。例如，为房子做按揭可获免费旅游；汽车销售商为争取新客户，纷纷推出特别优惠，包括赠送汽车导航及 DVD 系统等。

5．附属品

附属品是指配合主打品使用时的周边产品。附属品的增加会令你的网站树立货品齐全、为顾客考虑周全的好形象。例如，书店中的附属品有书签、书皮等；女士内衣店中的隐形肩带、内垫等，这些都是顾客在购买主打品的同时，很方便地会想到要顺手一起购买的物品。

步骤 3　评估网上销售的商品

根据业内人士的建议，通过对网上出售产品的细分发现，适合网上开店销售的商品一般具有以下特点：

1）体积较小。主要是方便运输，降低运输的成本。

2）附加值较高。价值低过运费的单件商品是不适合网上销售的。

3）具备独特性或时尚性。网店销售不错的商品往往都是独具特色或者十分时尚的。

4）价格较便宜。如果网下可以用相同的价格买到，就不会有人在网上购买了。

5）通过网站了解就可以激起浏览者的购买欲：如果这件商品必须要亲自见到才可以达到购买所需要的信任，那么就不适合在网上开店销售。

6）网下没有，只有网上才能买到，比如外贸订单产品或者直接从国外带回来的产品。

7）令人安心购物的标准化商品。所谓标准化商品，即是商品在生产出厂之际，将其编号、内容、质量、性能、价格等信息做了统一的标识。标准化商品即使发生商品质量纠纷，也容易解决。而且，此类商品的售后服务工作也易于开展，对商家和消费者都较为有利。

当然网上开店还要注意遵守国家法律法规，严禁销售以下商品：

1）法律法规禁止或限制销售的商品，如武器弹药、管制刀具、文物、淫秽品、毒品。

2）假冒伪劣商品。

3）其他不适合网上销售的商品，如医疗器械、药品、股票、债券和抵押品、偷盗品、走私品或者以其他非法来源获得的商品。

小链接 3-2

做自己擅长的行业

乐乐是一名大学生，平时的学习比较清闲，对网络应用得心应手，因此上网开店易如反掌。如今乐乐除了认真学习以外，还在红红火火地搞着网上销售。而他根本不用去找进货渠道，因为他在网上销售的都是自己以及同学们的旧书。

乐乐发现大学课本很少变化，教辅书的变化也很小，而新书价格不菲，有些旧书又没有保存价值，学完即丢，但是那些学弟学妹们却还要花大价钱去买新的，实在太浪费了。于是乐乐号召同学们把旧书集中起来，在网上销售，没想到销量真的很好。就这样，旧图书被成功地进行了再利用。自然，乐乐的收入也增加不少。

步骤 4　挑选适合自己店铺的商品

我们刚才已经分析过目前适合网上开店的商品，那么店主们要如何找到适合自己店铺的商品呢？

1．挑选店铺的主力商品

主力商品是指销量或销售金额在总销售业绩中占举足轻重地位的商品。网站中主力商品的增加或减少，以及商品经营业绩的好坏将直接影响网站赢利的高低。主力商品的构成一般考虑以下 3 类。

1）感觉性商品。挑选与店铺形象吻合的商品，并多加重视。

2）季节性商品。随着季节的变化选择销售商品。

3）选购性商品。多与顾客沟通，选择容易被顾客接受的商品。

2．挑选店铺的辅助商品

辅助商品是与主力商品紧密相关的商品。辅助商品具有以下特点：

1）物美价廉。辅助商品不仅实用性强，而且价格低廉，受广大顾客的追捧。

2）常备性。不受季节性变换影响，但必须与主力商品具有关联性而且容易被顾客接受。

3）常见性。无须特地到处挑选，而是比较容易买到的一般生活必需品。

3．挑选店铺的刺激性商品

刺激性商品是指从商品群中选出的重点商品，以主题系列的方式在显眼的地方陈列出来，以刺激顾客购买的欲望，带动整体销售的商品。刺激性商品有以下几个特性。

（1）战略性　在保证不亏本的前提下，为配合战略需要，在一段时间里以一定的目标数量为目的，用来吸引顾客眼球。时机是网店销售战略性商品时考虑最多的因素之一。

（2）开发性　即为了考虑今后的大量销售，店主应积极地加以开发的商品，并与货源上家配合所选出的重点商品。

（3）特选性　利用陈列的方式加以特别组合，突显有较强吸引力并且容易引起顾客购买冲动的商品。

小链接 3-3

网上开店挑选商品应遵循的原则

1）做好前期商业调查。当你积极热情地投入网店的创办时，还要从多个方面进行仔细的调研工作，看看选择的这个商品，销量如何？质量怎样？是否积压？流行产品要看清是否过季。不能小看商业调查的重要性，如果这一步没有做好，就很有可能前功尽弃。

2）在考虑销售的商品类型时，一定要根据自己的兴趣和能力进行选择，尽量避免涉足一些不熟悉、不擅长的领域，因为从头学习的成本相对较高，经验积累也需要较多的时间。目前，服装、鞋帽、家居日用、化妆护肤品等商品的介绍信息比较完善，对于一些网站新手来说，为减少风险，可以考虑以标准化产品为网站销售首选。

3）给店铺挑选商品时，需要清楚商品的价格情况。总体而言，商品的价值高，收入也高，但投入相对较大。对于既无销售经验，又缺少原始资金的创业族来讲，并非首选。另外，网上交易一个最大的特点就是覆盖的地域范围广，这样，一些较大、较重而价格又偏低的商品是不适合网上销售的，因为在邮寄时商品的物流费用太高。

4）有力的经济保证。虽然相对于实体店铺而言，网上开店的成本要小得多，但也会有不少前期投入和一些日常开销，所以，店主们要在资金上有所准备，细致考虑每一项可能的支出。

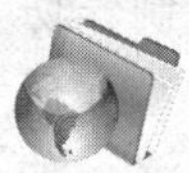

触类旁通

随着以淘宝网为代表的C2C网店电子商务平台的迅速发展，C2C平台开店的便捷使得小型个体卖家纷纷选择入驻，将开网店这种曾经那么遥远的梦想变得触手可及。网店购买的商品价格低，而且消费者通过网络可以在网上购物、在网上支付。由于这种模式节省了客户和企业的时间和空间，大大提高了交易效率，特别对于工作忙碌的上班族，这种模式可以为其节省宝贵的时间。因此，网上购物的消费者越来越多。

网上开店是大学生创业的一个不错的选择，而且也是主流趋势。今后必然是电子商务与传统商务相结合，而且电子商务的比重将逐渐加大。当选择了这个行业以后，先要进行市场调查再确定选择是否正确。因为大多数时候我们的选择是基于自己的经验或是不对称的信息来进行判断的，如果判断错误，最终可能会导致创业失败。针对网上开店这样的小成本创业行为，下面将提供一些基础的市场调查方法。

1）可以把自己的想法或是样品拿出来咨询亲戚或是周围朋友的意见，因为他们很多人可能就是潜在客户；也可以请教一些行业人士与专家，听听他们的意见。调查过程中不要有这样的想法，认为有些人不会上网，那他就不是我的客户，我就不用调查他。这个想法是错误的，因为网上开店只是一种营销的渠道，网下没有人要的产品，放在网上也不会有人要。

2）可以上网看看别人的网店里是否有这样的产品出售，如果有，那就说明了这样的产品有市场，但这个市场是不是你的市场，那就要看产品是否有竞争优势。如果是同一品牌主要就看价格是否有优势，如果是不同的品牌就要看品牌的影响度和产品的性价比。如果没有，这个时候你就要做线下的调查。如果能形成一定的购买市场，在网上销售的就是人无我有的好东西，这就形成了差异化的竞争，形成了自己的核心竞争力，即使价格高一点，也可能会有人购买。

【案例3-1】

小纤开店

小纤想在淘宝网上开店，可是有一大堆问题摆在眼前，卖什么，怎么卖？如何给商品拍照？买什么样的数码相机才合适？店铺如何装修？商品页面如何制作？如何给商品加入防盗水印？如何制作论坛动态签名？

这些开店必修课，小纤一窍不通，差一点打消开店的念头。绝望中，她唐突地通过旺旺咨询一个骨灰级店掌柜："掌柜，救命啊！"

对方显然很惊讶："发生什么事情？"

小纤："我想开店，可是我什么都不懂，怎么办？你能教教我吗？"

对方沉思了几秒钟，回复道："告诉你一个去处，保证你能得到最想得到的东西"。

小纤："哪里哪里？快告诉我，谢谢了。"

对方回复道："经验畅谈居、淘宝大学，还有论坛的其他板块，那里有你最需要的东西，关于开店的问题在那里全都有答案"。

小纤很失望，心想，毕竟是素昧平生，果然不想帮忙，不想教就算了，何必如此打发我呢？想归想，可还是进入论坛了。

可是，只有几分钟时间，她已经被论坛的学习氛围感染了，这里果然应有尽有，无数前辈高人发帖子与大家分享经验，教新手如何才能拍好商品照片，如何使用 Photoshop 制作防盗水印，如何处理图片，如何设计论坛动态签名，如何提高店铺的点击率，如何进货，如何发货，如何使用电子相册，如何制作店铺模版，如何制作商品页面模版，如何选择物流，如何做免费计数器等。

经过一段时间的努力，小纤已经掌握了很多网上开店所需的技巧。同时在论坛上认识了一些朋友。

请思考：从这个案例中你得到哪些启示？

任务2 准备资金

任务要点

关 键 词：YBC。

理论要点：YBC 的含义，国家对于大学生创业的优惠政策支持。

实践要点：能结合自己的实际情况，找到创业的启动资金。

任务情境

现今社会中，儿童的消费在家庭中变得越来越重要，一些家庭消费品往往以孩子的需求为中心，孩子本身及其意见在家庭购买决策中已经占有非常重要的地位。小张经过一段时间的搜索学习和考察后，决定开一家儿童服装网店。但一道难题随即摆在面前：创业资金从哪里来呢？

任务分析

任何创业都需要资金投入，在创业热潮高涨的今天，个人网上创业可能需要较少的启动资金，但也要包含一些最基本的开支，所以资金是创业成功的保障，没有资金，一切都无从谈起。因此，对于所有的创业者来说，最大限度地找到资金就成为了他们当下的第一要务。

目前，一些大学生创业者对融资渠道知之甚少，融资渠道较为单一，主要依靠个人、家庭或银行等金融机构来实现。其实，创业融资还有多种渠道可以考虑。

任务实施

步骤 1　自力更生，先打工，后创业

对于初次创业的人来说，依靠自己的力量，先打工，后创业，用打工积累资金来创业不失为一种很好的选择。荀子在《劝学》里有一句话："不积跬步，无以至千里；不积小流，无以成江海。"不管多大的资金都是从一分钱一分钱累积起来的。打工、储蓄、攒钱、创业，在看似带有偶然性的表象下，其实隐藏着一种按部就班式的必然。所以，千万不要小看储蓄能量，只要在平日的生活里，懂得量入为出，合理开销，是完全有可能攒下一笔钱的。当然，如果你懂得如何理财，懂得如何有效地经营管理资金，还将收获事半功倍的效果。所以，那些选择用打工、储蓄来积累创业资金的创业者，平时多看看理财方面的书籍，甚至可以花上一笔钱去上上理财课，这对资金积累绝对是大有帮助的。

需要提醒大家的是，依靠自己储蓄累积起来的创业资金固然用起来比较放心，资金压力也比较小，但是对于初次创业的人来说，还是不要把所有的钱都一次性投入进去，因为谁也不能保证自己的创业会百分之百成功，一旦出现偏差，没有了资金支持，结果很可能就是满盘皆输，不仅会给自己的家庭和生活带来困难，而且对创业者自身的信心和激情也是不小的打击。

小链接 3-4

从一家室内擦鞋店到数千家加盟店

在武汉有个叫胡桂萍的下岗女工，她用自己积攒下来的几千元钱，租了一个小店面，开起了一家室内擦鞋店，从五角钱擦一双鞋、一元钱擦一双鞋做起，仅仅一个月，不仅收回了成本，还赚了数千元钱。半年后，胡桂萍开了一家分店，一年之后又实现了连锁经营，而且每家连锁店年盈利均达到了十几万元。

此后，胡桂萍更是将自己的一元擦鞋店做大做强，除了擦鞋，又增添了许多如机器修鞋、鞋油、鞋垫等配套用品销售，皮衣皮包护理、足部按摩等新的服务项目，甚至还做起了"真皮美容霜"、"耐磨贴"等专利产品的代理商，并且注册了自己的独家品牌——翰皇一圆擦鞋店。

后来，胡桂萍创办了自己的公司——"武汉翰皇一圆擦鞋有限公司"，对旗下的各个连锁店的经营规模、商标、店面设计、市场运作、广告宣传、设备配置、产品销售、产品价位、服务公约和员工着装等方面进行统一化管理。如今，她的"翰皇"加盟店达到了数千家，遍布全国百余个城市，而且还帮助了几千名下岗职工重新走上就业与创业之路。

步骤 2　借父母力，到银行抵押贷款

2010 年，人民网以"大学生自主创业"为主题进行了网上问卷调查。调查结果显示：在创业资金的来源上，选择"父母，亲人"作为资金来源的占 50.3%，选择"同学，朋友"的占 8.7%，选择"寻找投资"的占 25.6%，只有 11.3%的人选择"银行贷款"，另外 4.1%的人选择"其他"。但是父母的资金是他们几十年的辛苦钱，让他们来承担自己创业的风险，一

些较为独立的大学生就不是太愿意。那么有没有更好的方式获取资金呢？银行专家表示，可以换一种方式，借父母的房产，到银行进行抵押贷款，这样的方式一方面无需动用父母的资金，另一方面可以帮助创业者筹到资金的同时也给了他们还款的压力，让他们更用心地经营企业。

出于对风险的控制考虑，很多商业银行会根据客户年龄、婚姻、职业、以往信用、个人及家庭财产状况等，给出不同信用等级。对于年纪较小、信用档案不齐全的毕业生来说，单凭自身实力很难贷到款，因此，银行专家建议，毕业生创业可以考虑利用父母的房产、存单、有价债券或者保单来办理抵押或质押贷款。不过，值得注意的是，目前银行在这类贷款发放上非常谨慎，一般都需要有抵押物，比如房产、商铺等，为了规避风险，此类产品放贷审批流程较为繁琐、周期冗长。

小链接 3-5

青年人网上创业成功的案例正在直线上升

针对青年人乐于网上创业的现象，易趣网 CEO 唐磊在接受记者专访时表示："4 年前我们创建易趣网，本想让大家享受闲余商品的交易乐趣，但没想到今天会成为不少网上创业者们安身创业的平台。"据唐磊本人透露：撇开失败创业者和仅凭一时兴趣创业的人数不算，现在光靠易趣网平台开店养家的铁杆客户，有 1 500 人左右。其中，青年人网上创业成功的案例正在直线上升。他们大多数是先在职试开店运营，做大了以后干脆辞职专职经营网上店铺。甚至还出现了儿子网上操作，老爸老妈为其打工的家族型网上店铺形式。在选择投资项目上，唐磊表示性别差异化还是挺明显的，比如，做化妆品、服装、花店类多为青年女性，而做数码相机生意的几乎清一色是年轻男孩。

步骤 3　申请 YBC

2003 年 11 月由共青团中央、中华全国青年联合会、国家劳动社会保障部、中华全国工商业联合会等 7 家机构倡导发起的中国青年创业国际计划（英文名称是 Youth Business China，简称 YBC），是一个旨在帮助中国青年创业的国际合作项目，为创业青年提供启动资金而设立的创业基金。该项目可为 18～35 岁的青年提供无息无抵押贷款，青年创业贷款的总额在 3～5 万元。截至 2008 年 10 月，YBC 已扶持青年创业项目 525 个，创造就业岗位 5 000 多个，其中，就业人数最多的企业员工超过 800 人。

1. 申请条件

1）失业、半失业或者待业者。

2）有一个很好的商业点子和创业激情。

3）筹措不到启动资金。

2. 资助方式

YBC 基金的发放采用"发展债券"的形式，它不需要抵押担保、分期偿还式的基金资助，资助金额 3～5 万元人民币。

3. 创业导师

YBC 计划聘请创业导师，由成功企业家志愿担任，为青年创业者提供为期 3 年的陪伴式创业指导，协助青年进入当地工商网络。创业导师将为青年创业者提供理财投资、政策法律咨询、市场营销管理、风险规避等创业指导和专业技术支持，帮助他们走上成功创业之路。YBC吸引了众多有社会责任感的企业家、企业管理人士，他们以志愿者的身份参加项目的推广、管理工作，或提供资金、技术、网络支持，并且还鼓励员工志愿担任创业导师。

4. 申请YBC创业资金流程（以下以北京为例，其他地区类同，供参考）

第1步：网上/电话报名。

1）在YBC中国青年创业国际计划网站（www.ybc.org.cn）、团市委网站（www.bjyouth.gov.cn），或者北京青年宫网站（www.bjqng.com.cn）青年人才网页，下载“创业计划书模版”，以此为参考构思填写个人的创业计划书。

2）将个人的创业计划书以电子邮件的方式提交中国青年创业国际计划北京办公室。北京青年人才邮箱bjqnrc@yahoo.com.cn。

第2步：经过YBC北京办公室对青年创业项目进行初审（第一次筛选）。

第3步：创业青年提交个人相关材料。

第4步：经过北京办项目评审委员对青年的创业计划书、创业能力及创业前景分析和会审评估、面试、实地考察（第2次筛选）。

第5步：经全国办项目评审委员会评估、审批。

第6步：项目审批通过后，创业青年签署相关协议书，即资助协议书（资助人与受资助人）；创业导师资助协议（创业导师与创业者）；受资助还款补充协议等。

第7步：创业青年得到YBC提供的3～5万元的创业启动金，3个月内开始还款，分3年还完，每月5日前，按期还款。

附：创业青年个人提交相关材料说明。

1）创业计划书（查看创业构想）。

2）资金申请书（明确申请资金数额）。

3）个人信用核查表（资信）。

4）联系人信用核查表（资信）。

5）本人及联系人（两名）身份证复印件（确认身份）。

6）营业执照复印件（确认创业属实）。

7）本人户口本全部内容复印件（确认属地）。

8）房屋租赁协议（确认场地合法）。

9）特殊及特许行业提供相关合法有效证明（确认从业资格）。

小链接3-6

网络营销和传统营销的相同点

——YBC创业贷款成为创业融资热门

中国青年创业国际计划（简称YBC）是一个旨在帮助青年创业的公益项目，为18～35周岁创业青年提供免费的创业培训，3～5万元无利息、无抵押、免担保的小额贷款和“一对一”的导师辅导。金凤区于2009年启动该项目，一批创业青年在YBC导师的指导和帮助下实现了成功创业。

2008年，21岁的文国丽从宁夏护士学校毕业后开办了金贝贝孕婴用品店。她说：

“开了店，不光要学习专业的育儿知识，还要学习管理营销方面的知识。正在我茫然之际，金凤区劳动就业局组织我们参加了创业培训班。在那里，我学到了新的知识，也结识了许多新朋友。”2011 年，文国丽获得了金凤区“创业明星”的荣誉称号，并获得了 3 万元 YBC 青年创业贷款。她用这笔钱新建了婴幼儿游泳池和亲子乐园，生意一天比一天红火。

文国丽是众多享受了 YBC 贷款实惠的青年之一。今年是金凤区创建创业型城市，营造风清气正发展环境的关键之年，金凤区劳动就业局采取一系列有力措施抓好 YBC 项目申报工作。一是广泛宣传。金凤区全民创业领导小组召开了各镇、街道工作会议，认真传达上级会议精神，详细说明了 YBC 项目申报的标准、条件、程序和流程，并印制了彩色宣传页和彩色招贴画各 5 000 份，在街道社区张贴和发放，扩大 YBC 项目的知晓率。二是实地考察。对上报的 YBC 项目进行了初步审核，耐心帮助他们填写相关表格和资料，并对项目进行实地考察，将其中不符合条件或资料不实的项目进行排除。三是及时申报。截至目前，将符合条件的 7 个项目及时上报银川市创业促进会，目前已有 3 个项目通过复审，上报北京 YBC 项目办公室。

步骤 4　获得政府优惠政策支持

在我国，大学生创业基金是各地政府、知名企业、投资公司和风险投资机构专门为有能力创业的大学生推出的投资方式。大学生创业基金的出台以及相关税费的减免，既为想创业的学生解决了启动资金的问题，又降低了运营成本，坚定了创业者的信心。近年来，为支持大学生创业，国家和各级政府出台了许多优惠政策，涉及融资、开业、税收、创业培训、创业指导等诸多方面。

1）大学毕业生在毕业后两年内自主创业，到创业实体所在地的工商部门办理营业执照，注册资金（本）在 50 万元以下的，允许分期到位，首期到位资金不低于注册资本的 10%（出资额不低于 3 万元），1 年内实缴注册资本追加到 50%以上，余款可在 3 年内分期到位。

2）大学毕业生新办咨询业、信息业、技术服务业的企业或经营单位，经税务部门批准，免征企业所得税两年；新办从事交通运输、邮电通讯的企业或经营单位，经税务部门批准，第一年免征企业所得税，第二年减半征收企业所得税；新办从事公用事业、商业、物资业、对外贸易业、旅游业、物流业、仓储业、居民服务业、饮食业、教育文化事业、卫生事业的企业或经营单位，经税务部门批准，免征企业所得税一年。

3）各国有商业银行、股份制银行、城市商业银行和有条件的城市信用社要为自主创业的毕业生提供小额贷款，并简化程序，提供开户和结算便利，贷款额度在 2 万元左右。贷款期限最长为两年，到期确定需延长的，可申请延期一次。贷款利息按照中国人民银行公布的贷款利率确定，担保最高限额为担保基金的 5 倍，期限与贷款期限相同。

4）政府人事行政部门所属的人才中介服务机构，免费为自主创业毕业生保管人事档案 2 年（包括代办社保、职称、档案工资等有关手续）；提供免费查询人才、劳动力供求信息，免费发布招聘广告等服务；适当减免参加人才集市或人才劳务交流活动的费用；优惠为创办企业的员工提供一次培训、测评服务。

5）以上优惠政策是国家针对所有自主创业的大学生所制定的，各地政府为了扶持当地大学生创业，也出台了相关的政策法规，而且更加细化，更贴近实际。例如：根据国家和上海市政府的有关规定，上海地区应届大学毕业生创业可享受免费风险评估、免费政策培训、无偿贷款担保及部分税费减免4项优惠政策。

小链接3-7

上海市大学生科技创业基金会

上海市大学生科技创业基金会成立于2006年8月，由上海市科委和教委牵头组建，上海市政府全额拨款资助大学生科技创业。它是全国首家从事推动大学生进行科技创业活动的非营利性公募基金会。其理事单位除去科委和教委之外，还包括工商局、财政局、市团委。秉承着“鼓励创新创业，完善创新环境；推动成果转化，促进教育改革；激发创新潜能，造就创新人才”的宗旨，基金会致力于开展创业项目资助、创业文化传播、创业教育及创业研究等相关工作。

目前，基金会已在复旦大学、上海交通大学、同济大学、华东理工大学、华东师范大学、上海大学、上海理工大学、松江大学城、东华大学、上海对外贸易学院、上海市科技创业中心和上海电力学院成立十二个分会，构建了传播创业文化、培养创业人才的工作网络。

基金会希望凭借其独特的平台优势，聚集社会各界资源并形成放大效应，完善社会创新环境；通过基金投资资助大学生创业项目，推动高校科技成果转化；开展创业培训活动，激发大学生创新精神，切实提高创业者的能力和水平。

基金会向经过审核的受助企业提供最高不超过30万元的资金援助，要求受助大学生也拿出一定自有资金，基金会持股不超过50%，基金会不参与分红，不收取利息。两年后，创业大学生按照原价买回股份。如果企业经营失败，那么基金会核销投资，创业者不需要承担责任。基金会同时会指派一名董事进入公司，对公司的重大决策有否决权，对公司的重大财务支出有审批权。

对于技术型创业者来说，申请这笔资金相对较为容易。创业者的项目计划书通过初审后，就有50%的机会拿到资助。现在获得资助的创业者中60%以上为硕士和博士研究生。此外，基金会还有一道难以逾越的“铁门槛”，那就是只针对上海市大学毕业生和上海籍的外地大学生。

为了弥补大学生商业经验不足，基金会聘请天使投资咨询公司，每半年对300多家受助公司进行全面走访及诊断。基金会还为创业者准备了每月一次的创业沙龙，计划将创业导师制引入创业沙龙中。

在扶助两年退出后，基金会不会对受助企业“大撒把”。首先，基金会与银行合作推出了免担保贷款服务，为运转良好但急需资金的企业提供50～100万元的贷款。其次，搭建项目推介平台，吸引大企业来投资。最后，基金会还参与成立了“上海大学生创业投资接力基金”，主要投向基金会退出的优秀项目。

触类旁通

风险投资（Venture Capital，VC），在我国也被翻译成“创业投资”，是当今世界上广泛流行的一种新型投资方式。风险投资基金以一定的方式吸收机构和个人的资金，以股权投资的方式，投资于那些不具备上市资格的新兴的、迅速发展的、具有巨大竞争潜力的企业，帮助所投资的企业尽快成熟，取得上市资格。一旦公司股票上市后，风险投资基金就可以通过证券市场转让股权而收回资金，继续投向其他风险企业。

1997 年 11 月，国务院证券委颁布了《证券投资基金管理暂行办法》。它对于培养风险投资人，尤其是为风险投资筹集资金来源的多元化渠道提供了依据。风险投资基金作为基金，同其他投资基金并无两样，其主要不同之处在于：一是其投资的对象为高风险的高科技创新企业，失败率较高，一般在 60%～80%左右，而成功率只有 5%～20%左右，因此这就要求基金的规模足够大，使得风险投资基金能同时投资于多个风险项目，从而通过其中的一个或几个项目的成功来弥补在其他风险项目上的损失并获取收益；二是基金常采取与其他风险投资公司联合投资的方法，以分散风险；三是基金在决策上经常当机立断，敢于取舍。

国内主要的风险投资公司名录如下：

红杉基金 http://www.sequoiacap.com/
IDG 技术创业投资基金 http://www.idgvc.com/
宏基技术投资亚太有限公司 http://www.acervc.com.cn/
联想投资 http://www.legendcapital.com.cn/
软银中国创业投资有限公司 http://www.sbcvc.com
维众创业投资集团（中国）有限公司 http://www.ucigroup.cn
上海联创投资管理有限公司 http://www.newmargin.com
华登国际 http://www.wiig.com
成为基金 http://www.chengwei.com
富达国际创业投资有限公司 http://www.fidelityventures.com/
深圳市创新投资集团 http://www.szvc.com.cn/
中国创业投资有限公司 http://www.chinavest.com/
元成基业有限公司 http://www.vcdaddy.com
渣打创业投资集团 http://www.charterventures.com/
信中利投资有限公司 http://www.chinaequity.net
永威投资有限公司 http://www.asiavest.com/
中科招商投资（基金）管理公司 http://www.leadvc.com
富国集团 http://www.richinacapital.com/
泰山国际投资公司 http://www.taishancapital.com
中国高新技术产业投资管理有限公司 http://www.chtim.com/
天津泰达科技风险投资股份有限公司 http://www.tedavc.com.cn/
DCM-Doll http://www.dcmvc.com/
中国国际金融有限公司 http://www.cicc.com.cn
上海复旦量子创业投资管理有限公司 http://www.fudan-venture.com
北京高新技术创业投资股份有限公司 http://www.bhti.com.cn/
广州科技风险投资有限公司 http://www.c-vcc.com/
河南高科技创业投资股份有限公司 http://www.hnvc.com.cn
广东省风险投资集团 http://www.gvcgc.com

深圳市国成科技投资有限公司 http://www.szgcvc.com
霸菱投资（香港）有限公司 http://www.bpepasia.com
美国高通公司投资部 http://www.qualcomm.com/ventures
天津新技术产业园区新纪元风险投资有限公司 http://www.neweravc.com
晨兴科技投资公司 http://www.morningsidetech.com
SK（中国）投资有限公司 http://www.sk.com.cn
浙江天堂硅谷创业集团有限公司 http://www.ttggvc.com
辽宁科技创业投资有限责任公司 http://www.lnvc.com.cn/

【案例 3-2】

芝麻开门

阿里巴巴诞生不久，便吸引了风险投资家的目光。风险资本是互联网神话的缔造者之一，无数的“.com”横空出世的背后，都闪耀着风险投资的光辉。风险投资家把目光投向互联网，因为网络将为人类生活方式带来又一次革命，网络中蕴藏着无限的商业机会。而互联网创业者倚重风险投资家，只为“好风凭借力，送我上青云”。风险资本的雄厚财力，丰富的管理经验，给初出茅庐的“知本家”插上了成功的翅膀。马云理想中的合作伙伴是一些愿意与阿里巴巴共同成长的公司。

瑞典著名投资公司 InvestorAB 派副总裁蔡崇信到杭州考察阿里巴巴。短短几天，蔡先生告诉马云想加入阿里巴巴。他的决定轰动了 InvestorAB 高层，他们凭借与蔡先生多年共事的经验确信阿里巴巴是一个值得投资的公司。蔡先生的加盟在投资银行界产生了连锁反应。华尔街投资公司高盛打破惯例，牵头对阿里巴巴进行第一轮投资。而在此之前，这家公司从不投第一轮，更不在第一轮中占大股。阿里巴巴第一轮融资在 1999 年 10 月以大团圆结局划上了圆满句号。

阿里巴巴与软库（Softbank）公司决定合作始于马云与孙正义的“一见钟情”。软库公司是日本首屈一指的互联网投资公司，1999 年 10 月底，他们两人在北京首次见面，一见面，马云便说我不需要钱，我只想谈谈对阿里巴巴的理解。这位亚洲首富说他还没听说过阿里巴巴，他的助手临时将阿里巴巴的网页调出来，马云随即进行了现场介绍。6 分钟后孙正义说：“等一下，我出 1 500 万美元。”马云当时就断定孙正义就是他要与之合作的人，“有些人，我跟他说 6 个小时他也不明白我要干什么，孙正义只用了 6 分钟就做出决定”。

在日方的邀请下，马云和蔡崇信 12 月飞到东京，3 分钟内，双方就达成协议。孙正义说：“记住，今天是历史上最重要的一天，你们是我见过的最漂亮的团队。”2000 年 1 月双方正式签约，软库（Softbank）公司投入 2 000 万美元帮助阿里巴巴拓展全球业务，同时在日本和韩国建立合资企业。

对于风险投资，马云有自己的独特看法。他认为互联网公司需要足够的钱，但不需要太多的钱，许多公司倒闭就是因为钱太多了。选择投资者要看投资者对你的事业抱怎样的态度，是不是只希望在股市上获利。阿里巴巴希望的是做成一个 80 年到 100 年的公司。上市套现并不是阿里巴巴的目的，如果在这一点上没有共识便无法合作。更重要的是看他有没有远见，彼此的风格、处事态度是否合拍。软库（Softbank）有着非常好的记录，它帮助过 Yahoo 等一大批互联网公司成长壮大，它在互联网行业的长期实践对阿里巴巴全球市场的开拓是非常宝贵的财富。软库（Softbank）日前和世界银行合作，投资 50 亿美元到发展中国家。孙正义在跟世界银行的合作中推荐他自己感到最骄傲的 4 个网站——Yahoo、Buy.com、Web＆D 和阿里巴巴。孙正义说美国以外让他最感到骄傲的、投资最好的网站就是阿里巴巴。

请思考：

1）投资阿里巴巴，风险投资企业看好的主要是什么？从案例中你能得到什么启示？

2）你觉得自己如果要创业，应该如何做才可能获得风险投资？

任务3　落实货源

任务要点

关 键 词：货源、外贸尾单、网上代销。

理论要点：网上批发进货的优势与弊端、外贸尾单的分类、网上代销的特点。

实践要点：能够结合自己网店的实际情况，找到合适的货源。

任务情境

小张决定开一家儿童服装网店后，从 6 月份开始，便在各大网站寻找好的童装货源，一直到现在半个月过去了依然没有头绪。

在找货源的过程中，小张碰到了很多郁闷的事情。

因为小张的目标客户所在的国家一年四季气温都偏高，于是看中一家做 0～3 岁童装店。他们家面料很薄，款式简单大方，价格实惠，两件套的平均价格在 10～20 元之间。可当小张问能否去拿货时，对方却回答：我们是仓库式批发，大批量一次要 20 000 元以上！那小张需要进多少货啊！

又找了一家做母婴的店，小张对他家的货品也很欣赏，折扣也不错，可惜缺货太多。因为小张又要找货源又要与客户联系，所以也很忙。小张让他发个有现货的表，对方却叫小张看中哪款发给他，他再去看是否有货，这样双方都很累也耽搁时间，而且确实缺货太多了，无奈之下，小张只好放弃。

于是又开始漫长的寻货，又找到一家，诚信通 2 年，是黄金展示位供应商。图片大部分是自己拍的，款式面料看起来不错，与对方联系，也颇感融洽，关键是他们的图片带水印。小张让他们把图片发过来给他的客户看，可对方说："我们不提供图片，如果有需要可以在我们的淘宝上复制。"

唉！到哪里寻找合适的货源呢？

任务分析

所谓货源，就是指进货的渠道。不管是通过何种渠道寻找货源，低廉的价格是关键因素，找到了物美价廉的货源，网上店铺才有了成功的保障。所以怎样才能寻找到适合自己创业的货源是所有在网上开店的创业者最关心的问题，也是关系到网上创业能否成功的关键因素。

任务实施

步骤 1 网上批发进货

这是网上创业常见的进货渠道。一般用百度搜索就能找到很多网上批发商，如阿里巴巴 1688.com、89178.com、99 加盟网等。阿里巴巴采购批发网站如图 3-4 所示。他们一般直接由厂家供货，货源较稳定。但这种进货渠道有它的优势同时也有它的弊端。

图 3-4 阿里巴巴采购批发网站

1. 优势

1）成本优势。其中包括时间成本（来回批发市场的时间 2～3 天可以省去）和进货附加成本（来回车费，住宿费，物流费用可以省去）。

2）选购优势。选购的紧迫性减少。亲自去批发市场选购由于时间所限，不可能花很长的时间慢慢挑选，有些服装也许并未相中但迫于进货压力不得不赶快选购。但网上购物就可以花时间慢慢地选，没人催你。另外，选购依据的有效性增加。传统渠道进货选货一是靠自己的眼光，二是靠老板的推荐，三是靠顾客的反馈，相比之下网上进货此三种依据都有，并且顾客的反馈面来源更广，反馈更及时，补货也更快，补货的附加成本减少，当然如果批发市场就在家门口的不在讨论之列。

3）批发数量限制优势。网上购物也分为零售与批发，但两者差距不大，长期合作的买家甚至可以按照批发价拿到零售的数量（一件批发）。

4）库存压力优势。由于网上批发进货可以很低的数量起批，因此相对而言买家的备货压力就渐少了，库存积压的风险也下降了，相当于资金投入减少，成本减少。

5）资金周转优势。批发市场进货一般都是现款现货，一次性投入不少资金但需要所批服装全部卖出去后才能回笼资金，期间的资金占用时间较长，若一次投入比较大的资金仅银行利息就有不少。网上批发可以更灵活，可以多次小额批货，减少资金占用时间。

6）款式更新优势。款式好坏是生意兴旺与否的关键，不可能频繁去批发市场进货，以每月 2 次算，则店里的服装款式更新只能是一月 2 次，不能紧跟时尚潮流，无法扩大自己的商机。但网上服装每个品牌一个月会有 2～3 次更新，5 个品牌就相对于所有服装每月会有10～15 次的更新，可以轻松选购新款。

2．弊端

1）无法看到实物，不了解实物的手感质感，无法全面了解产品，如果没有选好批发商家就会有损失。

2）如果碰到不诚信的供货商，发的货与实物会不符合。

3）很多商家利用假图片，导致发来的产品质量差根本无法销售。

通过网络批发进货现在已经是许多淘宝掌柜常用的方式，但也经常听到许多掌柜抱怨，说进到的货非自己所想，甚至也有上当受骗的情况。那么对于新手掌柜来说，如何降低进货的风险呢？

首先，要做好对供应商的网上审查。从一开始就舍弃不合格的供应商。需要考虑以下几个方面：

1）是否有独立的网站。有一定经营能力的供应商一般不会没有自己的网站。

2）网站是否有准确的地址、联系方式。有些网站连经营地址都没有，这样无疑是增加了你的风险。你最好给他们拨打电话，一则验证电话的有效性，二则通过交谈来进一步审核对方的情况。如果有可能，请当地的朋友去实地看一下就更好了。

3）货品图片是否为实物拍摄。这一点很重要。有些网站样品图片很漂亮，可却都是用别人提供的而不是自己的实物拍的。这些图片非常华丽，许多有女模特演示，图片也经过精心处理，非常吸引人。这种情况就需要进货者注意了，许多店主抱怨货不对版常就是这种情况。单靠图片来审核服装本来就有风险，过于轻信华美图片就更不足取了，最好是找本身为“实物拍摄”的供应商。

其次，进货方式很重要。

1）除了能比对网上照片，最好能要求视频选货为好。一是为了进一步感受实物效果，降低对货品的误判，二是网上见面有利于大家建立直接印象，增加信任感。这有利于对货品风格等的把握。

2）进货一般要循序渐进，从小量开始，逐步增加进货量。这样可以积累认知，增加信任，也可以避免一次上当。有些供应商把第一次进货量设置得很高，这样无疑会增加进货商的风险。对于这样的合作方式，你就需要打个问号了。

步骤 2　厂家进货

厂家进货也是一种常见的渠道，但可以从厂家拿到货源的商品并不多，因为多数厂家不屑于与小规模的卖家打交道，但有些网下不算热销的商品是可以从源头进货的。这些正规的厂家货源充足，而且对待客户的态度较好，如果长期合作，一般都能争取到滞销换款。但是，厂家要求的起批量非常高，以外贸服装为例，厂家要求的批发数量至少要近百件甚至上千件，达不到这个数量不但拿不到最低的价格，甚至可能连基本的合作都争取不到，而且容易造成货品积压，因而不适合小量批发的客户。如果创业者有足够的资金储备，并且不会有压货的危险或不怕压货，可以去找厂家进货。

另外，一般厂家都有最低起订量，你可以先找厂家了解一下他们的最低起订量是多少，如果定做量太小他们一般不会接的，但如果有尾单供应，厂家也会与你合作。

小链接 3-8

厂家直接进货，价格不一定是最低

很多朋友都喜欢直接从厂家进货，因为他们认为从厂家进货，价格肯定是最低的。其实出厂价也是有规矩的，不论哪种渠道，厂家首先要保护自己的利益：保护自己的产品在市场上的价格不是很低，有更多的销售渠道能够销售自己的产品。所以厂家的对外公开批发和零售价格一般都比实际给渠道的价格高，这样保护了经销商利益，使经销商获得了比较好的利润，经销商自然就不会放弃该产品；另外，由于上游的价格保持了稳定，不去和渠道里下游经销商竞争客户，有利于维护渠道里经销商形成稳定的价格体系，不至于被自己打败。

步骤 3 去批发市场淘货

不管是实体店铺还是网店，大多数的卖家都是从批发市场进货的。因为批发市场的商品比较多，品种数量都很充足，大家能有大的挑选余地，而且很容易实现“货比三家”；另外，批发市场的价格相对很低，对于网店来说容易实现薄利多销，也能有利于网店交易信用度的累积。以下是和批发商打交道的注意事项：

1）要注意个人形象，有老板的样子。说话有水平，有见地，千万不要说行外话，以免被小看。

2）要了解批发商的性格，投其所好，与之交朋友，从而可以得到更多价位上，以及调换货的好处。

3）凡事不要太计较，要记住自己是做大事的人，如果为了一两元而和批发商讲来讲去，只会让人看不起。谁都喜欢直爽的人，在与批发商合作时直爽一些，会赢得更多的合作机会。

4）如果是新开店，进货较多，距离不远可以考察的话，可以让批发商给你开业垫付货款，这样进货比较多可以受到批发商重视，可以在下一次进货时把上次的欠款还清。

5）在调换货的问题上，与批发商一定要事先达成一致，以免造成日后纠纷，什么可以换，什么不能换，换的周期是多长，自己和批发商都要做到心中有数。

6）作为新手，一定要通过交流看清楚批发商的性格特点，进而选择你认为可以信任的批发商合作。如果发现批发商太狡猾，要及时脱身，以免因为对行业不熟悉等原因受骗。

7）不要过分相信批发商的话。如他们为你推荐的款式，总是说销量很好，或者某商品马上售空，这其实是批发商的一种手段，如果因此而轻信，很容易造成货品积压。商场上只有永远的利益，不要轻信任何人。

8）与批发商的每一次货款交易，都要保留好凭证。如进货时对方开具的发货单、向对方欠款时的欠条等，最好专门存放。如果与批发商有欠款，一定要在还清欠款后请对方开具收条，收条更要妥善保管。对方如因忘记对账再次要求还款时，才有依据说明货款已经还清，否则容易造成经济纠纷。

步骤 4 关注外贸尾单

外贸尾单起源于 1979 年我国的改革开放时期，最初的名词叫“出口转内销”。很多国外公司到中国来加工制造商品，然后运回本国销售。一般外商在国内工厂下订单时，工厂会按 5%～10%的比例多生产一些，以防止万一在实际生产过程中有次品的话，就可以拿多生产的数量来替补，这些多出来的货品就是我们常说的外贸尾单了。

外贸尾货的特点是产品好、价格低。简单地说，就是性价比高，通常商家所销售的几十元的产品出口后都是几十美元或更高的价格，但缺点是颜色和尺码不全，不像内销厂家的货品那样齐码齐色，所以，它的价格一般比商场或其他地方更便宜。因此，也是一个不错的进货渠道。

其实，真正能从生产厂商进到外贸尾单商品的网商并不会很多，因为外贸尾单商品很好卖，所以真的假的就齐上阵，都说自己是尾单。大量充斥在市场上的外贸尾单主要有以下几种：

1）品牌产品尾货，或称原单尾货。这类货品多是做品牌代加工的工厂用多余原料生产出来的，产品的原料和辅料都和真正的商场产品一模一样，连标签都一样。由于产品质量最好，所以价格也较高。

2）外贸尾货。这些产品原本是为出口计划生产的，但由于产品存在问题而转为内销。比如，原计划出口的文化衫上，英文字母印错了而无法出口，这样的产品价格比较低，销路也比较好。还有一种情况是国内厂家在生产完国外的订单后剩下的，款式和质量与国外的订单属于同一批货，由于厂家已经赚到钱了，所以剩下的这部分产品就会以非常低的价格卖掉，通常会低于成本价。

3）跟单尾货。加工工厂觉得这一批订单的款式样子都很不错，应该会有利可图，就在生产过订单后采购同样或者相似的主辅料，利用一定的时间集中生产出来，然后批发给各个大的批发商，之后流向全国各地，通常价格会翻两倍甚至几倍。

4）仿单货。仿单货在质量上是最差的一种，在市面上也最为常见。其多数是由一些比较小的服装厂生产出来的。“仿单”大户只要瞄一眼巴黎时装发布会上的成衣照片，就能仿出来。所以在进货的时候一定要注意辨别。

那么面对鱼龙混杂的外贸尾单市场，应该如何判断其真假呢？下面介绍几点经验供大家参考。

1）看面料。面料是一件衣服的根本，是衣服最重要的组成部分。面料的好坏决定了一件衣服质量的好坏，决定了一个品牌的档次，很多高档的品牌都是有自己专有面料的，甚至申请了专利，独一无二，就此一家，是没有人能够仿冒出来的。好的面料，就是要柔软舒适，却不失筋骨。

2）看 LOGO。LOGO 的刺绣是最显功夫的，也是很多仿冒小厂粗糙的手工无法做到的。一般真品的品牌 LOGO 刺绣都相当精致、饱满，无杂乱感。

3）看辅料。什么是辅料，就是纽扣、拉链等配件，从这些细节方面来确认外贸服装的真假。比如纽扣，在上面刻上品牌标志，这种成本是比较大的，开一个模都要很多钱的，所以一般仿冒者是不会去花这些钱的，因此看一个品牌的纽扣可以分辨真假。

4）看小细节、小配件。很多真品外贸服装，往往可以从一些小细节、小配件来进行分辨。如彩条衫、大花面料的裙子，最考验外贸制衣厂的做工。手工精致的衣服，彩条走向、花样排布，事先都会有安排。衣服肩膀、袖口、腰身接口处，左右两边相同颜色的线条正好对牢，走向相同；花朵的每一片花瓣都嵌得“天衣无缝”，拼出一朵完整的花。这样的做法，不仅要事先设计周全，而且极浪费面料。有些高级成衣面料，1 米之内都不会有重复的花样，拼出一朵花，要浪费多少料子就可想而知了。

5）看瑕疵。一般来说，在国内加工的衣服做好之后，先要被老外验货。检验员挑出有问题的衣服，在瑕疵旁贴一个小红箭头，遣送回厂。这样的外贸退货，虽然有时有色差、漏针和抽丝，但用的却是最优质的面料、配料，做工顶级，一穿上身，就能体会到“货真价实”4 个字。而实际上，我们的外贸服装，主要的都是这些尾货，这些或多或少不影响穿着的小瑕疵才是真品的标志，而那些任何瑕疵都没有的货大家才更要多加小心。

6）看尺码。看衣服尺码也是分辨真假外贸服装的一个方法，欧美人士的体形跟亚洲人不同，因此他们衣服的尺码也跟我们的尺码不一样，这就有了亚洲码和欧洲码之分。欧美人士的体形决定了我们亚洲人如果不是特别肥胖特别高大，是不适合穿他们的尺码的。假冒工厂也绝不会仿造使用欧码的衣服，因为根本不适合在国内出售。而出口欧美的衣服当然是用的欧码，如果一件衣服出口欧美却标的亚洲码，那肯定是假货，只有出口日韩的衣服尺码才与我们相当，所以日韩单因其做工和尺码被认为是黄金外贸服装。

7）看剪标。有些外贸服装品牌公司为了保护自己专卖店的产品，在出厂前会要求剪去领标、洗标才出售，剪标服饰一般都是品牌服饰的过季产品拿来处理而产生的，其服饰的面料、手工、质地和真正的品牌服饰没有任何区别，只是因为款式是上个季度或再上个季度的，而拿出来清仓处理的。有些服装店老板，在衣服标牌上不痛不痒打个小洞、剪个小角的，就说是“剪标货”，其实这都是哄外行人的“噱头”。

步骤 5　寻找品牌积压库存商

品牌商品在网上是备受关注的产品之一，很多买家都通过搜索的方式直接寻找自己心仪的品牌商品。不少品牌商品虽然在某一地域属于积压商品，但在其他地域可能是畅销品，所以，积压库存的品牌商品也是网店货源的重要渠道之一。

1．品牌积压库存的优缺点

（1）优点

1）商品价格低。由于工厂处理库存货几乎都是被动处理，价格方面自然比较好谈，但也取决于个人的谈判能力，谈判能力强的自然可为自己省下不少钱。另外，人缘比较好的人，能调动场面气氛，说话很容易让人接受，砍价方面自然高人一等。

2）商品品种多。无论企业属于哪一个行业，如果要生存下去，就必须以市场为导向，生产出市场需要的商品。而市场的需求正朝着多元化发展，因此，企业就要不断研发新的商品，以适应市场的需求。这样日积月累，企业库存的商品品种必然越积越多。

（2）缺点　与其他货源一样，积压的品牌商品也有其缺点，网店新手应多加留意。

1）数量大。企业的库存数量一般都比较大，这一点对于大部分小本经营的网店卖家来说是个不好的消息。

2）款式过时。企业的库存货有些是以前的流行商品，但对现在来讲无疑是过时商品，这一点也需多加注意。

3）混杂有瑕疵品。一些企业不会将瑕疵品作报废处理，而是当做库存商品卖给客户，检查货物时要打起十二分精神，不要看到价格便宜就忘乎所以。

4）需更换商品的外包装。企业的库存货大部分都没有标准的外包装，或者外包装已经陈旧、变形、变色甚至破烂不堪，需要客户自己重新处理包装，这就会增加成本。

2．寻找积压库存的品牌商品

在寻找积压库存品牌商品的过程中，要注意以下问题，否则收购回他人的库存后，商品不好销售，就会变为自己的库存。

（1）消费者的品位　先从各个渠道详细了解当前大众消费者的品位，看他们是重实用还是重感观，重内涵还是重外形，重本土品牌还是重国外品牌等。

（2）文化鉴赏力　了解一下当前大众消费者的文化鉴赏力如何。

（3）销售及市场动态　广泛关注市场动态，并进行分析。

（4）预测市场需求能力　预测市场需求能力及市场需求量。

（5）重视消费需求的不确定性　消费者的消费需求变化很大，不确定性增强了，流行风的存活期也越来越短，流行风具备越来越强的区域性。

大部分网店从事的主要业务是零售，而不是批发，所以商品的数量要尽量少，以减少压货的风险；商品的品种要尽量多，让消费者多点选择。

步骤 6　尝试网上代销

代销是指某些提供网上批发服务的网站或者能提供批发货源的销售商，与想做网店代销的人达成协议，为其提供商品图片等数据，而不是实物，并以代销价格提供给网店代销人销售。一般来说，网店代销人将批发网站所提供的商品图片等数据放在自己的网店上进行销售，销售出商品后通知批发网站为其代发货；销售商品只从批发网站发出到网店代销人的买家处，网店代销人在该过程中看不见所售商品；网店代销的售后服务也由批发网站行使。中国货源网的代销网站如图 3-5 所示。

图 3-5　中国货源网网上代销

1．网上代销的特点

1）不承担进货风险，零成本，零库存。网店代销人不用囤货，所售商品属于批发网站。

2）看不见实物。一般只提供图片等数据资料，供网店代销放在自己网店上销售。

3）代发货。网店代销销售出商品后，联系批发网站，由批发网站代其发货。

4）一件起批。一般在批发网站进货，必须达到一定数量才可以享受批发价，而网店代销单件也是批发价。

5）单笔交易支付，货到付款。一般情况下，网店代销不用提前付款给批发网站，而是销售出商品后，通知批发网站发货，使用支付宝等担保交易付款。

2．新手卖家网上代销时的注意事项

首先，也是最关键的一点是要找对供货商，找一个有实力的，货源充足的，发展潜力大

的供货商，因为产品和服务直接影响着销售和信用度。新手卖家需从以下几个方面去考察供货商。

1）要问清楚他们的规模，有多少注册资金，有没有自己的品牌，有没有自己的网站等。一般来说小作坊就很难做到这些了。

2）进入他们的网站了解详细情况，增强自己对该供货商的了解。

3）看供货商的图片是否制作专业，是否规范。

其次，根据供货商要求给产品定价。首先要了解清楚你的代销价格，与产品图片一一对应上，尽量避免出现顾客询问报错价的情况。给产品标价要严格按照供货商的建议零售价，不能因为急于卖出，而随意定价，做没有利润的交易。因为你的标价比市场价低很多，别人会对你产品是否正版产生怀疑，这样导致的结果就是：一没有利润，二没有销量，三会形成竞争威胁。

3．新手卖家如何做好网上代销

1）要善于学习，多动脑筋，刻苦钻研。由于没有风险，也就没有压力，当然就没有进步的动力。做代销如果想要做大的话，就需要自己有很强的忧患意识，要善于给自己施加压力，经常到论坛学习别人的经验，从而与供货商共同进步。

2）要沉得住气，不能三天打鱼，两天晒网。当然，开店初期适当地挑选对比代销商还是非常有必要的，当然也有人想同时开几家网店，但如果你确定为谁工作后，就要与供货商站在同一个阵地，积极地做好宣传和销售工作。

3）要独立思考，不能事事依赖供货方。作为新手卖家，开网店经验不足，一遇到什么问题都会去问供货方，其实问谁都不如自己到论坛去学习。最好的方法就是，一碰到什么问题，就到社区搜索相关关键字，就可以搜索出来非常多的好帖子，有些还是带图形的，一看就清楚了。

4）要对代理的产品有较深的了解。如果顾客提问题后，你什么都不懂，就会降低顾客的信任感。只有对自己代销的产品了如指掌，才可以在给顾客介绍的时候娓娓道来、如数家珍，客户才会增加信任感，购买产品。

小链接 3-9

代销的利与弊

网上代销可以免费为网店提供货源，方便了一些想开店但没有资金的初级卖家，这是它的最大好处；但越来越多的代销网站只注重销量，不注重渠道的管理，所以导致代销容易造成代销客户之间恶意竞争，影响正规卖家的利润，同时容易对产品品牌造成影响。目前在代销的基础上，国内已经有一些网站开始发展分销渠道，如服装分销平台www.one-t.net.cn，分销作为销售渠道的重要一环，有别于代销，它将对整个销售渠道及过程进行严格控制和管理。

触类旁通

国外的世界一线品牌在换季或节日前夕，价格非常便宜。如果卖家在国外有亲戚或朋友，可请他们帮忙，拿到诱人的折扣在网上销售，即使售价是传统商场的 4～7 折，也还有 10%～40%的利润空间。这种销售方式正在被一些留学生关注。日本留学生“桃太郎”的店铺经营日本最新的化妆品和美容营养保健品，通过航空运输送到中国甚至世界其他国家，目前在淘宝和易趣都有店铺。因为其化妆品新鲜，而且比国内专柜上市更快、更便宜，因而受到追捧，如图 3-6 所示。此外，一些美国、欧洲的留学生也在网上出售“维多利亚的秘密”、“LV”等顶级品牌的服饰和箱包产品，其利润均在 30%以上。

图 3-6 “桃太郎”在易趣的店铺

【案例 3-3】

淘宝网店代理寻找货源十大秘诀

网店代理真的能赚钱吗？答案能，但是其中有诀窍，选择产品是关键！

所谓网店代理就是你不用有自己库存，直接把别人家的产品放在店铺出售，当你的店铺产品卖出后，你再向商家下单，并告诉你的顾客地址，商家代发货，其中的售价和代理价格差就是利润。

很多想通过网上开店创业的朋友由于没有资金和经验都把“网店代理”作为首选，找网店代理货源。有人说淘宝开店拥有好的货源就拥有了成功的一半，对于代理来说更是这样。那么究竟如何选择货源呢？笔者结合自己两次淘宝代理失败案例谈一下网店代理的秘诀。

秘诀之一：选择竞争较小的产品。

淘宝几年来的快速发展，产品已经非常丰富，产品同质化也比较严重。如果代理竞争激烈的产品，一方面很难竞争过那些信誉高的卖家，另一方面产品利润也已经压得很低。

秘诀之二：不要等着商家找你，你要主动寻找商家。

很多人做代理是通过搜索引擎搜索到的，也有很多是商家主动找到你的，但是你想商家会只找你一个人吗？肯定是一大帮人，那么就会形成竞争。所以你要主动找商家，这样主动权在你。如果你真的很牛，或许可以要求独家代理。

秘诀之三：慎做个性多变的产品，选择有统一规格的产品。

选择统一规格的产品可有效避免因产品多变导致无法回答涉及产品细节问题的情况，只要熟悉产品功能方面就差不多了。推荐产品：保健品，化妆品，电子产品，书籍音像制品等。

秘诀之四：产品不求多，但求专。

如果上架 1 000 多件产品，不仅自己维护非常累，而且买家很难相信你，这么多产品，这么少信誉很让人怀疑。产品多，产品编号就多，下单也就容易出错。不要想当然认为产品越多，机会越多，他们不是正比。

秘诀之五：产品价格统一。

商家招代理有时候一下就招几十个人，如果产品价格不统一，到时候又是一场价格战。小卖家没有竞争优势，往往把价格作为唯一竞争手段，到最后利润会少得可怜。商家如果把产品代理价格和零售价格限制好可有效避免价格战。

秘诀之六：产品价格适中。

因为信誉、知名度较低，选择的产品价格不能太高，一般大部分产品价格最好控制在 300 元以内。但是也要避免全部都是几元、十几元的产品，让人一看就感觉像小地摊，而且这样利润也小。

秘诀之七：首选规模较大，信誉较好的商家。

规模不大容易倒闭，信誉不好小心被欺诈。选择商家切记要全面了解商家，不要被商家优惠的条款给迷惑了。

秘诀之八：能即时快速与商家低成本沟通。

当买家问产品某个细节问题，而你又不清楚，这时只有问商家了，如果联系不到商家那你这个单子也就基本没了，打电话又增加成本，而且问多了，人家会烦的，所以商家最好经常在线。

秘诀之九：商家最好要有相关开网店经验，能给予指导。

如果商家也有开网店的经验，那么你不但可以快速赚到钱，而且还能学到经验，提高自己，阿里巴巴有句话叫“学到就是赚到”。

秘诀之十：十分慎重对待代理费。

不少商家在选择代理时，要求交一笔代理费，不能说他们都是骗子，但是的确有人骗代理费，所以要十分小心，不是很了解的商家更要小心。有的商家会给你非常优惠的待遇，但是唯一条件就是要交一笔代理费，笔者的一个朋友看到优惠的条件激动得不行了，就把 100 元钱打过去，说是不做时退还，最终没有做成，钱也没有退。以后看到优惠的条件时先别激动，睡一觉，第二天再看，如果你还激动那说明这的确不错，我试过的，很有效。

请思考：联系实际，说说你对这十条秘诀的看法。

项目小结

网上开店创业，客观评价自己很重要，如我对这个行业了解多少？我是否能够坚持下去？我的优势和劣势都有哪些？了解自己以后，才能做自己了解的行业。简单地说，如果你对电脑配件产品很了解，就可以考虑开一家电脑配件网店。如果你是一个女孩子，对化妆品很了解，则可以考虑开一家化妆品销售网店。

当积极热情地投入网店的创办时，还要从多个方面进行仔细地调研工作，认真地选择适合自己网店的商品。虽然相对于实体店铺来说，网上开店的成本要小得多，但也会有不少前期投入和一些日常开销，所以，店主们还要在资金上有所准备，要能够筹集到第一笔启动资金。最后，寻找货源是网上开店的重要环节之一，找到了合适的货源，网上开店才有了成功的基础。

实战强化

实训 1　网上开店调查

1．实训目的

通过本次实训，熟悉调查流程和调查方法；了解同学们网上店铺的经营状况。

2．实训组织

1）学生五人一组，在校内进行调查，可以对一个班级进行全面调查，或者对各个班级进行抽样调查。

2）学生以小组为单位在课堂上交流调查经验、调查报告。

3）教师点评、总结。

3．实训要求

1）使用下列调查问卷，在校内完成网店经营状况的调查，可以对问卷重新设计。

我校高职学生网店经营状况调查问卷

1．您在哪里开店？

□ 淘宝网　□ 拍拍网　□ 易趣网　□ 其他____________

2．您在网上卖什么商品？（请填写）______________________________________

3．货源来自哪里？

□ 代理　□ 自己进货　□ 家里有货源　□ 其他____________

4．您开网店投入了多少资金？

□ 0 元　□ 1～1 000 元　□ 1 001～2 000 元　□ 2 001～5 000 元　□ 5 001 元以上

5．开店需要的资金从哪里来？

□ 个人存款　□ 家里投资　□ 亲戚　□ 同学朋友　□ 其他____________

6．您开网店多长时间了？

□ 一年以下　□ 一年到两年之间　□ 两年以上

7．您平均每天投入多少时间在网店上？

□ 2 小时以内　□ 2～4 小时　□ 4～6 小时　□ 6 小时以上

8．在淘宝网站之外您用过哪种方式宣传自己的网店？

□ 论坛　□ QQ 群之类的交流群　□ 手机短信　□ 发送电子邮件　□ 博客

9．有过真实交易吗？

□ 有　□ 没有

10．您的卖家信用级别？

□ 3 颗红心以下　□ 4～5 颗红心　□ 1 钻　□ 2 钻　□ 3 钻及以上

11．刷过信用吗？

□ 0 次　□ 1～10 次　□ 11～40 次　□ 41 以上

12．您的网店平均每月可以成功交易多少笔生意？

□ 0　□ 1～10 笔　□ 11～40 笔　□ 41～90 笔　□ 91 笔以上

13. 平均每月销售额?

☐ 0 ☐ 500元以下 ☐ 501～2 000元 ☐ 2 001～5 000元 ☐ 5 001元以上

14. 平均每月盈利多少?

☐ 0 ☐ 500元以下 ☐ 501～2 000元 ☐ 2 001～5 000元 ☐ 5 001元以上

15. 遇到买家抱怨或者投诉怎么处理? ________________

16. 遇到买家中差评怎么处理? ________________

17. 与同行竞争对手相比，您的网店最突出的优势是什么?

☐ 货源 ☐ 推广宣传 ☐ 服务水平 ☐ 店铺装修 ☐ 其他________

18. 您在开店过程中遇到过哪些主要问题?

☐ 店铺访客少 ☐ 访客数还可以，但成交少 ☐ 信用等级低 ☐ 缺少资金

☐ 推广宣传

19. 网店经营过程中主要经营业务（或销售商品）有过调整吗?

☐ 调整过 ☐ 没有调整过

20. 您认为在网上开店决定成败的主要因素是:

☐ 货源的质量 ☐ 信用 ☐ 价格 ☐ 推广宣传 ☐ 好的经营理念

☐ 网页页面要吸引人 ☐其他________

21. 如果在校期间网店创业成功，您毕业后还会从事吗 ?

☐ 不会 ☐ 会 ☐ 没有想过

（我们将建立在校生网店店主交流群，届时邀请您加入，互助互利，分享开店经验，携手成功创业）

您的店铺地址________________ 旺旺________

QQ________ 手机________

2）撰写调查报告。

实训2 去批发市场淘货

1．实训目的

通过本次实训，帮助同学们熟悉如何去批发市场选货、问价、砍价、拿货等基本环节，学会如何与批发商打交道。

2．实训组织

学生5人一组，携带相同的资金，深入本地批发市场淘货。对淘来的商品，全班进行讨论、评价，选出淘货冠军组，给予一定的奖励。

3．实训要求

对淘货的成功和失败，进行深入的分析和总结，并提交800～1 000字左右的感想与心得体会。

项目 4

开设 C2C 网店

C2C 即商品和信息从消费者直接到消费者，俗称“网上开店”，网上开店具有投资少、门槛低、风险小和回报快的优势，目前随着电子商务的发展，易趣、淘宝、拍拍等电子商务平台均可提供免费开店服务，只需在这些平台上进行注册并通过实名认证，就可以拥有个人网店了。网店商品的主要展示形式是图片，图片处理的好坏直接决定了商品的销量，因此开设网店必须学会处理商品图片，再配以详细的文字说明，让消费者无需接触实物就可以放心购买。网店的第一笔订单是非常重要的，从售前的接待，售中订单的处理、发货到售后的评价、服务等，每一个环节都要做到周到、专业，这样，网店的生意才会越做越好。

学习提示

学习目标

- 知识目标：理解 C2C 电子商务平台的概念；掌握网店开设的基本流程；了解图片处理的基本工具和技巧；熟悉订单处理的流程。
- 能力目标：能够选择合适的 C2C 平台，独立开设 C2C 网店，熟练处理网店订单。

本项目重点

支付宝实名认证。

本项目难点

商品图片的处理与文字编辑。

任务 1 选择 C2C 平台

任务要点

关 键 词：C2C 电子商务平台、网上商店、网上开店。

理论要点：C2C电子商务平台的基本知识。

实践要点：比较分析并选择C2C电子商务平台。

任务情境

商业流通领域著名的“三原则”认为：开店成功的关键第一是选址，第二是选址，第三还是选址！网上开店也是如此，对于大多数抱有创业梦想的人来说，自己建立独立的电子商务网站难度很大，绝大部分人会选择依靠第三方C2C平台来实现创业梦想。随着电子商务的不断发展，提供开店服务的C2C电子商务平台有很多，有最早提供开店服务的易趣网、有异军突起的淘宝网，也有极具发展潜力的拍拍网等，这些都可以提供开店服务的C2C平台，我们应该如何选择呢？

任务分析

了解目前主流的C2C网上交易平台。主要了解国内人气最高的C2C交易平台淘宝网、全球最大的中文网上交易平台易趣网和国内发展最快的网上交易平台拍拍网，分析和比较各自的特点、优点及缺点，为选择开店的地址，即网上交易平台提供依据。

任务实施

步骤1　了解国内人气最高的C2C交易平台——淘宝网

1. 淘宝网简介

淘宝网是亚洲第一大网络零售商圈，致力于成就全球最大的个人交易网站，由阿里巴巴集团于2003年5月10日投资创办，如图4-1所示。自成立以来，淘宝网相继推出个人网上商铺、支付宝、阿里软件、雅虎直通车、阿里妈妈等产品和增值服务。淘宝网目前业务跨越C2C（消费者间）、B2C（商家对个人）两大部分。截止2011年，淘宝网每日独立访问IP数已经超过6 000万，这意味着每天有超过6 000万人在淘宝网上购物，目前已经超越亚马逊。目前淘宝网单日交易额峰值达到43.8亿元，创造270.8万直接且充分的就业机会。随着淘宝网规模的扩大和用户数量的增加，淘宝网也从单一的C2C网络集市变成了包括C2C、团购、分销、拍卖等多种电子商务模式在内的综合性零售商圈。

图 4-1 淘宝网首页

2. 淘宝网的网站特色

（1）企业文化 淘宝网提倡诚信、活跃、快速的网络交易文化，坚持“宝可不淘，信不能弃。”在为淘宝会员打造更安全高效的网络交易平台的同时，为广大的网民提供网上开店、网上创业和以商会友的机会。淘宝网也全力营造和倡导互帮互助、轻松活泼的家庭式氛围。在淘宝网上进行交易的每个人，不但交易更迅速高效、而且还能交到更多的朋友。

阿里巴巴集团 2011 年 6 月 16 日宣布，旗下淘宝公司将分拆为 3 个独立的公司，即沿袭原 C2C 业务的淘宝网（taobao），平台型 B2C 电子商务服务商淘宝商城（tmall）和一站式购物搜索引擎一淘网（etao）。

（2）网站商品 淘宝的商品数目在近几年内有了明显的增加，从汽车、计算机到服饰、家居用品，分类齐全，除此之外还设置了网络游戏装备交易区、虚拟货币交易区等。2009 年 10 月 18 日，淘宝网正式宣布，首次推出 3 款淘宝定制手机，分别是与联想移动公司合作的联想 i61 型号手机“灵素”、与中国电信合作的海信 E6 型号手机“风云”、与 TCL 公司合作的阿尔卡特 OT808 型号手机“无双”。

（3）淘宝网特有的沟通方式 “阿里旺旺”集成了即时的文字、语音、视频沟通及交易提醒、快捷通道、最新商讯等功能，是网上交易必备的工具，是买卖双方及时地就商品进行沟通的工具。

（4）淘宝网的安全支付系统 “支付宝”是支付宝公司针对网上交易而特别推出的安全付款服务，其运作的实质是以支付宝为信用中介，在买家确认收到商品前，由支付宝替买卖双方暂时保管货款的一种增值服务。支付宝在这方面努力获得了淘宝族的认可。买家在网站上购买了商品并付费，而这笔钱则先到了淘宝的支付宝，当买家收到商品并感到满意时，再通过网络授权支付宝付款给卖家。淘宝网依靠支付宝将 C2C 的交易风险尽可能降低，因此赢得了淘宝族的青睐。

小链接 4-1

淘 宝 商 城

天猫原名“淘宝商城”，是一个综合性购物网站。淘宝网全新打造的 B2C（Business-to-Consumer，商业零售）。其整合数千家品牌商、生产商，为商家和消费者之间提供一站式解决方案。提供 100%品质保证的商品，7 天无理由退货的售后服务，以及购物积分返现等优质服务。2012 年 1 月 11 日上午，淘宝商城正式宣布更名为“天猫”。2012 年 3 月 29 日天猫发布全新 Logo 形象。

步骤 2　了解 C2C 交易平台拍拍网、易趣网

1. 拍拍网简介

拍拍网是中国知名的网络零售商圈，是腾讯旗下的电子商务交易平台，如图 4-2 所示。网站于 2005 年 9 月 12 日上线发布，2006 年 3 月 13 日宣布正式运营。拍拍网依托于腾讯 QQ 的庞大用户群以及 2.5 亿活跃用户的优势资源，具备良好的发展基础。拍拍网作为腾讯“在线生活”战略的重要业务组成，在创立之初就定位于“中国电子商务的普及者和创新者”，以促进电子商务在中国的全民普及和发展。拍拍网一直致力于打造时尚、新潮的品牌文化，希望与千百万网民一起努力，共同创立一个“用户自我管理的互助诚信社区”，为广大用户提供一个安全健康的一站式在线交易平台，最终成为受网民欢迎、中国最大的电子商务民族品牌。

图 4-2　拍拍网首页

2. 拍拍网的网站特色

（1）拍拍的支付方式　拍拍的支付方式除提供银行卡外还推出了“财付通”服务。在买家

和卖家交易过程中，买家可以先将钱打入拍拍特设的一个账户中，一旦钱到位，拍拍马上通知卖家发货；买家收到货并认为货物的数量和质量没有问题后，拍拍网才会将钱支付给卖家。

（2）拍拍网的信用体系　拍拍网建立了一套独特的个人信用评定体系。买家和卖家可以对双方交易的过程和结果在网上发表意见；拍拍网会以此意见为参考，通过自己的数据库进行分析测评，总结出买卖双方的交易诚信度。

3. 易趣网简介

易趣网是中国著名的电子商务公司，于 1999 年由邵亦波和谭海音合作创办，经过几年的发展，现已拥有 450 多万注册用户，累计成交 335 万余件商品，累计成交额达 8.8 亿多元人民币。易趣一词有多种含义，如交易的乐趣、乐趣的交易和容易获得乐趣等。易趣网上以竞价、一口价及定价形式，为个人及大小商家提供低成本高流量的销售渠道，为买家提供物美价廉的各式商品，包括计算机、手机、服饰、房产等。易趣网首页如图 4-3 所示。

图 4-3　易趣网首页

4. 易趣网网站特色

（1）实时跟踪的客户服务

1）易趣的客户服务队伍每天 24 小时监控网站上新登物品，解答用户问题，记录用户建议，并跟踪成交情况以保证交易顺利进行。

2）iTel（网络+电话）的全程电话导购服务为用户提供了一对一的顾问咨询。

3）定期组织召开网友活动，培养了感情，加强了沟通。

4）个人交易物品速递服务、易付通服务，为成交提供了便利，极大地方便了异地交易的双方。

5）会员认证制度及信用评价体系进一步完善了易趣的服务质量，提高了网上交易信用度和成交率。

（2）多样化的交易方式　易趣网开展了 3 种交易方式，分别是个人物品竞价、网上直销和商家专卖。这 3 种交易方式的关系是：以 C2C 个人物品竞标的方式为主，以 B2C 的网上直销和商家专卖两种方式为辅，采取多种方式经营。

（3）多样化的支付方式　最初，易趣可提供包括手机、E-mail、信用卡、身份证、地址等 5 种会员认证方式。此外，易趣又推出了"易付通"服务，在卖家和买家交易过程中，买家可以先将钱打入易趣特设的一个账户中，一旦钱到位，易趣马上通知卖家发货；买家收到货并认为货物的数量和质量没有问题后，易趣才会将钱支付给卖家，这种做法成了当时中国商业信用缺乏情况下一种有效的解决方案。目前活跃在易趣网的买家为 35～40 万，只有 5 万人左右采用网上银行信用卡的方式划账。

步骤 3　选择合适的创业平台

请通过对淘宝网、易趣网和拍拍网的对比分析，完成表 4-1。

表 4-1　三大 C2C 交易平台的对比分析

分析项目	淘宝网	拍拍网	易趣网
网址			
网站风格			
提供服务商家			
会员注册			
开设条件			
开店费用			
支付工具			
交流工具			
市场占有率			

触类旁通

网上开店平台的选择

网上开店不仅要依托网上平台的基本功能和服务，而且顾客主要也来自于该平台的访问者，因此，网上平台的选择非常重要。用户在选择网上平台时往往存在一定的决策风险。尤其是初次在网上开店，由于经验不足以及对网上平台了解比较少等原因，而带有很大的盲目性。

在建立网上商店的前期调研工作中，选择合适的电子商务平台是取得成功的关键一步。现阶段网上可供选择的电子商务平台很多，如何在众多的平台服务商中，选择适合自己的电子商务平台呢？

选择电子商务平台时应考虑的因素包括：良好的品牌形象、简单快捷的申请手续、稳定的后台技术、快速周到的顾客服务、完善的支付体系、必要的配送服务以及售后服务保证措施等。当然，还需要有尽可能高的访问量，具备完善的网店维护和管理，订单管理等基本功能，并且可以提供一些高级服务，如网店推广、网店访问流量分析等，此外，收费模式和费用水平也是重要的影响因素之一。不同的企业或个人可能对网上销售有不同的特殊要求，选择适合本企业或个人特性的电子商务平台需要花费不少精力，完成对电子商务平台的选择、确认过程大概需要几个小时甚至几天的时间。不过，这点前期调研的时间投入是值得的，可以最大程度减少盲目性，增加成功的可能性。

【案例 4-1】

淘宝、易趣与拍拍之争

2003 年淘宝尚未出世，而易趣在中国市场的占有率高达 90%以上。eBay 占领中国市场最好的办法便是收购易趣，易趣被 eBay 收购之后的 eBay 易趣实力更加强大。马云意识到阿里巴巴和 eBay 是同一个平台，迟早会和 eBay 正面交锋，于是先发制人组建淘宝，用淘宝挑战和牵制 eBay，阿里巴巴淘宝与 eBay 易趣之间的中国战役就此开始。当时在所有人的眼中，eBay 非常强大，似乎不可战胜。用马云的话说，“易趣在中国市场的占有率达 90%以上，当时中国互联网用户是 8 000 万，而易趣 90%的市场份额带来的用户只有 500 万。那好，这 500 万用户全部归你，我不要，我只要当时 8 000 万用户中剩下的 7 500 万。”

策略先胜一筹，但也不能完全避免两军对垒。在起步阶段，阿里巴巴跟 eBay 有差距，淘宝跟 eBay 易趣有更大的距离，不能贸然出击。神秘地从阿里巴巴抽调淘宝主创人员，并伪装成“个人网站”开始运营。淘宝渐渐成长。成长之后，马云举起淘宝的旗帜以临战者的状态出现在 C2C 的江湖之中。淘宝的人员通过混入 eBay 易趣的社区等方式，充分了解对手的优势与劣势，在获取了足够的情报后，采取相应策略开始向 eBay 易趣发起挑战。

无论是价格战、渠道战、营销战、技术战还是服务战，通常都需要用“广告”作为先头部队。但 eBay 在和各大门户网站及次级网站签订合同的时候附加了一个条件，“不接受同类网站广告。”淘宝一开始选定的几个投放目标，基本上都早被 eBay 收买。eBay 主帅惠特曼放言准备 1 亿美元，用 18 个月消灭对手。尚未出兵就被封锁，淘宝主将孙彤宇的感觉就是五雷轰顶，手足无措。

马云迅速召集了一次淘宝员工的全体大会。提出了“农村”包围“城市”战略，盟军孙正义带领的雅虎日本在日本战役中胜利，让 eBay 伤了元气。PayPal、支付宝、Skype、阿里旺旺等高科技武器在定位战、营销战、公关战等战场相继出场，几场战斗之后，淘宝更加老练。

拍拍网一直秉承着腾讯 QQ 快乐、时尚、共享的文化内涵，致力于为用户带来安全、方便、愉悦的在线交易体验。拍拍网用户代表也认为，由于拍拍网提供了边聊边买的专利服务，顾客只需要点击商品页面的交谈按键，就可以一边浏览商品，一边与店主通过 QQ 进行沟通，大大提高了交易的成功率。通过这种互动性极强的交易平台，用户还可以结交朋友，建立起自己丰富的用户资源，为未来达成交易奠定良好的基础。

拍拍网的强大优势在于近 6 亿的注册用户，与淘宝网相比，作为上市公司的腾讯利益压力也许会更为直接，对此湛炜标表示：“因为不是烧钱，所以不存在太大的压力，腾讯会注意掌握这种平衡，聪明地花钱。”凭借实时聊天工具 QQ 多达 2.5 亿的活跃账户，腾讯无需像淘宝网那样为争夺网上交易者而争相购买公共汽车站牌、户外液晶显示屏或门户网站上的广告位。

淘宝目前处于领先地位，但随着中国 C2C 市场的成熟，eBey 积累的资源将带给易趣更多帮助，易趣对中国市场也将有更加深入地了解。而腾讯已凭借其庞大的用户群成为了中国移动最大的移动附加值服务合作伙伴，并成为休闲互联网游戏市场上的一股重要势力，现在连小学生都有一个QQ账号，这便是拍拍网成长的优势！届时淘宝本土化优势也面临一定的挑战。

请比较分析淘宝、易趣和拍拍的优劣势。

任务2　完成注册与认证

任务要点

关 键 词：会员注册、实名认证、网上银行、在线考试。

理论要点：会员注册的要点和实名认证的流程。

实践要点：能够使用本任务介绍的步骤完成会员注册与认证。

任务情境

淘宝网是目前C2C电子商务平台的领军者，是很多创业者的首选平台。大学生小张的父母经营了多年的服装生意，最近几年感觉实体店的生意每况愈下，经过分析，他们发现很多的消费者都喜欢并选择网上购物，方便、快捷、实惠，而网上开店的门槛比较低，费用少，于是小张父母决定开始拓展网上销售渠道，在淘宝网上开一家专营成人女装的淘宝店，但是他们不懂电脑，无从下手，于是他们把这个任务交给了正在读大学的儿子小张。如果你是小张，你该怎么做呢？

任务分析

网上开店的准入门槛很低，只要你是年满18周岁的成年人，就有机会实现网上创业的梦想。网上开店的首要步骤是会员注册，一个优秀的会员名能够为网上创业打下良好的基石，开通网上银行是网上开店的必备条件，实名认证是网上开店资格审核的重要环节，通过在线考试让卖家了解淘宝经营的基本规则，做一个诚实守信的卖家，考试通过后就可以真正拥有网上店铺。

任务实施

步骤1　会员注册

1．会员名设计

会员注册的关键是会员名的设计，会员名一旦注册便不可以再修改，因此会员名的确定非常重要，会员名的设计需注意以下几点：

1）5～20 个字符，包括小写字母、下划线、数字和中文，推荐使用中文名。

2）简洁易记，无生僻字，具有亲和力，如柠檬绿茶、七格格。

3）会员名设计符合卖家身份，同时要具备可拓展的空间。如承诺质量。

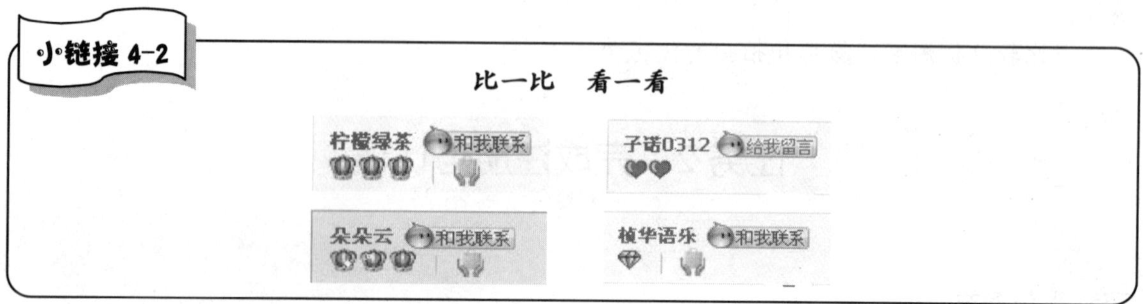

2．会员注册的基本流程

第 1 步：打开淘宝网，单击“免费注册”按钮，进入注册页面后，填写基本注册信息，如图 4-4 所示。

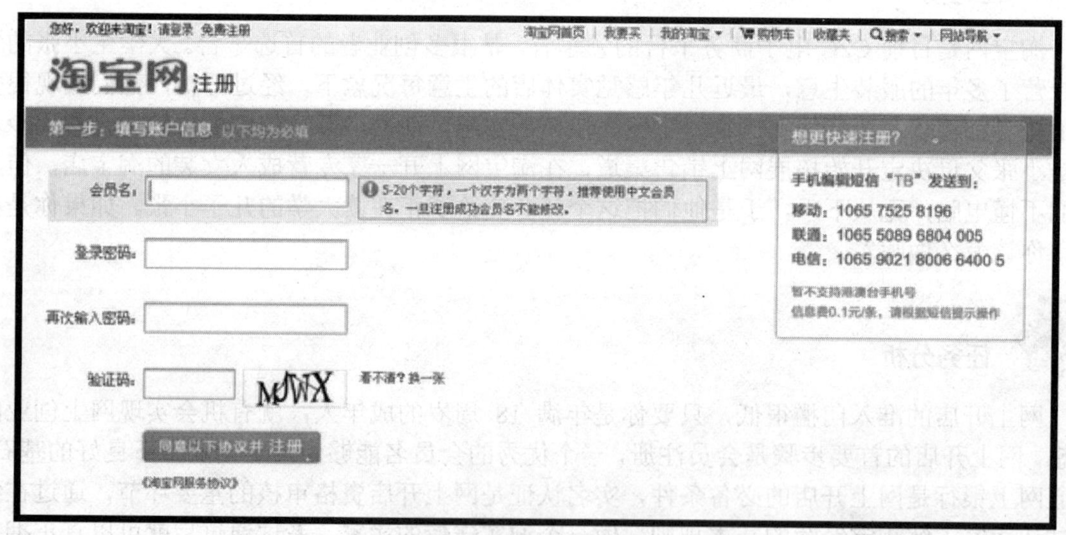

图 4-4　填写账户信息

第 2 步：激活账户，可以使用以下两种方法：

1）手机验证（绑定手机作为联系方式）。

2）邮箱验证（绑定电子邮箱作为联系方式）。

如果采用手机验证方式，填写的手机号码，必须是未被注册使用的手机号。进入到“验证账户信息”页面，说明之前提交的注册信息已成功，此时就已有了一个未激活的淘宝账户，需要输入手机收到的校验码进行激活。输入手机收到的校验码，验证；校验成功后，淘宝账户即注册成功，如图 4-5 所示。

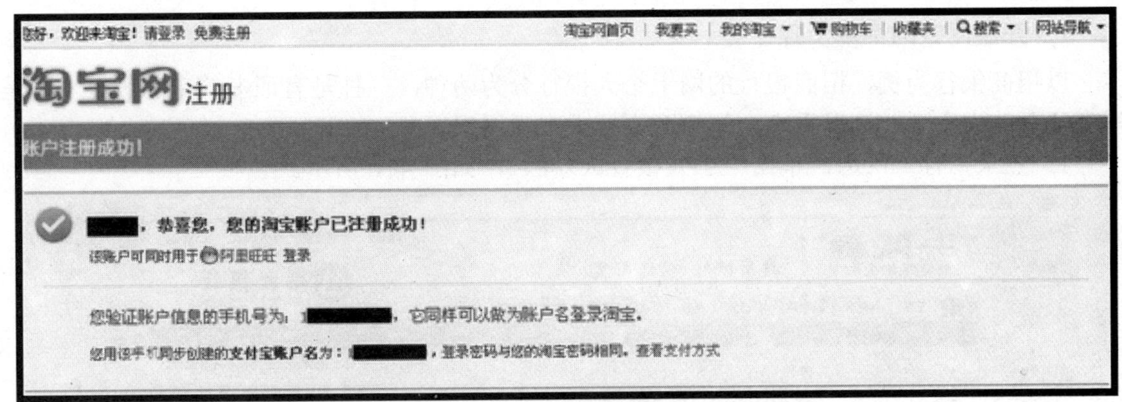

图 4-5 账户注册成功

步骤 2 开通支付宝

支付宝网站（www.alipay.com）是国内先进的网上支付平台，由阿里巴巴公司创办，致力于为网络交易用户提供优质的安全支付服务。支付宝是一种促进网上安全交易的支付手段。支付宝与国内网上支付领先的银行深入合作，共同保障网络购物安全。

支付宝保障买卖双方利益，买家先将汇款汇入中间账户（支付宝），在收到卖家发来的货品后在“我的淘宝”一栏里确认收货，再由“支付宝”打款给卖家，如遇交易不成功，可通过退款手续拿回汇款，支付宝不收取任何费用。

那么如何开通支付宝呢？

1）进入支付宝网站单击“免费注册”按钮。

2）输入注册信息，请按照页面中的要求如实填写，否则会导致支付宝账户无法正常使用。注意：支付宝账户分为个人、个人商家和企业 3 种类型，请根据自己的需要慎重选择账户类型。公司类型的支付宝账户一定要有公司银行账户与之匹配。

3）正确填写了注册信息后，单击“确认注册”按钮，支付宝会自动发送一封激活邮件到注册时填写的邮箱中。

4）登录邮箱，单击邮件中的链接地址，激活注册的支付宝账户。

5）激活成功，支付宝注册成功，即可体验网上安全交易的乐趣。

小链接 4-3

支付宝卡通

“支付宝卡通”是支付宝与工行、建行、招行等 36 家银行联合推出的一项网上支付服务。开通“支付宝卡通”就可直接在网上付款，不再需要开通网上银行，同时还享受支付宝提供的“先验货，再付款”的担保服务。一个账户可申请多个支付宝卡通，还可以在支付宝网站上查询银行卡中的余额。

步骤 3 开通网上银行

网上支付是网上购物的主要支付方式，开通网上银行是网上开店的必备条件，目前淘宝网已与多家银行开展了支付合作。

1. 开通网银的基本步骤

以招商银行为例，招商银行的网上个人银行分为两种：一种是有证书的专业版，一种是没有证书的大众版。这里重点介绍招商银行大众版网银。

1）登录招行一网通，单击“个人银行大众版”，如图 4-6 所示。

图 4-6 招行一网通

2）选择银行卡的开户地，输入卡号、查询密码以及附加码。这里重点说明一下，查询密码不同于银行柜台的取款密码，也可以拨打招行服务热线 95555 来设置查询密码。

3）登录后，单击选择“网上支付”→“网上支付申请”。

4）选择一卡通开户地址。

5）阅读责任条款。

6）填写申请表并提交，即开通了一卡通的网上支付功能。

7）开通了网上支付功能后，请登录大众版，对一卡通进行“网上支付额度管理”，设置网上支付每日限额与网上支付额度。

2. 各大银行的网上银行分析比较（见表 4-2）

表 4-2 网上银行分析比较

功能 银行	总体	插件	缴费
中国银行	网银网站登录位置不明显	需下载安全控件，下载后即可使用	需先申请网上支付功能，只能对手机通信支付，功能单一
农业银行	个人网银登录位置明显，易于用户查找	不需要下载安全控件，Ukey 自带安装程序，需重启网银	定制步骤繁琐，快捷菜单功能画蛇添足，并只能缴移动业务电话费
工商银行	网银网站登录区域明显，较便捷	需下载银行控件，控件强制修改浏览器信息	缴费功能较全面，但缺少一个联通用户缴费功能。总体上缴费功能比较丰富

（续）

功能 / 银行	总　体	插　件	缴　费
建设银行	网银登录区域明显，登录界面简洁	需下载控件，提供网络安全工具，下载流畅、快捷	功能全面，提供全部移动、固定电话业务缴费，以及各城市水电、煤气缴费等业务
招商银行	网银登录比较明显，网站界面略显杂乱	无需下载安全控件，但需下载网银客户端。安装程序较大，便捷程度较低	功能较全面，但对于二级城市缴费地区支持情况较差。规模较大城市支持很好

步骤 4　支付宝实名认证和淘宝身份信息认证

1. 支付宝实名认证的基本步骤

1）登录支付宝网站（www.alipay.com），登录支付宝账户。

2）单击右下角的“马上去认证”按钮进行实名认证，如图 4-7 所示。

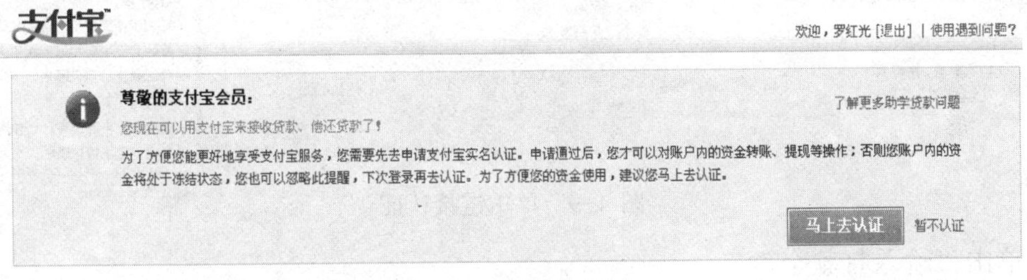

图 4-7　支付宝认证

3）选择认证方式，这里介绍选择方式二，如图 4-8 所示。

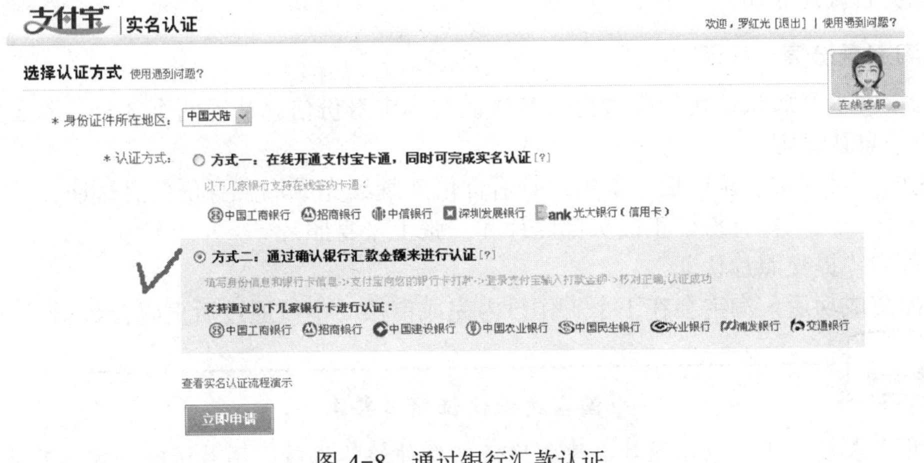

图 4-8　通过银行汇款认证

4）填写个人信息，固定电话可不填，移动电话必须填，且认真核对身份证号码、手机号码。

5）填写与支付宝绑定的网上银行账号，银行账号需与提交的身份证户名一致。

6）确认信息后单击“确认信息并提交”按钮。

7）在 1～2 个工作日内，查看账户明细，确认收到 1 元以下的金额后，重新登录 www.alipay.com。

8）单击右方的链接（粗线圈注处）进行认证，如图 4-9 所示。

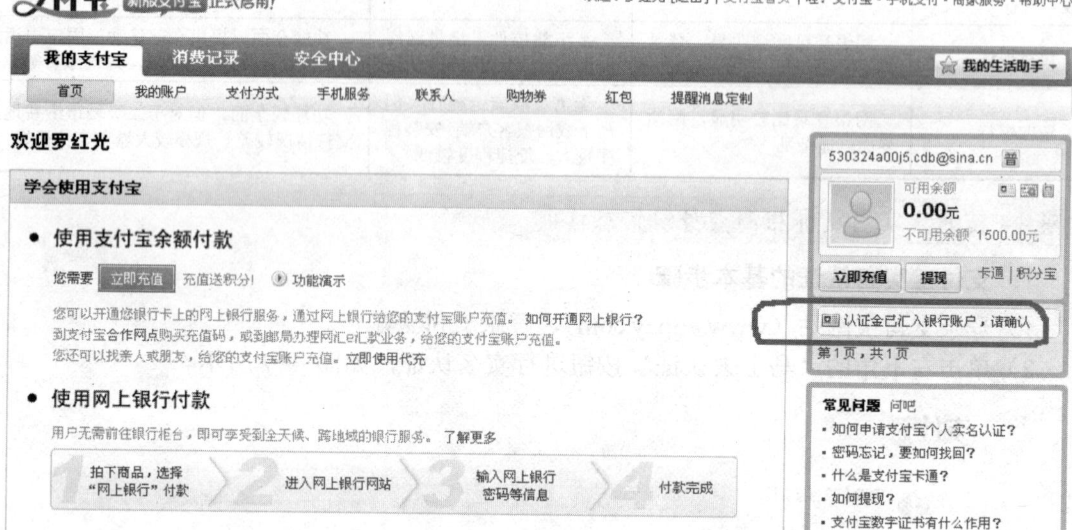

图 4-9　单击链接认证

9）单击"输入打款金额"。

10）核对相关信息，在"银行打款金额"处填入具体的打卡金额（按查询银行卡明细后的实际金额填写）后，单击"确认"按钮。

11）实名认证成功。

2. 淘宝身份信息认证

在淘宝网上开店认证包括支付宝实名认证及淘宝身份信息认证两个部分。那么如何进行淘宝身份信息认证呢？

在完成支付宝实名认证后，单击"查看详情"继续完成淘宝身份信息认证。

1）上传一张手持身份证正面头部照片和一张上半身照片。

2）单击"提交照片认证"。

3）提交成功后，淘宝会在 1 个工作日内完成审核，审核通过后页码会显示"已认证"。

小链接 4-4

淘宝身份认证照片要求

照片要求数码照片原始图片，请勿用任何软件编辑修改，图片清晰，字体和头像可辨认，身份证证件号码完整、清晰；照片需要同一场景，着装与背景。请上传你身份证的扫描图片或用数码相机、手机拍摄的能够清晰辨认的图片。两张照片不能重复使用。

步骤 5　开店考试及店铺基本设置

1. 开店考试

淘宝发现，卖家违规受到处罚的一个重要原因是不熟悉淘宝规则，很多卖家在被处罚后还不知道自己为什么被处罚。因此淘宝规则中增加了开店需要考试的规定，目的是让卖家先熟悉在淘宝网上经营需要遵守的规则，做到守规经营，避免违规。所以淘宝考试是淘宝开店之前必须完成的任务之一。需要说明的是，开店考试不会影响以后店铺的经营。淘宝是希望每一位卖家能先学好知识，熟悉好淘宝规则，才有了如今的淘宝开店考试。

开店考试注意事项：一共 20 题，每题 5 分；考试分数达到 60 分即可通过考试；未能通过考试的可以继续学习，并继续考试；答题时间无限制。

2. 店铺基本设置

按照图 4-10 所示，进行店铺设置。

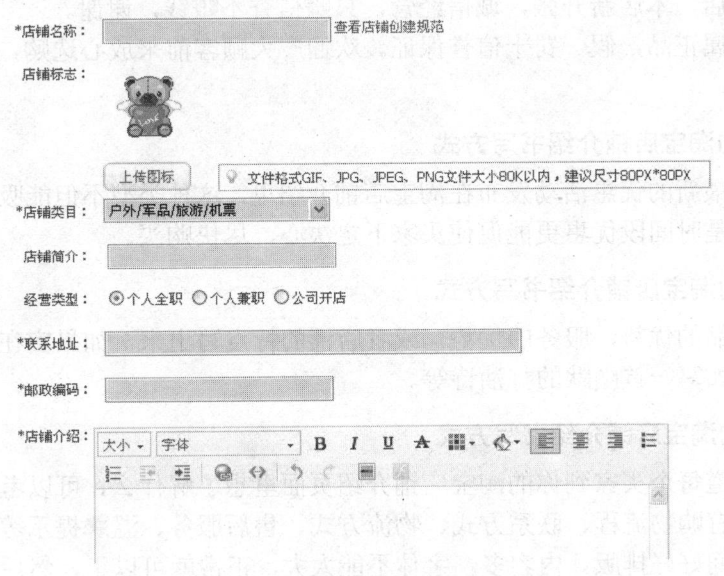

图 4-10　店铺基本设置

给店铺取一个好的名字，会让买家很容易记住你的淘宝店铺，或是一看见你的店名就被吸引进来，从而达到宣传和推广的目的，同时带来一些销售收入。例如，“柠檬绿茶”简单易记，具有一定的亲和力；“精品居家生活馆”突显主要销售内容；“高端，精品，品味”展示店铺的档次；“C2C 第一店”突出店铺的信誉。

店铺名称的基本要求：店铺名称不超过 30 个字符；不能违反淘宝关于店铺名称设置的相关规定；店铺的名称可以修改，但是具有唯一性。

小链接 4-5

店名设置小贴士

1）店铺或主营品牌、经营内容、定位特点等行业介绍类关键字。

2）皇冠、钻石、好评率等信誉信息类关键字。

3）包邮、打折、清仓、新货上架、热卖程度、收藏有奖等促销信息类关键字。

4）原创手工、外贸尾单、厂家直销等专业特色类关键字。

5）在线情况、议价态度、发货周期等个性化关键字。

6）商盟、满就送、搭配减价等淘宝组织或活动类关键字。

触类旁通

店铺简介的书写方式

1．简洁型的淘宝店铺介绍书写方式

只写上一句话或一段话，再加上淘宝平台默认名片式的基本信息和联系方式，简单明了。例如：

欢迎光临本店，本店新开张，诚信经营，只赚信誉不赚钱，谢谢。

本店商品均属正品，假一罚十信誉保证。欢迎广大顾客前来放心选购，我们将竭诚为您服务！

2．消息型的淘宝店铺介绍书写方式

是指将店铺最新的优惠活动发布在淘宝店铺介绍里，这种类型不但能吸引喜欢优惠活动的新买家，如果是时间段优惠更能促使买家下定决心，尽快购买。

3．独特型的淘宝店铺介绍书写方式

可以把你产品的优势，服务的优势，或者店铺的特点写出来，如果实在找不出，就自己创造广告语。比如写一首幽默的打油诗等。

4．详细型的淘宝店铺介绍书写方式

你不可能知道每个买家到你的淘宝店铺介绍页面里想了解什么，可以考虑把所有的都写进去。另外，还有购物流程、联系方式、物流方式、售后服务、温馨提示等都统统写上去。但是一定要花时间好好排版。内容多，字体不能太大，正常就可以了，然后一段内容的标题要加粗或者加上颜色，比如给售后服务加粗，然后售后服务的内容则用正常字体，这样每段内容配上一个加粗标题，买家一进淘宝店铺介绍，第一眼明显看到的都是几个加粗标题，就能很快找到自己想要了解的信息并有耐心看下去。

5．参照别人的书写格式

看看一些皇冠店铺或者钻石卖家都是怎么写的，或者有时间去街上逛逛，收集一些实体店的店铺介绍，再结合自己的情况，写出适合自己的淘宝店铺介绍。好的淘宝店铺介绍虽然起到的作用不是非常大，但也能给你的店铺加分，所以花一点时间认真写好淘宝店铺介绍也是值得的。

【案例 4-2】

网店实名制牵动数千亿市场

从 2010 年 7 月 1 日起，工商总局将实施《网络商品交易及有关服务行为管理暂行办法》（以下简称《办法》），网店实名制正式启动。《办法》从多个方面作出了规定，力图全面规范网络商品交易和保护消费者的利益。例如，《办法》通过网络从事商品交易的自然人，应当向网络交易平台提交姓名和地址等真实身份信息。

网络商品交易是在交易双方事先不了解、其间不见面的过程中完成的。因此，保护消费者合法权益的重要前提条件是采取有效措施，确保“虚拟主体”还原为真实的主体。为此，

《办法》根据网络消费特点，从消费者有效识别网络经营主体真实身份、网络商品和服务经营行为规范、交易合同、交易凭证、交易信息保护、提供网络交易平台服务的经营者维护消费者权益应当履行的义务、消费者申诉处理办法等方面作出规定。

网店实名制新规的实施，涉及数千亿的网络交易市场。

艾瑞咨询数据显示，进入 2013 年，网络购物市场发展更为迅速。2013 年第一季度中国网络购物市场交易规模达 3 520.8 亿元。

从市场结构来看，C2C 市场上淘宝、拍拍等运营商的市场份额相对稳定，淘宝网一家独大，占据 80%以上的市场份额；拍拍网次之，易趣位列市场第三。自主销售式 B2C 市场上，市场参与主体增多，市场集中度有所降低。与此同时，C2C 网站推出的淘宝商城、拍拍商城等 B2C 交易规模比重也呈上升趋势。

对于网店实名制的正式实行，C2C 市场最大的平台淘宝网新闻发言人表示，"实际上，淘宝网一直在实行实名制，而不是从 7 月 1 日才开始。"

根据上述《办法》，已经领取营业执照的商户，应当在其网页醒目位置公开营业执照的信息或电子链接标识；提供网络交易平台服务的经营者，应当对申请网络经营的主体身份进行审查，并提请对方注意义务和责任条款。注册申请营业执照必须具备 2 个关键条件，一是注册资金不低于 10 万元；二是必须具备固定的经营场所，即办公室。但是，多数网店商户不具备这 2 个条件，所以他们无法通过注册申请执照。并不是要求所有自然人，必须去工商局注册申请营业执照之后才能开网店。但是，必须提交真实的身份证明才能开网店。

对于网络实名制的争论一直没有停歇，消费者、网店店主都有自己的看法。有网民表示，实行网店实名制，网店有了正规的牌照，就可以大张旗鼓做宣传，可以吸引更多的消费者选择网上购物。而消费者也可以随时查到网店的牌照，增加对网店的信任，从而使网上交易变得越来越红火。这对买卖双方来说是双赢。同时，不规范的商家将被淘汰，行业将经历一轮洗牌。

对于网络实名制，淘宝店主们似乎不太乐观。一位在淘宝上经营化妆品店的店主表示，实名登记注册之后，紧接着就会像实体店一样进行税务登记、缴纳营业税，长此以往，经营成本增加，网店商品的价格肯定会上涨。另一位店主也有类似的担忧，他表示，网购受欢迎的主要原因就是物美价廉，一旦失去低价这个最重要的必杀绝技，消费者将会迅速大量减少。他还建议买家也应该同时实名制，卖家的利益同样需要保护。

另有网民则表示，打消网店店主们的顾虑，先要解决两个问题：一是应对网店的工商注册登记采取区别对待的办法，即改实体店的核准制为备案制，管理费、税收等实行减免优惠政策，尽最大可能支持电子商务发展；二是严格规范网店实名制的操作规程，尽量减少中间环节，降低对网店现实经营的影响。

请思考：网店实名制对 C2C 卖家有什么影响？

任务 3 处 理 图 片

任务要点

关 键 词：Photoshop、光影魔术手、图片处理、水印、主图。

理论要点：认识图片处理工具。

实践要点：学会处理网店商品图片。

任务情境

经过一番努力，小张终于在淘宝网上获得了开设店铺的资格，成功上传了几个商品，但是看着自己上传的这几件商品，小张怎么看都觉得不对劲。以前自己作为一个买家，总觉得别人的商品图片拍得清晰、逼真，有吸引力，看了就有强烈的购买欲望，怎么看着自己上传的商品那么暗淡、没有购买欲呢，看来还要在网店商品的图片处理上多努力些。

任务分析

图片是网店商品最大的卖点，由于消费者无法真实地亲自感知商品的质量、面料、颜色等，只能通过图片来判断，网店商品图片的质量直接决定着商品的销量，因此除了掌握一定的拍摄技巧外，图片的后期处理也显得尤为重要。通过本任务的学习要学会调整图片的亮度、色调、白平衡，对图片进行一定的修饰，制作店铺的水印，以保护图片不被盗用并起到宣传的作用，以及熟练掌握商品主图的制作。

任务实施

步骤 1　认识图片处理的工具

1. Adobe Photoshop 简体中文

Photoshop 是著名的图像处理软件，为美国 Adobe 公司出品，在修饰和处理摄影作品和绘画作品时，具有非常强大的功能。

2. Fireworks

Adobe Fireworks 是 Adobe 推出的一款网页作图软件，该软件可以加速 Web 的设计与开发，是一款创建与优化 Web 图像和快速构建网站与 Web 界面原型的理想工具。Fireworks 不仅具备编辑矢量图形与位图图像的灵活性，还提供了一个预先构建资源的公用库，并可与 Adobe Photoshop、Adobe Illustrator、Adobe Dreamweaver 和 Adobe Flash 软件集成。在 Fireworks 中将设计迅速转变为模型，或利用来自 Illustrator、Photoshop 和 Flash 的其他资源，然后直接置入 Dreamweaver 中轻松地进行开发与部署。

3. 美图秀秀

美图秀秀（又称美图大师）是新一代的非主流图片处理软件，可以在短时间内制作出非主流图片、非主流闪图、QQ 头像、QQ 空间图片。

4．光影魔术手

光影魔术手是国内受欢迎的图像处理软件，被《电脑报》、天极、PCHOME 等多家权威媒体及网站评为 2007 年最佳图像处理软件。“光影魔术手”是一个对数码照片画质进行改善及效果处理的软件。光影魔术手正如它在处理数码图像及照片时的表现一样——高速度、实用、易于上手。光影魔术手能够满足绝大部分照片后期处理的需要，批量处理功能非常强大。它无须改写注册表，如果你对它不满意，可以随时恢复你以往的使用习惯。

其他常用的图形处理软件还有 FREEHAND 手绘图形设计、彩影、可牛影像等。

步骤 2 美化网店商品图片（以光影魔术手为例）

1．调整图片的大小

1）打开一张需要处理的图片，如图 4-11 所示。

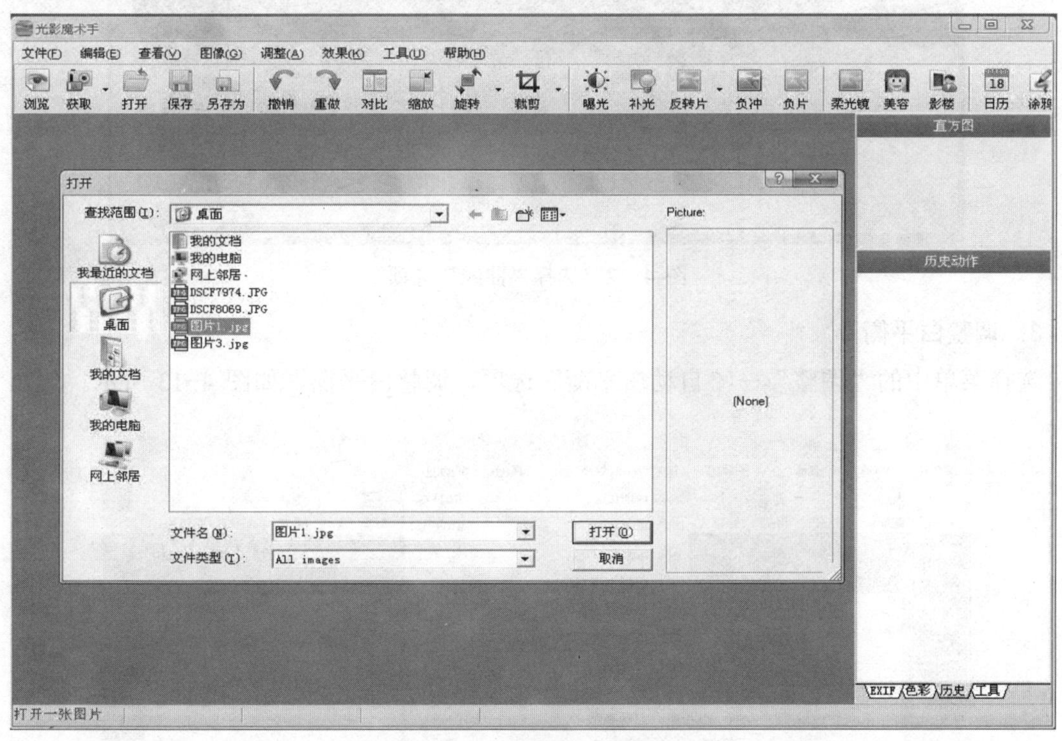

图 4-11 用光影魔术手打开图片

2）单击“裁剪”按钮，进行自由裁剪或者按比例裁剪。

3）单击菜单栏上的“缩放”按钮。

4）调整图片的具体尺寸。

2．调整图片的亮度和对比度

1）选择菜单栏中的“调整”→“曲线”选项，如图 4-12 所示。

2）拖动“曲线”，调整图片的亮度。

3）选择菜单中的“调整”→“色阶”选项，调整色彩。

4）选择菜单中的“调整”→“亮度对比度”选项，调整对比度。

图 4-12 选择“曲线”选项

3. 调整白平衡

选择菜单中的“调整”→“自动白平衡”选项，调整白平衡，如图 4-13 所示。

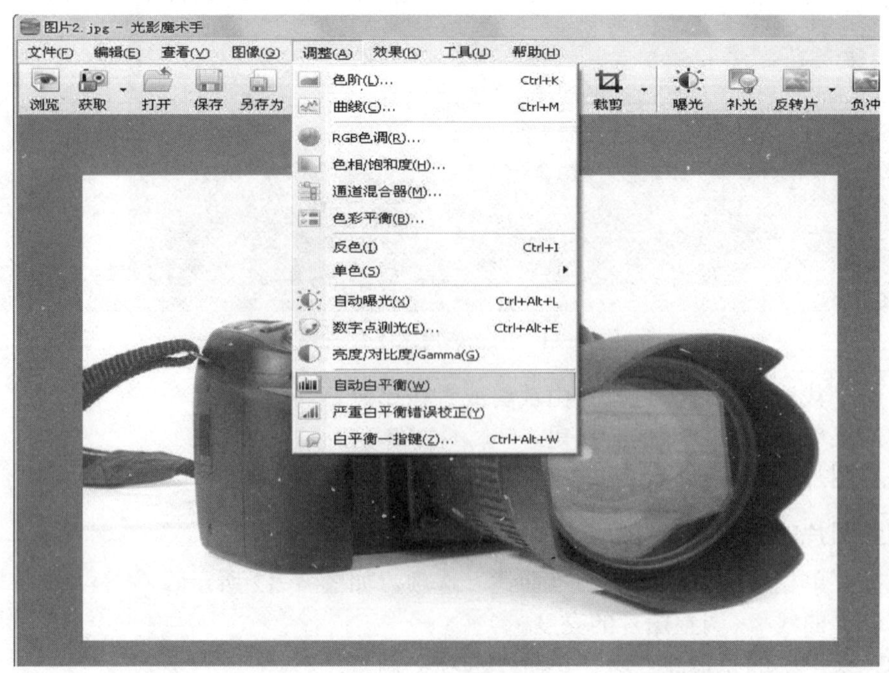

图 4-13 调整白平衡

小链接 4-6

什么是白平衡

白平衡是指不管在任何光源下，都能将白色物体还原为白色，对在特定光源下拍摄时出现的偏色现象，通过加强对应的补色来进行补偿。白平衡功能就相当于彩色滤镜。但在彩色滤镜中并没有类似“自动白平衡”的滤镜，在这一点上两者有很大区别。一般使用时选择自动白平衡（AWB）就足够了，但在特定条件下如果色调不理想，可以选择使用其他的各种白平衡选项。

步骤 3　学会制作水印

网店卖家都知道，一款好的水印对于提升网店销量是至关重要的。首先，水印可以提升商品的知名度，买家看到图片寻着水印文字就可以搜到你的网店，如图 4-14 所示。其次，水印对商品图片起到保护作用，防止其他卖家盗图二次利用，规避了不良商家的竞争，也保护了自家宝贝图片的版权。但是水印虽好却如何制作呢？下面就以 Photoshop 为例介绍水印制作方法。

图 4-14　带水印图片

1）打开 Photoshop 软件，单击文件菜单，选择“新建”，在出现的窗口中，可以根据需要把宽和高设置好，最好是方形的，还有一个关键就是要选择透明背景。

2）新建文件步骤完成后，在出现的窗口中，选择左边的 T 图标按钮，往图片里添加文字。尽量选择浅灰色，这样制作完成的水印不会影响图片的整体效果。

3）文字输入完成后，选择右侧图层并单击鼠标右键，在弹出的快捷菜单中选择“混合”选项。

4）勾选“图层样式”窗口里的“外发光”，然后单击“确定”按钮完成此步操作。

5）选择“编辑”菜单中的“自由变换”。

6）在“自由变换”上单击鼠标右键，在弹出的快捷菜单中选择“旋转”，把提前设定好的水印旋转一定的角度。

7）单击“编辑”菜单，选择定义图案。

8）把制作好的水印图片保存为图案，单击“完成”按钮确认。

9）然后打开拍摄好的图片，选择“编辑”菜单中的填充。

10）选择图案，从下拉菜单中的最后一项找到刚才保存好的水印图案，单击“确定”按钮完成此步操作。

注意：拍摄完的图片原图一定要保存，这样当有人盗用图片时，在淘宝举报时最有利的证据就是原图片，这样才能有效地打击盗图者，保护自己的劳动成果。

步骤 4　制作网店商品主图

商品主图是在商品发布后，在买家搜索时首先看到的图片，以及打开商品页面后显示的第一张图片。主图是决定一个商品转化率的重要因素。

商品主图优化原则是：

1）商品主体突出，一目了然，让客户看一眼就知道这是什么商品。

2）吸引眼球，拍摄的角度、光线、色彩比同行的更有吸引力。

3）不失真，用 Photoshop 修改也要保证宝贝的实物和图片看上去基本一致。

4）展示促销信息，一看图片就知道店铺有优惠活动，更能吸引顾客点击。

5）尽量把主图做成正方形。

6）商品一定要拍摄完整，不要只拍其中一部分。建议最好占到图片的 2/3 以上，而且最好是正面图。如图 4-15 所示。

图 4-15　服装主图

图 4-15 的具体制作步骤如下：

1）打开 Photoshop 软件，新建白色背景，尺寸为 600px×600px。

2）打开主图素材（红色卫衣和黑色卫衣），利用魔棒或索套工具分别将衣服主体抠出，去除背景，待用。

3）利用移动工具将衣服（红色卫衣和黑色卫衣）分别拖到新建的白色背景中，依次排放，对衣服进行自由变化，保证主体占整个背景的 2/3 以上。

4）打开矩形工具，在主图的下面画出一个矩形，并设置半透明。

5）在已有矩形上添加一个正方形和圆形，填充红色。

6）打开文字工具，输入文字，调整文字大小。

7）保存图片为 jpg 格式。

触类旁通

如何制作促销海报

1）做促销海报，促销主题一定要突显出来。促销信息要放在整张图中间一排的位置。字体要够大，适当给促销文字加点图层效果，视觉效果会更好。制作图片时一定要主次分明，不要太花哨，主体颜色最好不要超过 3 个颜色（黑、白和灰色不算），颜色过多容易造成视觉疲劳，并且容易失去中心焦点。一般大部分促销主题的文字颜色都会用红色或橙色，因为这两个颜色亮度更高，比较容易引人注目。平时有一些商品是跟着季节来的，所以在不同的季节促销颜色也可以相应地改一下。

2）人物比任何商品都更吸引眼球。人的视线扫描习惯都是从左到右，从上到下。在一张促销海报里在适当的位置，放上一个人物，比放商品，更容易吸引人的视线，但是需要记住一点，不能让人物图抢了风头，要明白需要突出的是促销信息（商品+人物图除外）。不要随便拿明星的图片当素材，以避免侵权，人物素材最好找国外的人物。当然，店里有固定模特的除外。如果是特卖某款商品，可以尝试用人物+商品的图片，效果会更好。

3）促销副标题，点到即止。促销活动一定要有一个名正言顺的促销理由，这样才能师出有名，这个就是促销副标题。但不需要太突出这个副标题，点到即止。我们要突出的是促销主题优惠信息，促销副标题放在促销主题附近位置即可。

4）促销时间宜突出。如果是秒杀之类的商品，一定要突出时间，或改用 gif 做动画效果，让时间跳动，会让人产生紧迫感，更容易促进客户下单购买。促销时间宜放在促销主题附近位置。

5）辅助信息，字体宜小。活动中的一些备注，如限制和注意事项等，这些都是辅助信息，适宜用 12 号字体，并放在海报的最下方。

6）小装饰，锦上添花。大致做完整体图片后，看看哪里空白过多，适当地加一些与主题相关的小素材，能起到锦上添花的效果，小装饰也最好找与促销主题思想有关的图片。此外，小素材不宜过多，以免画蛇添足，整张促销海报需要留适当的空白，这样人的视觉会更加舒适。做完图之后，需要整体查看，图片里的元素需要和谐放置，可以采用四角稳定法，这是最传统的作图方法，此方法保证整个画面顺畅，补救时可以适当加点小装饰或小文字（最好适当减低透明度）。还可以采用上、下或左、右单独对称法，只要整体元素平衡即可。

【案例 4-3】

美化网店——网上“装修工”月入超 5 000

在网上“铺地板”、“贴墙纸”、“设计家具”……这就是自称“网店装修工”的李峰一天的工作，他自称是标准宅男，每天足不出户，在网上帮助各位网店老板“装修”铺子。和现实中的装修不太一样，他不需要装修队，他的原料就是音乐、图片、Flash，他的工具就是鼠标和键盘。“现在我们这种职业越来越普遍了，以前生意很好的时候一个月赚 8 000 元也不难，现在做这行的多了，我又要双休，但 5 000 块还是没问题的。”

李峰今年 24 岁，大学学的是化学专业，出于个人爱好，他一直喜欢研究 Photoshop 等各种图形软件，对于 Flash 更是非常喜欢。读大学时，同学们都知道他喜欢电脑，买电脑、装电脑之类的活都找他帮忙，他也非常乐意干。后来，班上有个女生，开了个网店卖饰品，就找李峰帮她“装修”。“我当时还觉得挺新鲜的，网店不就是几张照片往上头一堆嘛，这有什么技术可言。”

答应帮忙后，李峰才发现，“装修”网店还真不是件容易的事情。“以饰品为例，实物照片如果不经过后期加工，一点也不好看。”李峰介绍，网店的图片大都需要经过后期处理，如果再加点动画，弄点音乐，就会更加吸引人了。他帮同学重新设计了一套方案，增添了小天使的导购动画，店里的生意一下就好了很多。从那时起，李峰就发现网店“装修”是个赚钱的门道。

大学毕业后，李峰进了一家外资公司搞研发。“化学实验做起来很枯燥，而且也不是自己的兴趣爱好。”李峰在这个公司待了将近一年，白天上班，晚上就在论坛上发帖子，接网店“装修”的单子。“那时专门做网店装修的人不多，所以生意也比较好。”李峰几乎每天都能接到新的单子，“卖衣服的、卖包的，什么都有。”由于当时只能利用业余时间，李峰做一个单子要花三四天，“一个单子大概两三百块钱，但做工都很细，基本都是我自己的创意。”

由于口碑不错，李峰的生意越来越火，也越来越忙，忙得连节假日都没有了。“那时生意真是好，一个月光业余时间都赚过 3 000 多元，比我工资还高。”后来，李峰干脆辞职了，“反正我也喜欢当宅男，坐在家里做自己喜欢的事，多好。”于是他就成为了以图片、Flash 和音乐为建筑材料，专做网店“装修”生意的人。李峰“下海”的第一个月，收入就达到了 8 000 元。李峰介绍，现在网上冒出了很多做网店“装修”的业务，叫价从几十到上千都有。“做网店装修卖的就是创意，如果只提供简单的模板赚不到钱。”10 块钱的模板在网上到处都是。有的网店，一进去就感觉与众不同，图案完全是自己的设计，连音乐也是配套的，每一个细节都会考虑得很周全。“好的‘装修’，能卖上千，靠的完全是创意。”

现在的网店“装修”市场日渐壮大，在不少网络论坛中都能看到发帖寻找能人“装修”网店的人。而淘宝上，也冒出了越来越多专门开网店“装修”的店主，对此，李峰笑着说，做网店“装修”不容易，所有的业务都要自己打理，工作量和难度并不小，需要很高的综合素质。同时，收入不确定、缺乏相应的社会保障，这些将成为网店“装修”业务发展的瓶颈。

请思考：为何网店美工市场如此火爆？网店的衍生职业还有哪些？

任务4 编辑文字

任务要点

关 键 词：商品标题、宝贝描述、关键词。

理论要点：商品标题的构成、宝贝描述的构成、商品的关键词。

实践要点：学会撰写商品标题和设计商品的描述详情。

任务情境

小张的网店开张了一段时间，与许多新开张的店铺一样，店铺流量很低，生意甚至惨淡，但是小张没有灰心，他开始找原因。他试着以一个买家的身份在淘宝网上搜索自己的商品，发现很难找到他所出售的商品，同时也发现，同类商品比比皆是，自己的商品像是石沉大海。小张想：如果能够使买家迅速找到自己的商品，并使得商品在众多同类商品中脱颖而出，这样的店铺就不愁没有生意了，那这又该怎么做呢？

任务分析

网店商品构成的三要素指的是标题、图片和描述，标题和描述都是通过文字的形式传达给消费者，买家通过标题找到商品，通过描述选择商品。要想提高店铺的流量，提高商品的曝光率，从而提高购买率，就要选择好商品标题，商品的标题应该根据买家的搜索习惯包含更多有效的关键词，吸引买家点击。同时，通过详细的具有特色的宝贝描述留住买家的脚步，引起买家的购买欲望，从而提高店铺的流量，增加网店的商品销量。

任务实施

步骤1 撰写商品标题

1. 商品标题包含的内容

商品标题是商品信息核心内容的提炼与表现，用于激发用户购买兴趣，一般包括以下内容。

1）商品基本信息：品牌、规格、材料等。

2）商品服务信息：假一罚二、7 天无理由退换等。

3）商品活动信息：冲皇冠、周年庆、新品上市等。

4）其他信息：明星推荐、时事热点等。

小链接 4-7

常用的标题模板

模板 1: 秒杀/包邮! Brand/品牌+系列型号/特点+名称 1/名称 2+属性+规格+功能+卖点。

模板 2: Brand/品牌—修饰词+主关键词 1—修饰词+主关键词 2—修饰词+主关键词 3

2．优质商品标题的要点

1）内容简明扼要，便于阅读。

2）突出商品功能特性，或其他卖点（特别价值）。

3）具体产品属性要出现在标题中，尽可能包含买家搜索时采用的关键字。

4）标题中字符要通俗易懂，准确清晰地传达商品信息。

3．如何寻找有效标题关键词

1）淘宝首页搜索框下拉表。在我们搜索某个关键词时，搜索框下拉表会展示一系列相关热搜关键词，如图 4-16 所示。

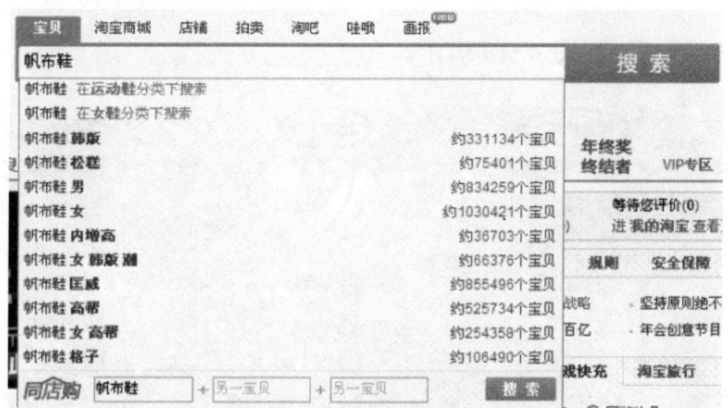

图 4-16　搜索框下拉表

2）首页类目。与自己宝贝相符的首页类目词，也可以作为选词来源，如图 4-17 所示。

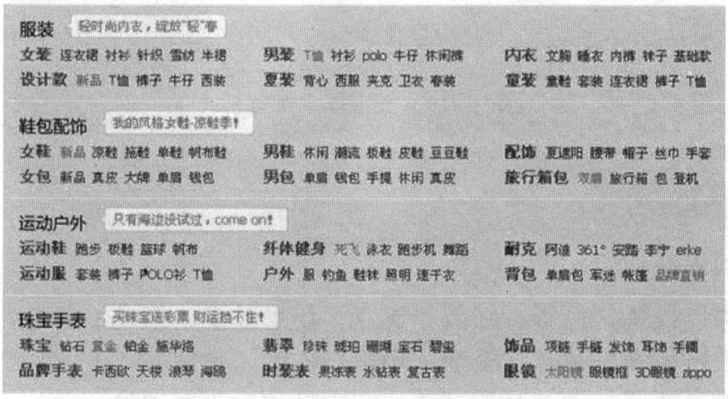

图 4-17　淘宝首页所有类目

3）淘宝网“你是不是想找”，如图 4-18 所示。

图 4-18 淘宝网“你是不是想找”

4）淘宝搜索排行榜，如图 4-19 所示。

搜索上升			搜索热门			品牌上升			品牌热门		
1 毛衣 男式装	13484	↑	1 羽绒服 新款	0位	→	1 圣兰图	736位	↑	1 艾莱依	0位	→
2 秋冬女装	2233位	↑	2 外套	0位	→	2 狄秋莎	643位	↑	2 Ochirly欧时力	0位	→
3 以纯女式羽绒服	1398位	↑	3 打底裤 女	0位	→	3 Genesy	632位	↑	3 Bosideng波司	0位	→
4 2011艾格专柜冬	436位	↑	4 棉服	0位	→	4 洛芙绮	484位	↑	4 ONLY	0位	→
5 2011时尚女装	385位	↑	5 羽绒服	0位	→	5 twenty one	445位	↑	5 阿依莲	1位	↑
6 美特斯邦威正品	333位	↑	6 打底衫	1位	↑	6 OBQ欧贝可	271位	↑	6 红色	1位	↓
7 清仓女装	319位	↑	7 毛衣	1位	↑	7 Nine West玖熙	252位	↑	7 Etam/艾格	0位	→
8 韩版女装	309位	↑	8 皮草外套	1位	↑	8 [illegible]	231位	↑	8 O-Mei欧美	0位	→
9 冬装	303位	↑	9 女式毛衣	3位	↓	9 Newset新1系	221位	↑	9 秋水伊人	0位	→
10 大码女装	241位	↑	10 2011新款女士冬	0位	→	10 田诺	213位	↑	10 恒源祥	0位	→
	▶完整榜单			▶完整榜单			▶完整榜单			▶完整榜单	

图 4-19 淘宝搜索排行榜

步骤 2 撰写宝贝描述

1．宝贝描述的内容

1）商品展示类：模特、色彩、细节、卖点、场景效果、搭配、包装。

2）实力展示类：品牌、荣誉、资质、销量、生产、仓储。

3）吸引购买类：情感打动、品质打动、实力打动、买家评价。

4）交易说明类：尺码规格、维护保养、购买、发货、验货、退换货、保修。

5）促销说明类：店内活动、关联销售、搭配商品、优惠方式。

2. 宝贝描述的设计

通过对 100 篇点击率比较高的商品进行详情统计分析发现，较好的商品详情大多包括了以下几个要素，并能够进行合理布局。

1）商品属性，包括品牌介绍、规格、质地、颜色、套餐价格等。

2）商品图片，包括模特效果图、细节图、关联推荐图等。

3）促销活动介绍。

4）买家必读，包括物流运费、售后服务、尺寸量法、付款方式、联系方式等。

以上要素，也需要根据实际需要进行逻辑布局。以下几个原则也需要注意。

1）系统自动标记的属性肯定是在最前面的，也是卖家不能决定的，但这里的属性设置也是最重要的，特别诸如品牌、颜色、尺码等属性一定要注明清楚。如果是知名品牌而且是正品，则应给买家一个强化提醒。

2）买家必读中的付款方式、售后、物流、尺寸量法等信息一般可以放在详情最底部，当然如果有特别重要的提醒，可以放在商品属性和图片之间。这里的信息固然重要，但不是让消费者产生购买欲望的信息，反而是在产生购买欲望后决定购买前的一些参考信息和提醒信息，因此可以放在详情偏后位置。

3）店铺重大促销活动，可以视具体情况放置在详情偏顶部位置。它与进入超市看到的堆头是一样的，要让买家一进入就能感受到促销的巨大拉力。另外可在底部介绍一些与此款商品搭配的相关商品，再次刺激消费。

步骤 3 撰写买家必读

买家通过标题进到商品详情，通过对商品属性的了解以及对商品图片的观摩，如果有购买兴趣，则会细看购物必读等文字信息。那么，该如何通过文字的补充信息帮助买家做最后的购买决策呢？

1. 商品补充介绍

通过图片，尤其是服装鞋包等商品，顾客不能实际感受到商品的面料、做工、尺寸、厚薄、品牌等，此时文字就是最好的传递工具。譬如，卖家可以把自己或其他买家拿到实物后“摸”到某种商品的实际感受通过文字描述的形式传递给买家。此外，哪些是配件，哪些属于商品本身，也要说清楚，避免后期产生不必要的误会，造成中差评就不好了。

例如，“这件衣服摸起来手感很好”“摸起来偏硬/软”“摸起来比较薄”“摸起来比较厚”“摸起来比较像……”“由于拍摄光线问题，会有轻微色差”等。

2. 商品使用说明

向买家提示商品的使用方法，如窗帘可以介绍挂钩用法、食品可以介绍烹调方法、服装可以介绍尺寸测量方法等。

以鞋类的尺寸说明为例，建议买家也这样去测量，尽可能避免出现因标准或者量法不统一而导致买家不满意的情况，如图 4-20 所示。

购物须知：如何选择合适鞋码

货品图片均为实物拍摄，但由于摄影棚灯光影响，图片跟实物颜色可能存在一点点偏差。

尺码：女 35-39　男 39-44　男女通用35-44

纯女款尺码对照表

鞋子上尺码（美码）	5	5.5	6	6.5	7	7.5	8
欧码	35	35.5	36	37	37.5	38	39
对应脚长（CM）	22	22.5	23	23.5	24	24.5	25

注意：主动拍下商品的朋友，把您需要的颜色、码数备注在地址栏后面，谢谢合作！~

购买前请确认好您需要的尺码，因尺码问题而换货的运费由买家承担。

因为我们库存变化较快，您购买前请确认您要的尺码是否有货。

如果您不确定自己穿什么码合适，可以自己测量一下您的脚长，然后对照上表来选择合适尺码。

简单测量方法：

1、将较大的一直脚轻踏于白纸上
2、在脚趾最长处点一点
3、于脚跟后点一点
4、测量两点的距离即可

测量的正确姿势：

1、双脚平行站立（勿坐！勿蹲！）
2、体重均匀分在两脚上

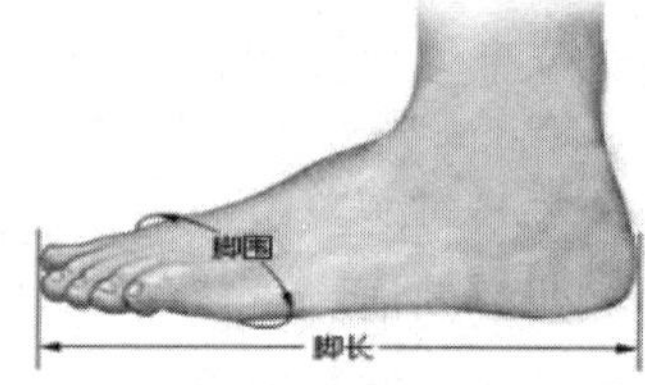

图 4-20　购物须知

3. 物流运费信息

物流运费信息往往也是买家很关注的。如果每次都通过即时通讯工具，一个个地给客户介绍解释，那是相当庞大的一个工作量，所以卖家一定要充分利用商品描述，把物流配送等信息及时地传达给客户。最好以列表方式将常用物流公司、配送区域、各地运费、到货天数以及快递跟踪查询方法等都一一列出，方便买家了解配送信息。为了避免买家觉得运费太高，还要注意合理设置运费。

关于收货问题，在收到货时应检查货品后再签收，发现问题时应及时联系卖家等都应注明清楚。

4. 售后服务说明

相信每一位成功的卖家都有好的售后服务。说明清楚售后服务情况也有利于在遇到交易纠纷问题时提供证据。售后服务具体包括：退、换、修具体期限；退、换、修范围以及不予退换修的情况说明；退、换、修来回邮费等。

5. 联系方式

卖家应将手机、办公座机、QQ/MSN、电子邮件等联系方式列出，便于买家在遇到问题时联系。

卖家表达的内容实在是太多了，但事实证明，人们并不愿意一次性接受太多的文字，所以为了准确地把以上的信息传达给买家，卖家可以在需要特别引起买家注意的地方，加大字体或者是改变字体颜色，从而突出重点，并做到言简意赅，整齐明了、主次分明。

触类旁通

如何开展关联营销

一位资深卖家，会借助对买家购物行为和心理的判断，做好商品之间的关联推荐工作。

在商品详情的底部（即在买家可能要离开的时候），进行一些关联推荐，可以是：品种关联、风格关联、促销关联、搭配关联……让买家在即将离开的时候眼前一亮，找到自己需要的东西。

我们目前可能还无法判断“啤酒”和“尿布”之间神奇的关联性，但对于如下这些关联应该是人人皆知的：

当一个人看了裤子，在不满意的情况下，他应该希望找到更多的裤子；

当一个人看了手机，说不定，他想多买一个电池还有手机皮套；

当一个人因为促销进入商品详情页面时，他一定想看到更多的活动商品；

当一个人进到了你的店铺，他可能会希望看到店铺中还在卖什么？

以上这些都是摆在我们面前的巨大的销售机会。赶紧去看看自己的商品详情，做好关联推荐了么？

【案例 4-4】

运用视觉营销　打造网店引力“磁场”

视觉营销是一种新的市场营销手段，它是为达成营销的目标而存在的。通过商品的陈列和形象化展示，对顾客的视觉造成强劲攻势，实现与顾客的沟通，以此向顾客传达商品信息、服务理念和品牌文化，达到促进商品销售、树立品牌形象的目的。为了能吸引客户眼球，促进销售，网店的装修与商品陈列也开始关注视觉营销，用强烈的视觉冲击刺激顾客的购买欲望。在网络环境下，视觉营销定义为利用色彩、图像、文字等造成的视觉冲击力来吸引潜在顾客的关注，由此增加产品和店铺的吸引力，从而达到营销制胜的效果。

完整的商品描述通常包括介绍商品的文字、商品图片、售后服务、交易条款、联系方式等内容。在网络上，商品描述是客户详细了解一件商品的最主要方式。因为网店与实体店铺不同，在实体店里，客户若对某件商品感兴趣，他可以用眼睛去看，用手去摸，用鼻子去闻……而网店里的商品具有虚拟性。因此，为了能全面地传达商品信息，商品描述在内容上应尽可能详细，在表现手段上除了常用的文字、图片，还可以用声音、视频等。此外，内容的合理布局也很重要，根据对大部分客户思维习惯的调研分析，较容易接受的布局方式是：先是用一段简短的文字来描述商品的品名、性能及相关属性等，然后是产品的整体图片，接着是细节图片，细节图片可以放多幅，但展示的是必要的、不同的信息，其主要作用在于帮助客户从不同的局部来进一步了解产品。例如饰品类，可以从大小、尺寸、厚度、色泽、质地、细节做工、搭配效果等角度来展示；鞋类，可以从大小、尺寸、质地、细节做工、鞋跟高度、上脚效果等角度来展示；箱包类，可以从大小、尺寸、质地、细节做工、搭配效果、内衬展示、五金配件等角度来展示。细节图忌讳相同角度的多张堆砌，因为这样既不能传达更丰富的信息，又容易影响网页的运行速度。除了细节图片，售后服务、交易条款、联系方式、注意事项等信息也应该详细地进行描述，这有助于树立店铺的专业、诚信形象，从而增强客户的信任感。

请思考：如何利用宝贝描述来开展视觉营销？

任务5 成交第一笔生意

任务要点

关 键 词：订单处理、发货、评价。

理论要点：了解成交一笔生意的基本步骤。

实践要点：熟练掌握订单处理的操作流程。

任务情境

都说开店容易开张难，据统计，每天淘宝网新增店铺几千家，同时也有几千家店铺关闭。有人说，开店的前三个月是瘦身期，由于新店开张，信誉低、经验少，很多人因为无法坚持而放弃，但网店店主小张经过努力和坚持，终于迎来了他的第一个客户，这让他激动不已，那么他应该如何处理他的第一笔生意呢？

任务分析

网店的交易过程是由买家和卖家共同完成的，作为卖家，自然要熟悉自己的流程操作。对于网店来说，第一笔交易很重要，好的开始是成功的一半。新店开张不能成为卖家不专业的借口，作为网店卖家，要熟练进行订单处理，让买家对客户服务、订单处理、发货速度等方面感到满意，从而带来更多的客户和订单。

任务实施

步骤1 处理订单

买家在经过一番搜索比较后，在确定购买前会通过淘宝旺旺与卖家进行沟通交流，对商品的价格、质量、服务等方面进行进一步了解。这时需要专业的客服引导买家尽快下单，经过一番洽谈，买家终于下单了，系统消息弹出了宝贝已经卖出的提示信息。那么接下来就需要客服对订单进行处理了。

订单的处理主要分为3种情况：订单改价、修改邮费和关闭交易。订单处理的常用入口有阿里旺旺、淘宝网站登录和旺旺聊天入口。

1．订单改价

单击“修改价格”，如图4-21所示，可以进行价格和邮费的修改。商品的价格不能修改幅度太大，否则淘宝会认定虚假交易。当卖家承诺商品包邮时，应该将邮资修改为 0 或者选择免邮资，但邮资不能为负数。

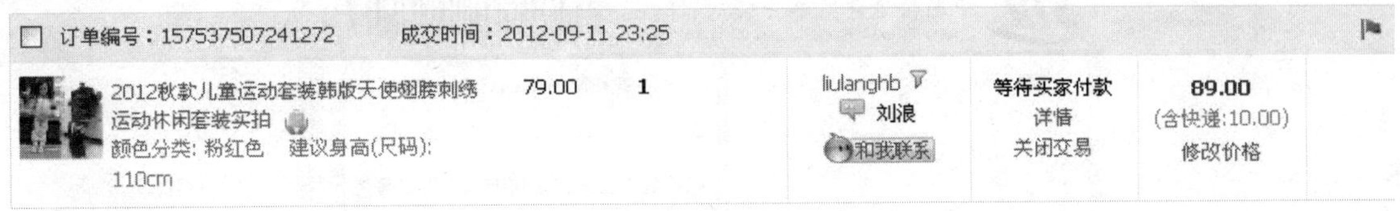

图 4-21 修改价格

2. 关闭交易

当买家拍下后却不想购买时，该订单就视为无效订单，卖家可以在征得买家同意的情况下将交易关闭，如果卖家不主动处理，订单也会在买家拍下后三天内不付款而自动关闭，同时买家自己也可以主动关闭交易。

步骤 2 发货管理

当买家付款后，订单状态显示为"买家已付款"，如图 4-22 所示，卖家应该在 48 小时内安排发货。

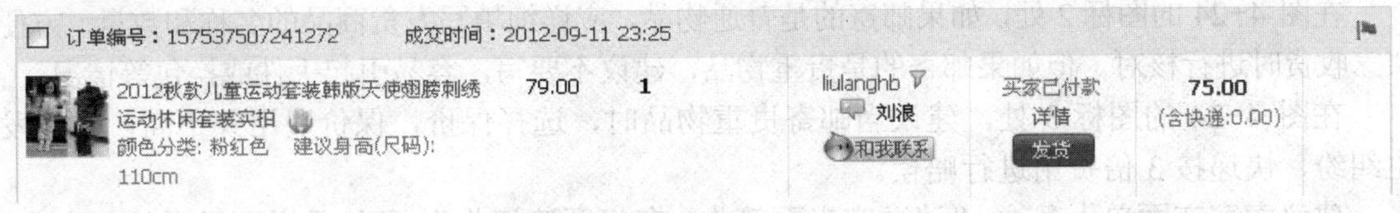

图 4-22 订单状态

1. 选择物流公司

物流发货的形式有 4 种，限时物流、在线下单、自己联系物流、无需物流。一般建议新手卖家选择"在线下单"进行发货，卖家选择相应的快递公司，单击"选择"按钮可以查看派送范围、派送时间，做到心中有数，如图 4-23 所示。

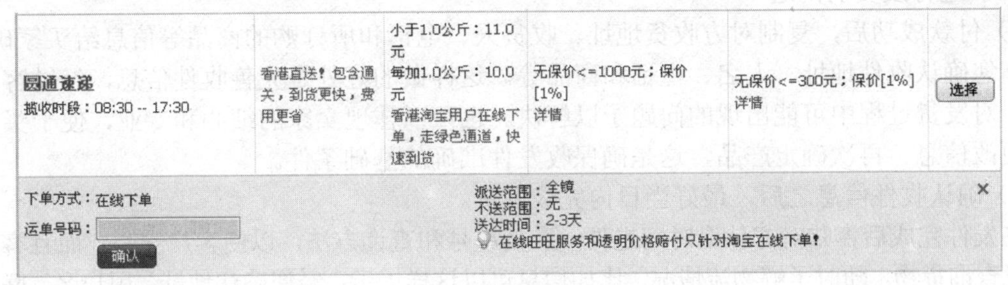

图 4-23 在线下单

物流公司上门取件后，卖家只需填写运单号码，单击"确认"按钮即可完成发货。

2. 填写快递单

作为第一笔生意，卖家要格外慎重，快递单的填写尤其要仔细，下面以"申通快递"为例进行说明，如图 4-24 所示。

图 4-24　申通快递单

在填写快递单时，买家的姓名、地址和联系方式都是必填项，联系方式尤为重要，快递员派送货物都会先电话联系买家，未能取得联系的不派送。

在图 4-24 的图标 1 处，可以填写自己的店铺地址和主营业务，这也是一种免费推广店铺的方式。

在图 4-24 的图标 2 处，如果邮寄的是普通物品，应详细填写发货商品的名称和数量，方便买家收货时进行核对。但如果邮寄的是贵重物品，建议不要写，容易引起丢件或换包等情况。

在图 4-24 的图标 3 处，建议当邮寄贵重物品时，选择保价，保价费用并不高，一旦发生纠纷，快递按 3 倍费用进行赔偿。

建议卖家在面单上备注："请顾客当面签收，有问题请拒收"，虽然是微不足道的几个字，但可以减少很多物流纠纷。

3. 包装发货

发货不仅是一门学问，更是一本商经，看似简单，其实里面不仅有很多管理知识，还蕴含着许许多多的二次营销商机和客户服务理念。

（1）进行发货前沟通

1）付款成功后，复制对方收货地址、收货人、电话和所订购的商品等信息给买家确认。如：请您确认收件地址、人名、电话和商品等。这样做的好处是完善收件信息，经过客户认可后，对发货过程中可能出现的问题予以解决。也可以体现卖家的细心和专业，便于买家完善或更改信息。再次确定产品，这是确保收发件准确的基础条件。

2）确认收件信息之后，最好当日内完成发货。

在发件完成后告知对方什么时间走件，发货单号和查询方法，以便客户安心。而且客户可以自己查询货物，随时了解物流情况。比如信息可以这样提示：经您确认地址、用户名、联系方式、商品和货运方式，货物已经发出，发货单据号如下******，如您要查询货物情况，可致电××或登录 www.××.Com 查询。如货物有问题请再联系我们，祝您工作顺利，万事如意！

3）常用提示型语言作为快捷语言。

例如，在发货提示结束之后加送一条"再次感谢您的选购，如我们的服务可以使您满意，请收藏本店铺，对此我们表示万分感谢。""您需要的宝贝正在包装，在本次邮资范围内还可以搭配一些商品，从而节省费用，如果您有空，可以再次浏览本店。或许还有您喜欢的商品，谢谢！”

（2）包装技巧　商品包装的好坏直接决定着买家对商品的第一印象，质量再好的商品放在脏乱差的包装盒里，价值也会大打折扣，因此作为卖家要掌握一些包装技巧。

1）外包装。

袋子：作为外包装的袋子有布袋、编织袋及邮政复合气泡袋 3 种。

纸箱：分为瓦楞纸箱和无瓦楞纸箱，瓦楞纸箱又分为 3 层、5 层、7 层甚至更多，邮局和淘宝上发送的纸箱绝大多数都是瓦楞纸箱。

纸类：作为书本等，有些卖家发的是印刷品，印刷品可以用牛皮纸包起来，也可以装在普通牛皮信封里。

2）中层包装（填充层）。中层包装就是商品与箱子之间空隙的填充材料，一般有以下几种。

① 珍珠棉、海棉：它广泛用于玻璃品、手机、数码产品等商品的防刮花和防潮，也有细微的防震效果。

② 气泡膜：维护商品、防震防压防刮花的最好材料。广泛用于电子数码产品、化妆品、工艺品、家电家具、玩具等。

③ 报纸：最廉价的包装填充物。据调查大多数淘宝卖家用的填充材料是报纸、纸板等。

3）辅佐包装。一般来讲，做好外包装和中层包装就已经完成了一个商品的包装，然而要想在剧烈的竞争中区别于竞争对手，就需要花一些心思进行完善。

下面两种几乎不添加本钱的小技巧，可以表现卖家的细腻，是让卖家拥有很多老顾客的好帮手。

① 手刺：一张设计得具有个性的手刺让买家领会到卖家的专心，多寄两张手刺给顾客，很可能下一位顾客就是他的伴侣。

② 带提示语的封箱胶带：如果所发的商品容易压坏，那么在内包装运用了气泡膜的时候，还可以考虑用带有提醒语的白色封箱胶带，提醒快递员轻拿轻放，同时能让买家感受到卖家做事的仔细与认真。

4）内包装。内包装即最接近于商品自身的那层包装材料。

① PE 自封袋：防潮防水、避免物品散落。

② 热缩短膜：热缩短膜就是遇热就缩短的薄膜。淘宝里卖自产食物、小玩具等会用到，可以去超市买一些保鲜膜，将食物裹起来，用吹风机热风吹一下，薄膜就会紧缩起来。

③ OPP 自封袋：保持商品整洁、添加商品美感。

小链接 1-1

淘宝对发货时间的规则要求

延迟发货，是指除定制、预售及适用特定运送方式的商品处，卖家在买家付款后表示不能即时发货或未在 72 小时内发货，妨害买家高效购物权益的行为。卖家延迟发货的，每次扣三分，同时须向买家赔偿该商品实际成交金额的百分之五，但赔偿金额最高不超过三十元。卖家因商品缺货，货源不足造成不能及时发货，或者虚假发货，此类行为可以被买家投诉。身为淘宝卖家如果你认为，只在网上填写快递单号，显示已发货就能蒙骗过关，那就错了。如果买家不能及时跟踪订单运送状态，买家可以投诉此行为是虚假发货，淘宝店小二也会介入此事。

步骤 3　评价

淘宝网会员在使用支付宝服务成功完成每一笔交易后，双方均有权对对方交易的情况作一个评价，这个评价也称为信用评价。评价分为“好评”、“中评”、“差评”3 类，每种评价对应一个积分。具体为：“好评”加一分，“中评”零分，“差评”扣一分。

交易评价是淘宝网用户诚信的重要标记，淘宝网评价规则是由信用评价规则和店铺评分规则两部分组成。信用评价规则仅适用于淘宝网个人交易平台上的评价操作及查看；店铺评分规则适用于淘宝网个人交易平台和淘宝商城。

评价的有效期是交易结束后的 15 天以内。在评价生效后的一个月内，评价可以修改。

买家的评价直接影响着产品的销售，好的评价会增加商品的销量，但是一个差评就有可能会使商品销售停滞。因为网购中的买卖双方互不见面，买家希望通过其他买家的评价来获得更多的参考和意见，以决定是否值得购买。

信用评价体系是网络零售的核心，在商家竞争异常激烈的今天，“服务”已经成为商家脱颖而出的利器，而服务最直接的反映就是客户的好评。顾客给好评的条件=好的顾客体验+评价。

1. 好的顾客体验需要具备的条件

1）上帝的服务。客服比较灵活、非常热情、耐心解答、回复时间不超过 30s，对产品和行业都很专业，发货较快、包装结实有档次，主动帮助买家处理物流、售后问题。

2）靠谱的产品。顾客打开包装，看到商品的那一刻，已经决定是否给差评。所以产品的质量，以及是否与宝贝描述相符，都会影响顾客最终的评价。

3）超出预期的惊喜。如果商家希望能获得更多的好评，那么无论是在服务上还是在产品上，必须要超出顾客此前的预期。比较可控的方法有小赠品、VIP 福利等。

2. 当具备以上条件之后，最终还需要人为地推动顾客来评价

1）老顾客的评价。通过在宝贝描述页面、帮派等地方展示老顾客的好评，不光是推动成交，还可以在潜意识里引导顾客的从众心理，从而给予类似的好评。

2）温馨提示。在买家等待收货的期间，建议以短信的形式提示其发货和物流信息。可以放置手写的小贺卡，做客户关怀。有条件的情况下以电话的形式做回访，顺便提醒买家在收货之后给予好评。

3）推出“写好评，得大奖”之类的活动，除了在相关页面有显示，在客户付款之后，旺旺上、短信中、电话中、贺卡上都可以提醒此活动。

触类旁通

如何提高网店的成交率

1. 爆款单品的威力无可抵挡

经常听说某店铺靠一件商品爆红，经常会看到有的店铺靠一件商品冲冠，有的店铺靠一

件商品月入过万。除了商品本身具有广泛的认同性之外，店主对爆款商品的认知以及推广都起到了举足轻重的作用。

通过商品被访问排行报表，我们可以清楚地看到自己店铺内浏览量排行前 15 名的商品，看到这些，你有没有想做点什么？挑选热度高的商品，量身打造一款属于自己店铺的爆款吧。质量过硬+价格诱人+限时购买（包邮）=火爆销售。

好的商品要正确地归类，淘宝也是这样要求的，归类不正确的商品可能会被强制下架。只有极大地丰富店铺的产品，并且尽可能地向热门分类靠拢，产品被客户看到的可能性才更大，也就越有可能成交。

2. 善用关键字，优化商品标题

开直通车的卖家都知道，每天都要抽空优化商品标题，因为搜索引擎每天统计的热门关键字都不一样，可以尽可能地把与自己商品相关的关键字添加到商品的标题里面，这样被搜索到的几率就会大大增加，但是不能乱加关键字。

直通车可以统计热门关键字。量子统计也有此功能，量子提供的关键字分为店铺内搜索和淘宝搜索，它们的区别是前者是客户到自己店铺里查找宝贝时输入的关键字，后者是客户在淘宝搜索框里输入的关键字。可以优先使用淘宝关键字，搭配使用一点店铺内关键字，优化组合，效果更佳。

3. 重视数据分析

每日有哪些客户访问过店铺，他们来自于哪里，通过什么样的渠道访问店铺，他们都在看哪些商品，他们停留了多久，每天哪款商品的访问率最高，这些是卖家每天都要分析的数据，根据这些数据的分析，针对性地重点打造热门商品，提高店铺的成交率。

【案例 4-5】

我的第一笔生意

Van 是一名大四的学生，和大多数女大学生一样，Van 很喜欢在网上淘东西，渐渐她意识到这是一个不错的商机。她是一名学生，支付不起实体店昂贵的租金和水电费。“有机会在淘宝网上闯出一片小天地，又不必处处受制于人，何乐而不为？”Van 笑说。于是，去年 10 月份，Van 开始在淘宝网上开店，网店名叫“汉堡小怪”，主要销售的是欧美风的女装服饰和鞋子。

网店初开时，一切都很陌生，从网店装饰、进货采购、与客户沟通，都得靠自己一点一滴地努力去完成。她的小店没有华丽的“装修”，没有职业客服，更没有无可挑剔的美工，只有一颗坚持和不放弃的心。Van 回忆起个中辛酸，感慨万千。

“刚开店，因为信誉度不高，我连续几天都没有开过一张单。所以我特别记得网店的第一位客人，当时她买的是一件利润只有 10 元的 88 元的粗线毛衣，为了开第一张单，我几乎是包邮送出去的。但交易成功后心里也美滋滋的。”起初，Van 遇到资金周转的困难，刚投入大批资金进了夏装，囤货还没售出，又面临换季，需要再进秋装，但流动资金不足。后来相继有伙伴的加入，得到资金支持，小店才解除了关闭的危机。

“其实，在网店当掌柜的生活并非想象中的轻松，每天只要是在线上，我都会挂着客服旺旺接受客人的差遣，往往从早上 9 点到深夜两三点都会在店里见到我的踪影。”Van 告诉记者，她的网店生意现在还是一般般，但是只要听到旺旺的声音，无论什么时候，无论是咨询还是其他打扰，她都会特别兴奋。为了让客户尽快收到商品，无论多忙，只要是下午之前的订单，Van都会在当天发货。若客户反映有质量问题，她也尽量满足客户的要求，退货或者换货。

开店初期，为了给小店赢得顾客和增加信誉，Van将进货地点限定在高端的服装市场，例如在广州火车站周边的服装大楼进货，但昂贵的进货价让Van直呼吃不消。后来，她很幸运地认识了一些外国友人，进而认识了一些国际大品牌在华的厂商，增加了一些大品牌产品的货源，像Moncler、Zara、H&M这些品牌的衣服在她店里往往以专柜价的1～3折出售，这也为她网店引来了很多顾客。

"网店建立客户群离不开产品的推广，大店铺可以一掷千金开个直通车增加店铺流量，对于我们这种小赚薄利的小店而言就显得有点痴人说梦了。"Van说。她通过给朋友群转达信息的方式，建立起自己的客户群。然而，单靠朋友建立的客户群毕竟有限，要想留住客户，关键还在于商品和服务的质量。

请思考：网店创业初期，创业者应如何应对？

项目小结

C2C模式是电子商务3种模式中在中国发展最为成功的模式，作为个人交易平台，C2C模式打破了时间、空间的限制，为社会创造了众多的就业机会，成为许多年轻人创业的首选途径。作为国内最大的C2C电子商务平台的淘宝网，其市场份额占网购市场的80%，成为创业者们的首选平台。在淘宝网上开店首先要进行会员注册，作为卖家，会员名的设计须掌握一定的技巧。实名认证是获取开店资格的关键一步，开通网银是通过认证的前提，淘宝网目前与多家银行开展了合作，给创业者提供了方便。实名认证通过以后还需要参加开店考试，考试通过后方可获取开店资格。

图片是网店商品的重要展现形式，图片的质量直接决定了商品的销量，掌握图片的处理与美化是开店的基本要求。文字描述也是网店商品不可或缺的元素，商品的标题撰写必须把握一定的技巧，商品的质量描述影响买家的购买决策。网店的交易过程是由买家和卖家共同完成的，面对网店的第一笔生意，要做到售前接待热情、售中处理得当、售后服务满意，这样的网店生意才会日益兴旺。

实战强化

实训1　开设C2C网店

1．实训目的

掌握在C2C电子商务平台开店的流程，学会在淘宝网上免费开设个性化的网店。

2．实训组织

学生5人一组，以小组为单位在淘宝网开设C2C网店。

3．实训要求

以书面形式提交实验报告，字数2 000字左右。实验报告主要内容是在淘宝网开设个性化网店的过程。

实训 2　网店商品美化

1．实训目的

掌握利用 Photoshop 对图片进行美化的方法和技巧。

2．实训组织

每 4～5 位学生组成一组对图片进行美化，可在实验室完成。

3．实训要求

须使用“裁剪”、“曲线”、“色阶”、“白平衡”、“锐化”等工具进行图片美化，提交实验报告。

项目5

落户网上商城和建立B2C网站

网络购物有两种模式，一种是C2C模式，即商品和信息从消费者直接到消费者；另一种则是B2C模式，即商品和信息从企业直接到消费者。在网购平台的开创过程中，C2C模式因其多样的商品种类、低廉的价格、买家卖家的经验累积等优势最先为人们所认可熟知。B2C的网购模式近年来呈上升趋势。由于B2C多为品牌企业直营的专属网络销售点，并且有相关电子商务平台的正式认证，因此其店内所售卖的商品质量有着可靠的保障，交易避免了信用和支付安全等问题，更容易被用户接受。而在售后服务上B2C网购模式也更为出色优质；在退换货方面，很多B2C平台甚至早有一套高于国家标准的企业标准。B2C在网购平台中的优势正日益显现，曾有业内人士预言，今后电子商务平台的发展将由以C2C为主向B2C为主转型。从现在来看，这个步伐似乎越来越快。

学习提示

学习目标

- 知识目标：了解入驻B2C网上商城及自建B2C商城的优势与劣势，掌握B2C网站策划应包含的内容，了解选择B2C商城系统应考虑的因素。
- 能力目标：能选择并落户合适的网上商城平台；能策划B2C网站并撰写网站策划书；能利用商城系统建立B2C网站。

本项目重点

落户网上商城、B2C网站策划、B2C网站建立。

本项目难点

落户网上商城、B2C网站建立。

任务1 落户网上商城

任务要点

关 键 词：网上商城、B2C。

理论要点：B2C 网上商城平台的优势与劣势。

实践要点：能选择并落户合适的网上商城平台。

任务情境

小陆从学校毕业后就在淘宝网经营一家网店，之前专门代理经营各品牌保暖内衣，销售情况不错。随着销售规模不断扩大，小陆看准商机，转变原先的代理模式，自己注册品牌，在网上做起了自己的保暖内衣品牌，如今销售依然不错。小陆想怎样能让自己的品牌更上一个台阶，继续扩大规模呢，他想到了现在很多网上商城正在大规模地开放商城平台，吸引资质较好的供应商入驻，这不正是一个很好的机会吗。于是，他决定上网了解各家网上商城的入驻要求，看看哪家网上商城比较适合他。

任务分析

目前 B2C 网上商城非常多，要入驻 B2C 网上商城，就需要对几家网上商城的规模进行对比，然后看看自身是否能达到商城的入驻条件，进而根据选择的网上商城提供的流程入驻。

通过浏览大量的相关信息，小陆的目标锁定在京东商城、天猫商城、苏宁易购等几个市场占有率较大的网上商城。挑选一个适合自己的网上商城，继而将自己的品牌入驻就成为了小陆能否扩大自己品牌规模的关键了。

任务实施

步骤 1　选择合适的网上商城

随着电子商务的发展，互联网上出现了很多规模较大的网上商城，其中还有些专门性的网上商城，如销售母婴产品的红孩子网上商城，经营男装的玛莎玛索网上商城等，也有综合性的网上商城，如京东商城、QQ 商城、天猫商城等。目前，许多网上商城都面向企业开放自己的网站平台，企业若拥有一定的资质即可加入他们的开放平台，成为网上商城中的供应商或是销售商。

京东商城是中国最大的综合网络零售商，是中国电子商务领域最受消费者欢迎和最具有影响力的电子商务网站之一，在线销售家电、数码通信设备、计算机、家居百货、服装服饰、母婴、图书、食品、在线旅游等 12 大类数万个品牌百万种优质商品。2012 年第一季度，京东商城以 50.1%的市场占有率在中国自主经营式 B2C 网站中排名第一。目前京东商城已经建立华北、华东、华南、西南、华中、东北六大物流中心，同时在全国超过 300 座城市建立核心城市配送站。

申请加入京东商城主要分为 3 个步骤。

第 1 步：申请入驻，主要内容如下。

① 核对资质信息。商家首先关注京东商城入驻标准，确认符合要求。

② 提交入驻申请。商家务必按照邮件要求将信息发送到各类目负责人邮箱。

③ 双方沟通。收到资料后，京东招商负责人会第一时间与您取得联系。

④ 确认合作意向。招商负责人会与您就合作条款、要求进行沟通，双方确认合作意向。

第 2 步：签订合同，主要内容如下。

① 发送合同。招商负责人邮寄合同到商家处。

② 提交合同资质。商家按照要求签订合同、提交资质文件到京东。

③ 资质合同审核。京东相关部门审核合同与资质文件。

第 3 步：开店准备，主要内容如下。

① 准备产品资料。商家准备需要合作产品的相关图片及说明。

② 交纳相关费用。商家交纳保证金和平台使用费。

③ 开店销售。产品运营经理将与您取得联系安排开店事宜。

QQ 商城是腾讯旗下的 B2C 商城。QQ 商城于 2010 年 3 月 22 日由“QQ 会员官方店”升级而来。升级后的 QQ 商城打破原有限制，将此前只有 QQ 会员才能享受到的低价名牌网购特权向所有 QQ 用户全面开放，而 QQ 会员的优惠特权也将进一步升级。目前已网罗了包括皮尔卡丹、CK、杰克琼斯、雅诗兰黛、迪士尼等近 200 家知名品牌的 QQ 商城，在保证正品低价的同时，也具备了完善的售后及赔付服务。一个 QQ 全民共享名品的时代正在悄然来临。

QQ 商城的店铺类型主要分为 3 种。

1）旗舰店。商家以自有品牌（商标为 R 或 TM 状态）入驻 QQ 商城开设的店铺。旗舰店类型主要包括：

① 经营一个自有品牌商品的旗舰店。

② 经营多个自有品牌商品且各品牌归同一实际控制人。

③ 卖场型品牌（服务类商标）所有者开设的旗舰店。

2）专卖店。商家持品牌授权文件在 QQ 商城开设的店铺。专卖类型主要包括：

① 经营一个授权销售品牌商品的专卖店。

② 经营多个授权销售品牌的商品且各品牌归同一实际控制人的专卖店。

3）专营店：经营 QQ 商城同一招商大类下两个及以上品牌商品的店铺。专营店类型主要包括：

① 经营两个及以上他人品牌商品的专营店。

② 既经营他人品牌商品又经营自有品牌商品的专营店。

③ 经营两个及以上自有品牌商品的专营店（一个招商大类下专营店只能申请一家）。

天猫商城原名“淘宝商城”，是淘宝网旗下的 B2C 商城。其整合数千家品牌商、生产商，为商家和消费者之间提供一站式解决方案。天猫商城提供 100%品质保证的商品，7 天无理由退货的售后服务，以及购物积分返现等优质服务。

入驻天猫商城需要一定的资质，要么是品牌商或厂商，要么是代理商。天猫商城的店铺类型主要分为旗舰店、专卖店、专营店 3 类。

1）旗舰店的品牌必须为企业自有，它主要包含：

① 经营一个自有品牌商品的品牌旗舰店。

② 经营多个自有品牌商品且各品牌归同一实际控制人的品牌旗舰店（仅限天猫主动邀请入驻的商家）。

③ 卖场型品牌（服务类商标）所有者开设的品牌旗舰店（仅限天猫主动邀请入驻的商家）。

2）专卖店企业须取得品牌持有者的正式授权，它主要包含：

① 经营一个授权销售品牌商品的专卖店。

② 经营多个授权销售品牌的商品且各品牌归同一实际控制人的专卖店（仅限天猫主动邀请入驻的商家）。

3）专营店企业须具有自有品牌或他人品牌的品牌资质，它主要包含：

① 经营两个及以上他人品牌商品的专营店。

② 既经营他人品牌商品又经营自有品牌商品的专营店。

③ 经营两个及以上自有品牌商品的专营店。

京东商城、天猫商城、QQ 商城市场占有率及入驻条件对比，见表 5-1。

表 5-1　B2C 商城指标对比

<table>
<tr><th colspan="2"></th><th>京东商城</th><th>天猫商城</th><th>QQ 商城</th></tr>
<tr><td colspan="2">市场占有率</td><td>20.1%</td><td>57.1%</td><td>4%</td></tr>
<tr><td rowspan="3">企业入驻资质</td><td>注册资金</td><td>50 万元及以上人民币</td><td>无要求</td><td>10 万元以上（珠宝类 100 万元以上，食品、图书音像类目 3 万元以上）</td></tr>
<tr><td>企业资质文件</td><td>需要</td><td>需要</td><td>需要</td></tr>
<tr><td>产品资质文件</td><td>特殊产品需要</td><td>部分产品需要</td><td>部分产品需要</td></tr>
<tr><td rowspan="3">资费标准</td><td>保证金</td><td>视类目不同为 1～10 万元不等</td><td>视类目不同为 1～30 万元不等</td><td>2 万元</td></tr>
<tr><td>服务年费</td><td>6 000 元</td><td>视类目不同 3 万元或 6 万元（可根据销售额和店铺评分返还 50%或 100%）</td><td>6 000 元</td></tr>
<tr><td>交易服务费</td><td>商家在京东商城以京东价售出的产品销售额×商品对应的毛利保证率</td><td>视类目不同收取 0.5%～5%不等</td><td>视类目不同收取 1%～5%不等（月销售额达到类目标准可打 7 折或 8 折）</td></tr>
</table>

通过对比发现，天猫商城市场占有率处于绝对领先，同时天猫商城对于卖家的销售有很强的激励与奖励，比如服务年费可根据销售额进行返还。同时天猫依托成熟的支付宝系统和与第三方物流的紧密合作，是目前为止比较理想的网上商城平台。接下来的步骤 2～步骤 5，我们将以天猫商城为例，介绍落户网上商城的具体步骤。

步骤 2　申请企业支付宝认证

1．申请企业支付宝账号

1）登录 http://www.taobao.com，注册淘宝会员账号。

2）填写账户注册信息，可以直接使用手机发送短信进行注册。

3）通过手机号进行账户信息验证，也可以通过邮箱进行验证。

4）填写手机收到的短信校验码。

5）注册成功，可使用用户名或者手机号码登录淘宝网。

6）登录 http://www.alipay.com，注册支付宝企业账户。

7）选择企业用户进行注册。

8）填写支付宝账户相关注册信息。

9）进入注册时填写的电子邮箱查收支付宝账户激活邮件。

10）点击邮件中的激活链接，激活支付宝账户。

11）激活成功后进入"我的支付宝"。

2．通过支付宝商家认证

1）进入"我的支付宝"，点击申请实名认证。

2）查看注意事项，点击立即申请。

3）在法定代表人这一列，选择"立即申请"。

4）填写企业基本信息，上传营业执照。

5）填写对公银行账户信息。

6）填写法人信息，上传法人证件图片。

7）法人信息通过公安网验证成功后，等待人工审核（审核营业执照和法人证件，时间为2天）。

8）人工审核成功后，等待银行卡给公司的对公银行账户打款。

9）填写确认金额。

10）认证成功。

小链接 5-1

天猫支付宝账号认证规则

1）天猫要求所提供的支付宝账号是一个全新的账号，不可绑定任何淘宝会员 ID。

2）如果已经拥有了一个经过商家认证的公司账号但不符合天猫支付宝的要求，可重新申请一个账户，无须再重复进行一次商家认证，只需将新申请的账号与原有的商家认证账号关联即可。

步骤 3　在线申请并签约

1）登录天猫招商频道 http://zhaoshang.tmall.com，点击立即入驻天猫并阅读入驻须知。

2）检测支付宝账户，如图 5-1 所示。

图 5-1　支付宝账户检测

小链接 5-2

天猫支付宝账号绑定规则

录入的支付宝账号需通过支付宝商家认证，且未用于申请入驻天猫并未绑定任何淘宝账号。支付宝账号通过检测后，请勿自行将此支付宝与任何淘宝账号绑定，店铺成功上线后系统会自动将此账号与天猫账号绑定。

3）阅读淘宝规则并完成考试。

步骤 4　提交资料并等待审核

1. 提交企业信息

1）填写公司申请信息，包括店铺负责人信息和申请公司信息。

2）在线上传相关的企业资质和品牌资质，如图 5-2、图 5-3 所示。

资质上传
所有资质必须清晰可辨，加盖彩色公章，图片支持JPG，JPEG，PNG，GIF，BMP格式，最大不超过800k。
公司基本资料　若发现需提交资料与经营范围不符，请修改经营范围。
商户向支付宝公司出具的授权书（点此下载模板）：上传
组织机构代码证复印件：上传
税务登记证复印件：（国税、地税均可）：上传
企业营业执照副本复印件：上传
根据所选择的经营范围和店铺性质，提交相关的企业资质和品牌资质。
（*所有资质复印件需盖章扫描后上传）
品牌相关资料
申请新品牌
符合条件即开店
全部品牌通过才开店
下一步，命名店铺
上一步

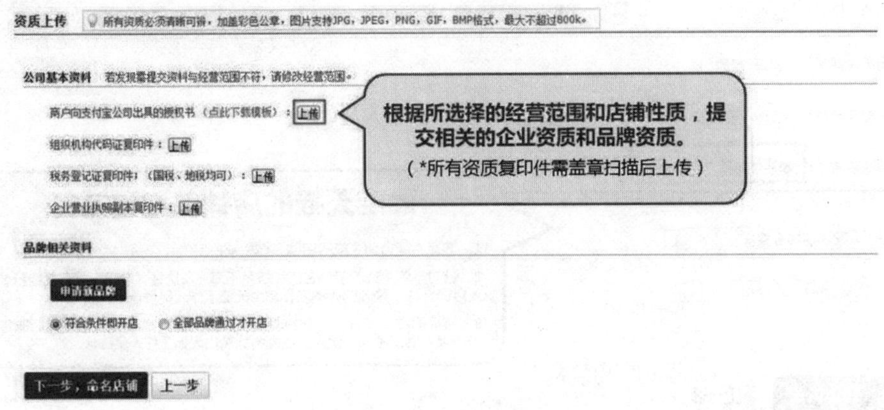

图 5-2　上传企业资质

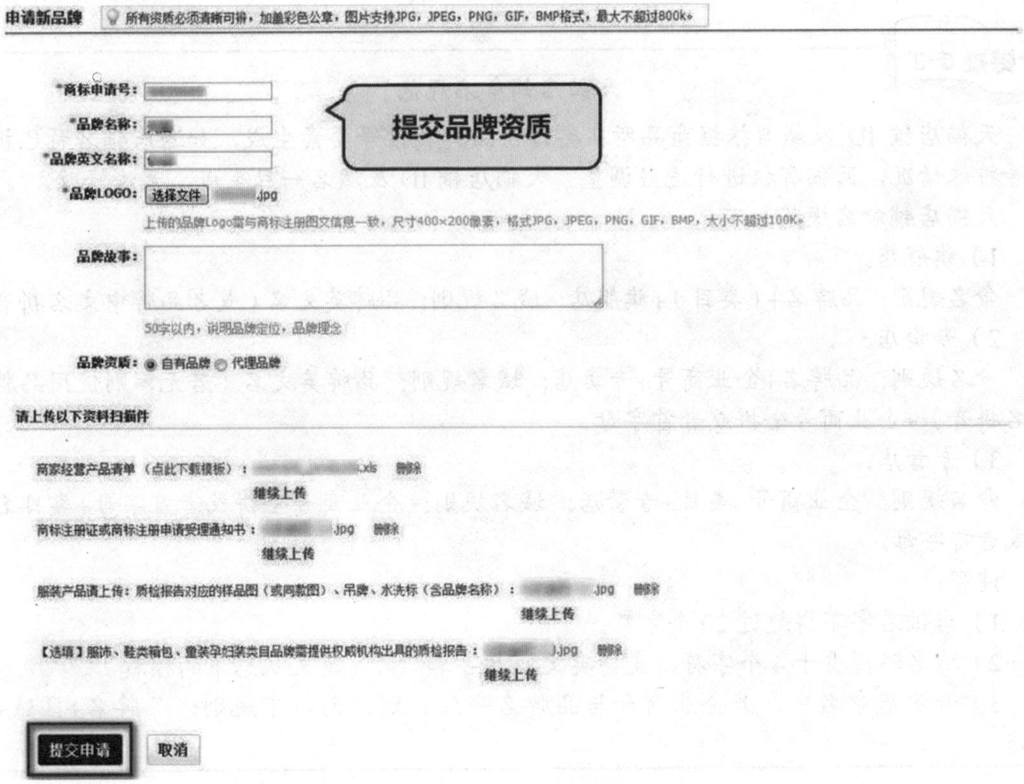

申请新品牌
所有资质必须清晰可辨，加盖彩色公章，图片支持JPG，JPEG，PNG，GIF，BMP格式，最大不超过800k。
*商标申请号：
*品牌名称：
*品牌英文名称：
*品牌LOGO：
选择文件
.jpg
上传的品牌Logo需与商标注册图文信息一致，尺寸400×200像素，格式JPG，JPEG，PNG，GIF，BMP，大小不超过100K。
提交品牌资质
品牌故事：
50字以内，说明品牌定位，品牌理念
品牌资质：自有品牌　代理品牌
请上传以下资料扫描件
商家经营产品清单（点此下载模板）：
.xls　删除
继续上传
商标注册证或商标注册申请受理通知书：
.jpg　删除
继续上传
服装产品请上传：质检报告对应的样品图（或同款图）、吊牌、水洗标（含品牌名称）：
.jpg　删除
继续上传
【选填】服饰、鞋类箱包、童装孕妇装类目品牌需提供权威机构出具的质检报告：
.jpg　删除
继续上传
提交申请
取消

图 5-3　上传品牌资质

3）确定天猫的店铺名称和域名，如图 5-4 所示。

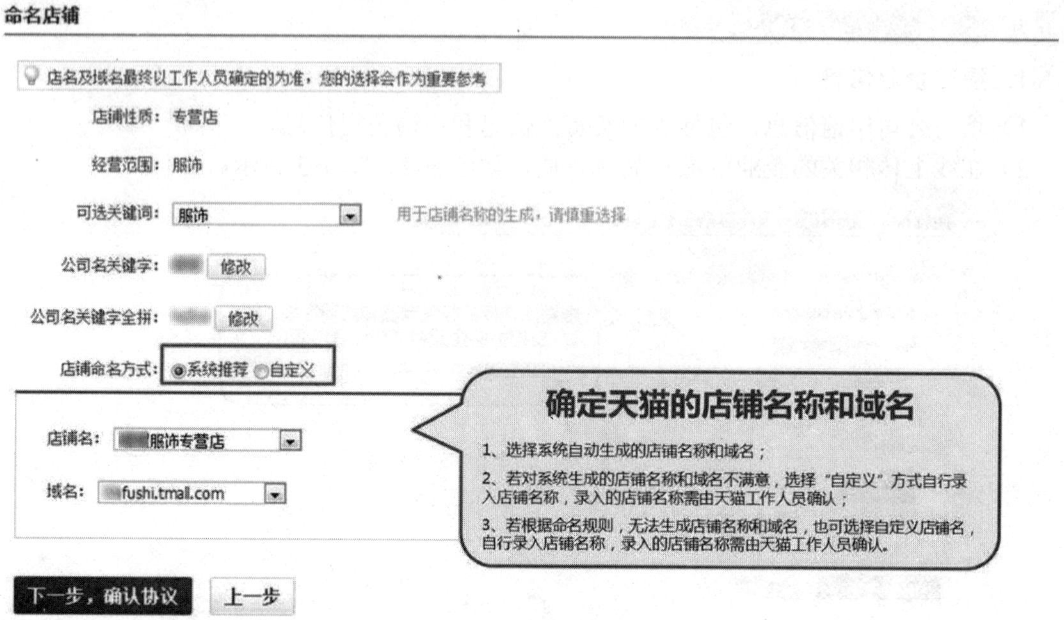

图 5-4　店铺名和域名设置

小链接 5-3

天猫店铺命名规范

天猫店铺 ID 及域名根据商品所在类目、品牌属性等要素生成，如遇店铺名称已被占用等特殊情况，天猫有权进行适当调整。天猫店铺 ID 及域名一旦生成，无法修改。

天猫店铺命名规范如下。

1）旗舰店。

命名规则：品牌名+（类目）+旗舰店；域名规则：品牌英文名（或者品牌中文名拼音）。

2）专卖店。

命名规则：品牌名+企业商号+专卖店；域名规则：品牌英文名（若无，则使用品牌中文名拼音）+企业商号全拼或者首字母。

3）专营店。

命名规则：企业商号+类目+专营店；域名规则：企业商号全拼或者首字母+类目名全拼或者首字母。

注意：

1）店铺名字不得超过 20 个字符。

2）域名不得少于 4 个字符，支持英文、数字和“-”（英文状态下的横杠）。

3）专卖店命名中，若企业商号与品牌名一致，则启用以下规则：品牌名+区域+专卖店。

4）在线签订服务协议、线上支付服务协议及签署支付宝代扣协议，如图 5-5 所示。

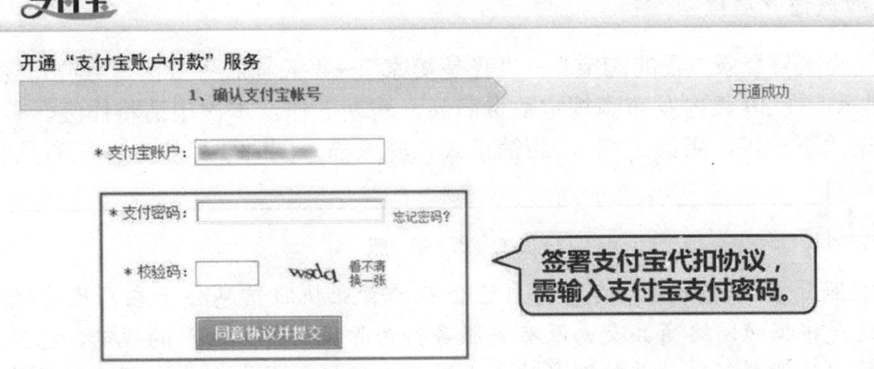

图 5-5　代扣协议签署

2. 等待审核

1）提交申请，天猫工作人员 7 个工作日完成审核，审核分为初审、复审、授权 3 个阶段。

注意：天猫工作人员未操作审核时，商家可点击“修改入驻资料”及“修改店铺负责人信息”对相关资质或店铺信息进行修改。

天猫工作人员完成品牌和类目授权，系统将以邮件和旺旺的方式，将天猫账户名及登录密码发送给商家。商家需登录天猫后台，根据提示完成后续工作。

2）以天猫账号登录“我的淘宝”→“我是卖家”→“天猫服务专区”，在 15 天内完成保证金/技术服务年费的冻结缴纳操作，如图 5-6 所示。逾期操作，本次申请将作废。

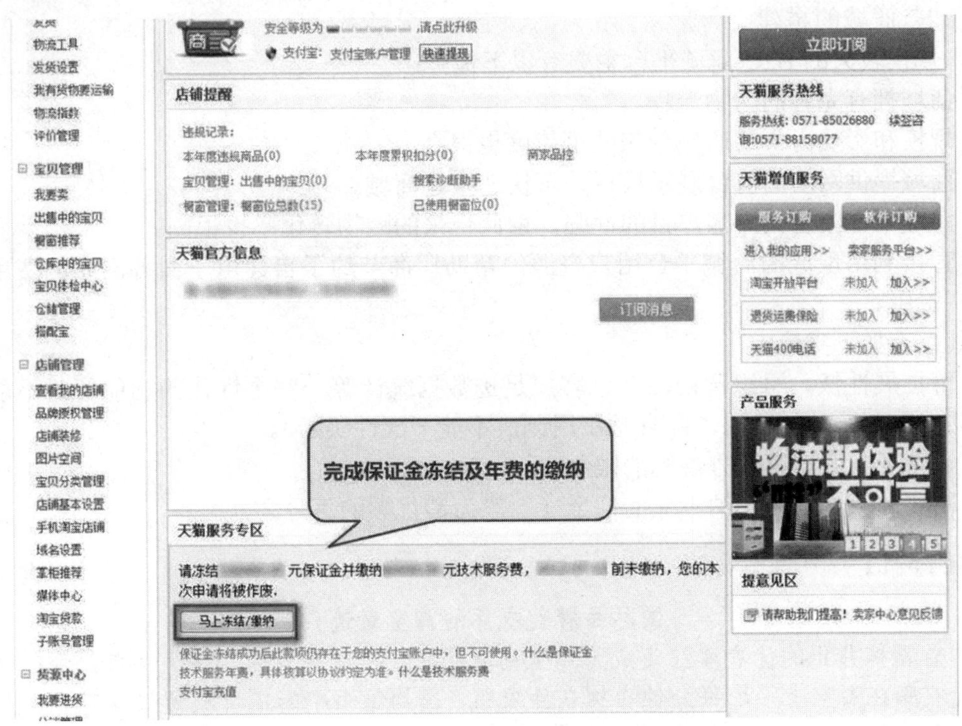

图 5-6　保证金冻结及年费缴纳设置

步骤5 发布商品开店成功

1）以天猫账号登录“我的淘宝”→“我是卖家”→“天猫服务专区”，点击“发布商品”，根据页面提示，在30天内发布满规定数量商品。逾期操作，本次申请将作废。

2）点击“下一步，店铺上线”，店铺正式入驻天猫，同时要尽快办理工商亮照。

小链接5-4

工商亮照

工商亮照简单说就是企业卖家将自己企业的营业执照信息公示在自己店铺中供消费者查看。这是根据《网络商品交易及有关服务行为管理暂行办法》的规定，已经工商行政管理部门登记注册并领取营业执照的法人、其他经济组织或者个体工商户，通过网络从事商品交易及有关服务行为的，应当在其网站主页面或者从事经营活动的网页醒目位置公开营业执照登载的信息或者其营业执照的电子链接标识。

触类旁通

B2C模式的优势使得不少以前只有在商场中才能见到的时尚品牌纷纷投身网络平台，为自己设立专店门户，建起网上商城，如MANGO、ZARA、ONLY等。自2011年开始，诸多一线甚至顶级知名品牌也加入到了电子商务的平台之中，如日系品牌伊都锦、优衣库，高端奢侈品牌ARMANI等。目前各大品牌建立B2C商城主要采用两种方式，一是接入规模和影响力比较大的B2C商城平台，如天猫商城、QQ商城、苏宁易购等；二是自行进行B2C商城的搭建。

接入规模较大的B2C商城平台主要有以下优势：

1）商城拥有完善的购物流程。

2）规模和影响力大的商城带来的可信度也很高。

3）商城提供网店的前台展示模板，可快速搭建商城。

4）商城平台流量大，客户目的性强，由此带来的购物转化率也很高。

5）直接利用现成的商城平台用户资源，帮助厂商节约了自建电子商务网站的费用和长期的推广费用。

但其也有如下劣势：

1）可扩展性低，组织营销活动、客户足迹数据统计等一些个性化的功能暂时不能扩展（许多功能需要额外的费用，并且是租用制，不能一次性买断）。

2）运营受到商城第三方规则的限制。

3）需要向商城平台交纳不菲的佣金（一般为销售额的百分之几）。

【案例5-1】

国际品牌优衣库的淘宝奇迹

日本首富柳井正的优衣库注定成为淘宝商城明星，也注定成为其他大品牌厂商效仿的对象——优衣库在淘宝上平均每分钟卖掉7件衣服，平均每个小时销售额超过4万元，上线11天的成绩等于进入中国9年的实体店总和。

2009年4月16日，优衣库在淘宝的旗舰店正式开张。开张当天就达成了近3 000笔交易，实现30多万元的交易额。

统计显示，2009年4月16日到4月26日，有43万人光临过优衣库淘宝旗舰店，也就是说平均每天有4万人在淘宝上逛优衣库，相当于优衣库在中国所有实体店每日客流量的总和。这也相当于沃尔玛这样大型商场每天的客流量。

这43万人在短短11天时间里消费了410万元，平均每天有4万笔交易，平均每秒钟超过一笔成交。

所以，优衣库社长柳井正说，优衣库的目标是成为全球最大的服饰零售商，要达成这一战略，淘宝至关重要。

据悉，还有更多的国际品牌正在与淘宝密切合作，推进网上旗舰店计划，以打开中国庞大的内需市场。

请思考：各大品牌纷纷希望通过网上商城平台建立新的销售渠道，与传统销售渠道相比，新销售渠道的优势在哪里？

任务2 策划B2C网站

任务要点

关 键 词：网站定位、网站功能、网站建设技术方案、B2C商城系统。

理论要点：B2C网站策划包含的内容，自建B2C商城的优势与劣势。

实践要点：能策划B2C网站并撰写网站策划书。

任务情境

入驻网上商城后，小陆的保暖内衣销量还算不错。不过他渐渐发现成本也随之增加不少，比如商城里许多功能都需要额外收费，同类别商品竞争太激烈，如果不降低价格很难得到顾客，但是价格太低却容易降低品牌的形象，另外每年需要向商城平台交纳技术费、交易费等，算下来开销十分庞大。这时他想不如自己建立一个网上商城，这样能减少很多费用，自主性也更强。于是他找来他的同班同学，懂网站开发的小张，请他一起策划一下如何建立自己的网上商城。

任务分析

小张是个十分有经验的网站开发人员，他对小陆说，要建立一个网上商城，首先要做的就是网站的策划，这是网站建设成败的关键内容。网站策划重点阐述了解决方案能给客户带来什么价值，以及通过何种方法去实现这种价值。在网站建设前要对市场进行分析、确定网站的目的和功能，并根据需要对网站建设中的技术、内容、费用、测试、维护等做出规划。

任务实施

步骤1 确定网站定位

1．网站产品类型定位

这是网站定位中最基本的一个方面。我们要考虑是做一个包含很多产品种类的大而全的综合性商城还是做一个专门针对某个类别产品的专门型商城。确定好经营方向后，就要对自己的商品进行挑选，对产品开发定位，深入了解，对商品做一个属性的定位。属性的定位包括商品价格段是多少，哪些商品用来做超低价吸引人气的，哪些商品用来做促销稳定销售的，哪些商品用来做高利润高品位高回报的，哪些商品用来作为B2C商城的明星产品等。

2．网站消费人群定位

根据选择的商品进行人群定位，商品是适合哪些买家的，这些买家都是什么年龄段，什么性别居多，什么爱好，什么文化层次，什么职业，多少消费能力，普遍上网时间段，一般在网上哪些地方出现等。这里要注意的是人群的定位有时候会反作用于产品选择的定位。

3．网站设计定位

网站整体设计，主要为了提升网站的用户体验，带来更多的购买转化率。

1）根据网站产品特点和网站所定位的人群进行配合设计，在网站上选择合适的色彩与图案，设计大气且具有亲和度的界面会让网站显得更正规，可以无形提升网站品牌，触发购买欲望。

2）合理的网站栏目设计和科学的网站构架可以让消费者快速找到所需要的东西，越是大型网站越要给人简约明朗的感觉，不能因为栏目和产品众多而导致消费者眼花缭乱。

3）方便的购物方式和放心的付款方式及快捷的物流发运方式是消费者最关心的环节，如何在网站中体现出方便快捷安全这些特点是用户体验的核心价值。

4．网站推广模式定位

客户的需求是B2C网站盈利的核心。虽然我们不能决定客户的需求，但是可以让有需求的客户发现我们，引导消费。我们需要做的就是精准的网站推广。说到网站推广，立刻会想到的关键字是优化、博客营销、邮件营销等。但是一个B2C网站如果仅仅依靠搜索引擎，是不会长期盈利的。凡是能够长期盈利的网站大部分不是通过搜索引擎，而是客户对网站的黏合度。我们要根据人群定位寻找到此类消费者出现在网上的地方，进行广告投放，比如消费群体职业、爱好的社区与资讯站。而且要根据消费者年龄、性别与文化去设计网站广告图与广告语，迎合消费群体的口味。营销推广的定位有时候也会反作用于产品的定位。

步骤2 确定网站功能

一个完整的B2C网站必须包含7大系统，分别是商品系统、会员系统、购物系统、支付系统、配送系统、订单管理系统和统计分析系统。

1．商品系统

（1）商品管理和定价管理

1）商品的录入：商品的录入仅指相关管理人员通过专门的商品信息录入平台，将商品的基本信息录入到网站系统专门的数据库中。新录入的商品信息状态为下架。录入的商品描述信息可以由管理员在后台统一维护，并且在定义商品类别时，分配给不同的类别，这样就可以达到多系列产品的发布和搜索的目的。

2）商品的相关显示：商品录入功能包括“相关商品”推荐工具，系统提供录入人员按品牌、价格或是商品编号和名称等属性来检索要推荐的商品，并将检索结果加入到“相关商品”中。同时，商品的相关性是双向的。A 商品设置 B 商品为相关商品的同时，B 商品同时认可 A 商品为它的相关商品。可按设定的日期生成销售排行榜。同时后台可设定某产品为特价产品放入特价专区。

3）商品的定价：商品的定价管理分为基本销售价格和折扣率。价格随着会员的等级而自动改变。定价人员在后台针对产品来指定商品的市场价和网上销售价。

4）商品的排序：管理员可以根据销售需求，为商品的二级分类和具体商品设置排序参数。用户浏览网站时，系统即根据该参数来确定相关内容的显示次序。

5）商品的个性展示：可实现鼠标移动实时放大的独特展示形式。

6）站内搜索：根据特定条件的选择，进行商品搜索排列展示。

7）关键字：可以填写分类的关键字，比如在欧美沙发的分类中就可以填写欧美以便于用户搜索。

8）数量单位：是指商品的单位名称，比如鞋的单位是一对。

（2）商品数量和状态　商品状态将在用户浏览中体现，根据状态不同，可分为“下架”、“上架”、“有货”、“缺货”4 种状态。商品录入后的基本状态是“下架”，只有设置为“上架”的商品，浏览者才可以在网站前台查看到。管理员还可以手工指定商品的数量，当数量大于“0”时为“有货”，当数量等于或小于“0”时为“缺货”，“缺货”时系统会引导会员进入“缺货登记”的页面。

当会员每次下达订单时，系统就扣除相应商品的数量，当会员放弃订单时，或管理员在后台取消订单时，系统就加回相应商品的数量。

商品是否显示：是指是否在前台显示出来。

2. 会员系统

用户注册成为网站的会员后，系统会发送邮件进行验证，然后用户可以进行下单购买的操作（当然用户不注册不登录也可以先去浏览产品，放入购物车，但在下订单时需要客户先注册登录）。会员注册的时候用电子邮件和密码作为基本信息。其他的信息如收货人和收货地址等，由其在购买过程中一步步添加和完善。

会员管理中心的功能包括基本的信息维护、财务的支付和明细、订单的结算和浏览，以及辅助的浏览产品/收藏产品的记录、到货的通知。同时，如果会员在注册后三天内尚未产生购买行为，系统自动发送一次提醒邮件，内容自定义。同时在该会员再次登录的时候，页面会生成提示框。

当会员下订单后，管理员对订单状态进行调整时，系统将自动给他们发送通知邮件。当会员发现所中意的商品缺货时，系统会引导其到缺货页面进行登记，当商品有货的时候，系统将自动给此会员发送通知邮件，当然也同时体现在“到货信息”中。

3. 购物系统

具体购物步骤如图 5-7 所示。

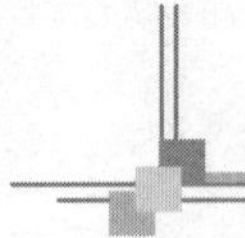

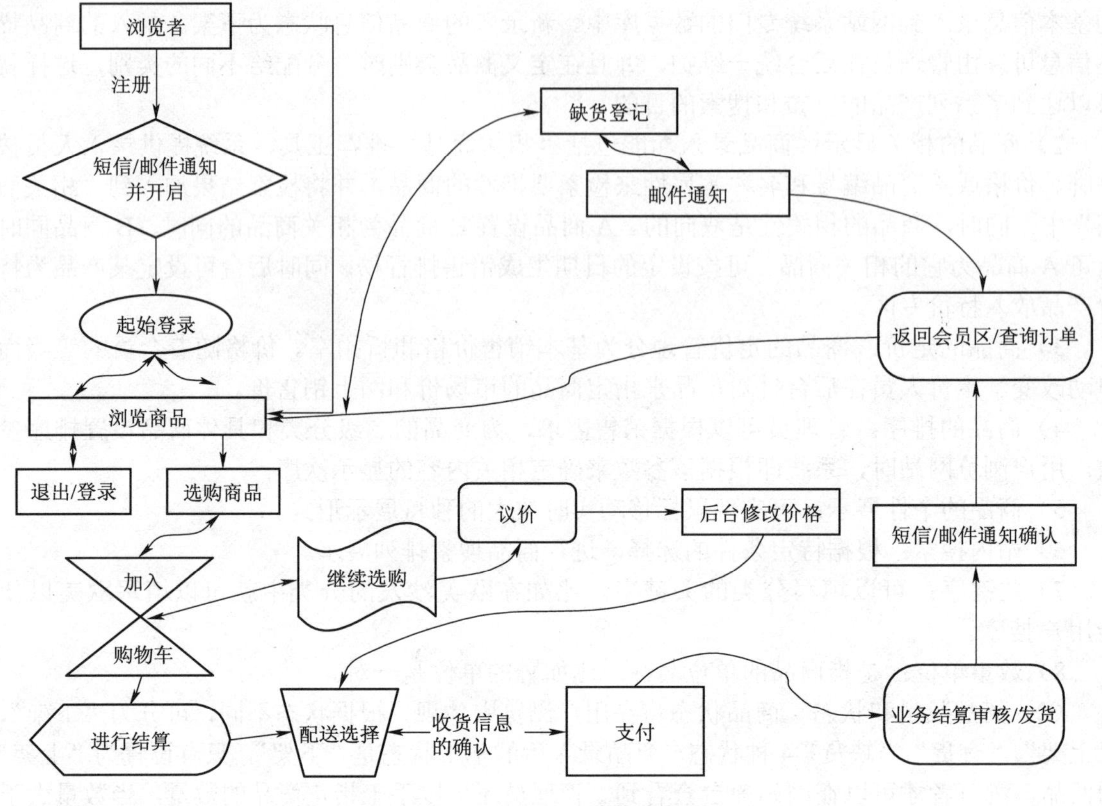

图 5-7　B2C 网站购物流程图

1）购物车里可以包含多个产品（多个产品凑成的组合件也当做是一个产品，因为只有一个价格），所生成的订单也同样包含多个产品。

2）有预付款的概念，会员提前支付的金额体现在预付款里（通过会员网上支付或是会员汇款，由管理员在后台录入），结算时直接从预付款里扣除。预付款可能会有余额存在（当结算的金额小于预付款的金额时），系统可提供账单明细给会员核对。

3）订单结算时，当有预付款，且预付款可以支付订单的时候，系统会自动结算，并生成已付款订单。当预付款不够或没有预付款时，系统不会自动结算，但会生成未付款订单，让会员随后支付费用，手工对未付款订单进行选择结算。

4）生成订单后，订单分为“未付款”、“已付款”、“处理中”、“配货中”、“已发货”、“已完成”这几个状态。当会员结算成功后，系统会自动将“未付款”状态改为“已付款”状态，其他的状态则需要管理员在后台进行手工更改。

5）会员在提交订单之前需要先填写收货人、收货地址、联系方式、所在城市等信息，以便准确送达商品。

4．支付系统

预留多种支付方式接口，包括线下银行转账汇款、货到付款、网上付款。网上付款应支持目前国内流行的支付方式，比如支付宝、财付通、银联在线等。管理员可以在后台添加或删除支付方式，也可以随时启用或停用某个支付方式。

如果是线下银行转账汇款，则管理员可以在后台输入银行卡的相关信息，会员在支付时就可以看到。

5．配送系统

管理员可以新增、删除以及编辑各个地域，比如××国家\××省\××市，前期应当把全国各地精确到区的数据导入在系统里面，以后可根据实际的需求来增加相应的数据。

管理员在后台可以增加多个物流公司，然后根据不同的物流公司，设置到达不同区域所需要的价格。这样的话，会员在购买商品的时候，选择一个配送方式，那么配送的价格就可以根据会员填写的地址自动调用。

6．订单管理系统

（1）订单处理　会员如通过银行汇款进行支付，要求用户汇款时在底单上标明其ID号。接到底单后，财务人员可以在后台录入会员的预付款，并通过邮件通知会员录入款项成功。会员则可再上我们的平台结算订单。

对于已付款的订单，管理员可以在后台查阅到，并通过线下的操作进行处理，每一个处理的步骤对应不同的订单状态进行更改。所更改的结果会员可以在前台的会员管理中心处查阅到。管理人员可以在后台按订单的不同状态进行统计，监控订单的处理执行情况。在订单管理的权限方面，要做出严格的规定。每个动作，都可以指定给某一个管理员来执行。

（2）订单分配　考虑到以后订单过多的情况，需要由多个业务人员共同来处理。首先可由管理员开设多个业务处理账号，然后管理员按产品分类指定给相应的业务人员，业务人员只接受和处理指定分类的产品。比如张三管理I品牌的订单，李四管理II品牌的订单。

7．统计分析系统

统计分析系统主要分为销售统计、客户统计、访问统计、订单统计等。其中最重要的是销售统计和订单统计。

销售统计分为销售概况、销售明细、销售排行3个部分。销售概况展示网店在一段时间内的订单总个数和销售总额度，可以按照年度和月份为单位，分别进行查询；销售明细展示一段时间内某些商品的销售记录，包括销售数量、售价、售出日期；销售排行展示一段时间内商品的销售量排行，以“销售量”递减排序。在此可以查看商品的销售量、总的销售额以及商品均价。

订单统计展示网店在一段时间内的订单情况，例如，已确认的订单、已成交的订单等。另外可以对网店会员的订单数和购物金额进行排序。

步骤3　选定网站建设技术方案

1．租用虚拟主机作为网站服务器

虚拟主机是使用特殊的软硬件技术，把一台真实的物理主机分割成多个逻辑存储单元，每个单元都没有物理实体，但是每一个逻辑存储单元都能像真实的物理主机一样在网络上工作，具有单独的域名、IP地址（或共享的IP地址）以及完整的Internet服务器功能。它有如下优势：

1）相对于购买独立服务器，大大降低网站建设的费用。

由于多台虚拟主机共享一台真实主机的资源，每个虚拟主机用户承受的硬件费用、网络维护费用、通信线路的费用均大幅度降低，这样不仅大大节省了购买机器和租用专线的费用，也简化了网站服务器管理的复杂性，诸如软件配置、防病毒、防攻击等安全措施都由专业服务商提供；同时也不必为使用和维护服务器的技术问题担心，更不必聘用专门的管理人员。

2）网站建设效率提高。

自己购买服务器到安装操作系统和应用软件需要较长的时间，而租用虚拟主机通常只需要几分钟的时间就可以开通。由于现在主要的服务商都已经实现了整个业务流程的电子商务化，选择适合自己需要的虚拟主机，在线付款之后马上就可以开通。

2．使用 LAMP 作为网站建设技术方案

LAMP 指 Linux（操作系统）、Apache（服务器软件），MySQL（数据库软件）和 PHP（程序开发语言）的第一个字母的组合，它是一组用来搭建动态网站或者服务器的开源软件，本身都是各自独立的程序，但是因为常被放在一起使用，拥有了越来越高的兼容度，共同组成了一个强大的 Web 应用程序平台。从网站的流量上来说，70%以上的访问流量是由 LAMP 提供的，LAMP 是最强大的网站解决方案。

（1）Linux 操作系统　Linux 是一种自由和开放源码的类 UNIX 操作系统。使用 Linux 最基本的优点就是经济性强，用户不再需要花费可观的版权费用，便可使用功能强大的操作系统和内建的应用程序。

除了经济的好处外，Linux 还包括以下优点：多用户多任务、稳定的执行效率、跨平台操作和完善的网络功能。

（2）Apache 服务器软件　Apache 是众多服务器软件中的一种，已经成为目前应用较广泛的服务器软件之一。它支持多种操作系统，如 UNIX、Linux、Windows 等，功能强大。Apache 服务器同 IIS、Tomcat 服务器相比具有很大优势：首先，Apache 服务器是开源的，不需要支付任何费用就可以免费下载并使用；其次，Apache 服务器改善了 IIS 易假死的毛病，配置完成后非常稳定；最后，由于 Apache 开源的特点，任何人都可以分析它的代码，发现其中的漏洞，并发布补丁来弥补该漏洞，也使其安全性大大的提高。

（3）MySQL 数据库　MySQL 是一个快速而又健壮的关系数据库管理系统。这个数据库允许用户高效地进行存储、搜索、排序和检索数据等操作。MySQL 服务器将控制对数据的访问，从而确保多个用户可以并发地使用它，同时提供了快速访问并确保只有通过验证的用户才能获得数据访问。因此，MySQL 是一个多用户、多线程的服务器。它使用了模式化查询语言（SQL），这是全球通用的标准数据库查询语言。MySQL 与其他数据库相比具有许多优点，如高性能、低成本、易于配置和学习、可移植性、源代码可供使用、技术支持可供使用等。MySQL 可以在许多不同的 UNIX 系统中使用，同时也可以在 Microsoft 的 Windows 系统中使用。

（4）PHP 程序开发语言　PHP 是近年发展起来的一种新兴的语言。PHP 是一种服务器端、跨平台、HTML 嵌入式的脚本语言。它的工作方式与 ASP 相似，其主要功能也是用来开发动态交互式的 Web 服务器应用程序。PHP 是公开免费的，语法简单、易学易用，支持众多网络协议。它具有强大的数据库操作能力和丰富的函数库。PHP 更是一种真正跨平台、跨服务器的开发语言，执行效率高。和其他的语言相比，PHP 系统仅消耗较少的系统资源。

步骤 4　选择 B2C 商城系统

针对之前确定的 B2C 网站功能和建站技术方案，我们可以采用两种方式进行 B2C 网站的建设。一种是自己开发建设，另一种是使用成熟的基于 PHP 和 MySQL 开发的 B2C 商城系统。使用成熟的 B2C 商城系统成本较低，而且功能模块丰富，部署相对方便。目前，市面上基于 PHP 和 MySQL 开发的 B2C 商城系统有很多，此处推荐开源的商城系统，开源的商城系统源代码完全开放，可以自由进行二次开发，自由度较高。

开源的B2C商城系统也包含很多，比较著名的有：MAGENTO、ECSHOP、ZENCART、FREEWAY等。

1. MAGENTO

MAGENTO是一种新型的开源电子商务系统，功能齐全丰富，设计全面灵活，主要面向企业客户，满足更加专业的需求和用途。具有以下优点：与第三方厂商容易整合、产品标签等功能新颖、具有良好的扩充性等。不足之处是使用不够便捷，需要专人教导、要求具有一定的程序知识对其进行修改、语言汉化不够等。总的来说MAGENTO很实用、很全面，且漏洞较少，只是使用时需要一定的专业知识。

2. ECSHOP

使用ECSHOP快捷简便，不管是个人还是企业用户，都可以自助建立稳定、美观、安全的网店。其操作非常简洁，只需要鼠标点击选择和一些简单的文字输入即可；模板选择也很丰富，且不需要专业的编程知识，只需要后台轻轻点击选择即可。并且对于购买客户来说，交易流程简约、模板美观丰富，非常富有人性化，具有很好的购物体验。不足之处是产品不够完整。这是国内程序员开发的开源软件，在开源商城系统里算是翘楚，后台功能非常强大，很人性化。

3. ZENCART

ZENCART是开源商城系统的购物车软件。它的优点是易安装、易定制功能和外观，功能新颖，具有折扣、优惠券等功能，且支持多国语言。不足之处是虽然在服务器上速度快，但是本地速度却很慢，国内使用较少。

4. FREEWAY

FREEWAY是开源商城系统里面内容很丰富的一款软件，其优点是易配置安装，不仅是商品销售，更能扩展到一些更加丰富的功能。不足之处是后台全英文，不支持汉化，国外使用较多，国内很少使用。

对以上商城系统在特性上进行分析对比，主要对比以下几个指标：中文语言、授权方式、系统功能、搜索引擎、模板、用户数量，见表5-2。

表5-2　开源商城系统特性对比

软件名称	MAGENTO	ECSHOP	ZENCART	FREEWAY
中文语言	支持繁体中文	支持	支持	不支持
授权方式	OPL协议免费	GPL协议付费	GPL协议免费	GPL协议免费
系统性能	速度中等	速度中等	速度快	速度快
搜索引擎	优	优	中	弱
模板	模板数量多 界面颜色丰富	模板数量多 界面颜色丰富	模块数量中等 界面颜色丰富	模板数量偏少 界面颜色较少
用户数量	国内中等 国外最多	国内最多 国外少	国内较少 国外最多	国内少 国外较多

通过特性上的对比，ECSHOP 功能较齐全，扩展性强、响应速度快，更为重要的是这套商城系统更适合中国国内的 B2C 市场。所以最终我们选择 ECSHOP 作为建设 B2C 网站的商城系统，后面将会介绍如何利用 ECSHOP 建立 B2C 网上商城。

步骤 5 制定网站建设进度

1．项目组成员构成

根据 B2C 网站建设项目的工作内容和范围，成立一个 6 人的项目工作组来进行项目的开发。具体职责如下：

（1）项目经理（1 人） 负责项目管理、组织和协调，对项目资源进行控制，使项目能够按照计划实施、满足项目规定的业务需求。项目经理需对项目的质量、进度和成本负责。项目经理负责整个项目中的数据库结构及功能程序的设计。

（2）美术工程师（1 人） 从事项目整体上的创意、规划、视觉设计，交互表现形式的方向把握，设计方案的提交，对项目规划设计的质量实施控制、指导与监督。

（3）高级程序员（1 人） 负责服务系统的程序及多媒体的开发。

（4）HTML 制作及测试工程师（2 人） 负责网页的模板制作、HTML 搭建、网站的测试及运行。

（5）后台管理员（1 人） 负责网站初期内容的上传。

2．项目实施阶段

（1）规划定义 作为项目的启动，规划定义阶段的目的是为了能够准确地把握网站的商业目的，确立项目范围、整体性和操作实施性。这包括对商业策略的回顾，以及确认、记录并按优先次序排列出需求清单，提出系统构架草案。根据项目的特点，选择项目成员、整合项目组并安排项目计划。

（2）分析设计 在得到了项目目标、范围和高级别需求清单等结果后，我们要针对功能性，系统构架技术性和视觉创意等方面进行更详细的分析设计。如有必要，还需要制作一个原型或演示系统来测试我们的概念。之后，要根据这个设计有针对性地完成内容开发，交互信息和界面设计等工作。

（3）编码制作 我们开始建造这个系统。开发整合阶段的工作是将所有设计的结果予以开发出来。本阶段将完成一个正常运行的系统。

（4）测试验收 测试工作包括功能测试和性能测试两个部分。然后将已完成的系统从开发环境迁移至发布环境。有计划地发布功能和数据直至全部开放进行商务运作。组织人员在一个有限的范围内对系统进行试运行，系统试运行一段时间后，将投入正式运行。

（5）维护管理 除了必须对系统进行监视、维护来保证其正常运作外，管理维护阶段更重要的任务是从正处于实际运营的系统上测试实际的系统性能；在运营中发现系统需要完善和升级的部分；衡量并比较系统是否和商业目的、需求相吻合。将所有这些信息整理成一份计划以便于将来对网站系统的增强和升级。

3．网站建设具体时间计划

针对项目实施的五个阶段，我们要对每个阶段需要完成的任务进行具体的时间安排。下面是网站系统各任务开发进度的总体安排：网站功能模块设计及确定 2 天；网站美工设计及确定 10 天；网站系统详细设计阶段 10 天；网站数据库建立 5 天；网站功能模块建立 15 天；网站测试 2 天；网站验收 1 天；网站正式运行。

整个网站的开发/实施周期为 45 天。但考虑到将选用成熟的 B2C 商城系统，数据库建立和功能模块建立的时间可大大缩短。最终我们将整个网站的开发/实施周期定为 30 天（4 周）。

步骤 6　分析网站建设费用

此处讨论的网站建设费用主要是针对硬件和软件的投入。由于人工等费用可调控性较强，因此不列入费用的计算。

1. 虚拟主机费用

根据之前确定的网站建设技术方案，我们要选用 Linux 型虚拟主机，支持 PHP 和 MySQL。一般来说，根据空间大小和流量的不同，虚拟主机的租用价格也相应不同。以下列出几个主流空间提供商。

1）西部数码：http://www.west263.com。

2）易网主机：http://www.34514.cn。

3）时代互联：http://www.now.cn。

选用 200MB 虚拟主机价格一般在 200 元/年左右，每月有流量限制，但不限并发数。

2. 域名费用

域名和虚拟主机选择同一家进行购买，这样解析速度较快，在服务上既方便又有保障。主流的域名后缀一般为.com、.net、.cn、.com.cn，以下是价格对比，见表 5-3。

表 5-3　域名费用对比　（单位：元/年）

域　名	西部数码	易网主机	时代互联
.com	55	68	58
.net	42	68	67
.cn	68	80	58
.com.cn	68	80	58

3. ECSHOP 商业授权费用

ECSHOP 商城系统可以提供给非商业授权用户和商业授权用户。

非商业授权用户是使用 ECSHOP 网店系统（免费版）的用户，仅供从事学习研究之用，不具备商业运作的合法性。商业授权用户是由 ECSHOP 商业授权中心颁发的 ECSHOP 旗下网店系统商业运营授权许可证，经过认证后将拥有商业授权用户身份，并且享有使用 ECSHOP 旗下网店系统进行商业运营的合法权利。商业授权费用为 3 000 元。

根据以上 3 个部分的大致核算，软硬件第一年投入总费用在 4 000 元以下，今后每年需支付虚拟主机和域名的费用。当然，如果我们的网上商城在今后运营越来越好，就必须要加大对软硬件的投入，尤其是网站服务器，一旦发展起来，虚拟主机肯定是无法负载的，今后主机托管或自建服务器是比较好的选择。

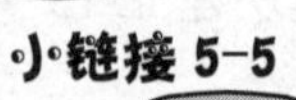

主机托管

主机托管（colocation），也称主机代管，指的是客户将自己的互联网服务器放到互联网服务供应商 ISP〔互联网服务提供商〕所设立的机房，每月支付必要费用，由 ISP 代为管理维护，而客户从远端连线服务器进行操作的一种服务方式。

客户对设备拥有所有权和配置权，并可要求预留足够的扩展空间。主机托管摆脱了虚拟主机受软硬件资源的限制，能够提供高性能的处理能力，同时有效地降低了维护费用和机房设备投入、线路租用等高额费用，非常适合中小企业的服务器需求。

触类旁通

很多企业采取自建 B2C 网站，这种方式有如下优势：

1）可扩展性高，自由灵活，一切在自己的掌握中，很多项目功能可以向软件商家一次性买断使用权，不用长期付款；有的功能可以聘请程序员自己开发，费用更低。

2）不需要交给第三方平台佣金，可以把节省下的佣金用于推广，增加更多的客户，带来更多的效益。

3）如果把网络商城作为一个导航栏目放到企业网站，那么给企业网站做的所有推广链接权重就全部都落在企业网站的头上。不像淘宝商城那样，在淘宝网以外做的推广链接的权重都落在淘宝网的头上，对企业自己网上商城产品页面权重的增加却毫无帮助。

4）可以把淘宝商城的流量导入到自己的企业自建商城，从而摆脱淘宝网的控制。

5）在销售服务的过程中，企业完全可以做得比淘宝商城要求的更好，只要企业是真心为客户着想，就一定能做得更好。

6）有了自己独立的 B2C 网站就可以有足够大的空间和更大的展示页面、更大的流量为客户服务。

7）可以给客户提供更加个性化的服务，满足客户个性化的需求。贴近用户的使用习惯，更全面地为客户提供服务。

8）通过自建网上商城来打造一支完全属于企业自己的网络营销队伍，对企业网上销售的长期发展是非常有益的。

自建 B2C 网站也有如下劣势：商城建立初期可信度低，推广难度大；需要专业的运维团队；需要购买服务器、域名、软件等基础设施；需要花费的时间成本和人力成本会比较高，并且效果不会立竿见影，需要一段时间的积累才会出现持续稳定的流量和排名。

从企业长期营销目标的实现角度出发，作为一些大众消费类产品的生产企业还是非常有必要建立一个属于自己的网上商城。

【案例 5-2】

民营快递高调“跨界”自建网上商城

在淘宝、京东商城、凡客诚品等电商企业宣布要自建物流之后，国内民营快递不甘示弱，纷纷筹建自己的电子商城。近日，国内圆通、申通、中通、韵达以及顺丰快递等多家民营快递都透露了从物流配送环节延伸进入电子商务领域的筹谋，形成了一股新的“跨界潮”。这是快递行业的薄利驱动，还是分羹搅局电子商务市场？

圆通的网上商城“全联网”的筹建工作已经完成大半，最快将在2012年9月上线。这个电子商务平台由圆通与全国工商联、出版社合作，搭建的是一个B2P2C的平台。上线后，商城和快递可以实现无缝对接。圆通方面表示，现阶段能够透露的细节不多。

同样在加紧筹备电子商城的还有申通，其电子商务平台正在杭州组建。知情人士表示，申通此次是大手笔投资，投资金额按“亿”计算，平台最快可于2012年10月上线，目标锁定B2C。

除了圆通与申通，韵达不仅在搭建电子商务平台，还准备开发类似支付宝的第三方支付系统，合作方可能是邮政储蓄银行。同时，中通、顺丰快递也在公开场合表达了对进入电子商务领域的构想。

为何快递行业都“不安分”地进军电子商务行业？快速发展的电子商务给快递公司带来的看似前途无量，但实际上并不是如此。近年利润的逐年低下是促使快递公司向产业链上游延伸的重要因素。从经营的角度来讲，一旦快件量的增加峰值超过快递企业自身的服务能力，就会出现亏损，业务量越大亏损越多。目前，95%的特许加盟快递企业的业务量处于超负荷状态，多年以来，特许加盟模式民营快递企业又一直占有网购快递85%以上的市场份额。

请思考：快递公司为什么要从幕后走向前台，进军电子商务建立B2C商城？

任务3 建立B2C网站

任务要点

关 键 词：虚拟主机、域名、ECSHOP商城系统。

理论要点：选择B2C商城系统的考虑因素。

实践要点：能利用商城系统建立B2C网站。

任务情境

网站策划方案制定后，小陆已经迫不及待地想要建立他的品牌网上商城了，他和小张两个人分工合作，由小张负责建立网站前的一些前期技术工作，他负责整个商城内容的制作，而由于选择了网上商城系统，小陆的当务之急是要好好研究下这套网上商城系统。

任务分析

构建网上商城之前需要做一些前期准备，比如购买服务器、域名并且做好相应的配置工作，而对于选择的商城系统，需要对商城的整个购物及运作流程掌握清楚，并且对于商城系统中最重要的商品系统、会员系统、订单系统、分析统计系统、营销系统有十分清晰的规划和设计，并做好相应的设置。

任务实施

步骤 1　购买及配置域名、虚拟主机及 MySQL 数据库

1）登录互联网服务商主页，注册用户。

2）查询要注册的域名，如没有被注册，即可购买。购买之后必须立即备案。

3）选择合适的虚拟主机并购买。

4）设置虚拟主机 FTP 用户名和密码。

5）将购买的域名与虚拟主机进行绑定。

6）设定 MySQL 数据库账号及密码，如图 5-8 所示。

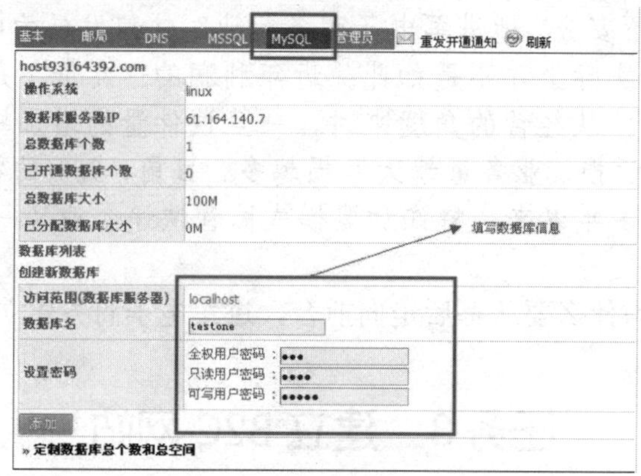

图 5-8　MySQL 数据库信息

步骤 2　安装与配置网上商城系统

1．安装前的准备

先到 ECSHOP 的官方网站 http://www.ecshop.com 下载最新的 ECSHOP V2.7.3 版本的程序文件。将下载的 ECSHOP 软件包解压到本地，这时会显示 3 个文件夹，分别为 docs、upload、upgrade。docs 目录下存放有 ECSHOP 安装说明、ECSHOP 的介绍、rewrite 的使用说明。upgrade 目录是升级包，如需要升级则要将此目录上传到网站根目录下执行升级。upload 这个目录最重要，目录下的文件就是 ECSHOP 系统的安装程序文件了。安装 ECSHOP 系统时要把这个目录下的所有文件上传到我们的空间中。

2．准备登录空间的工具 ftp

这里使用的是 FlashFXP，打开 ftp 工具，接下来单击菜单栏里的“连接”按钮连接我们的空间，填写连接空间的账号信息（如果是独立主机直接填写自己设置的账号信息，如果是虚拟空间会由空间商提供服务器的账号信息）。

单击“连接”按钮后便可以连接上空间了，如果空间上已经有了其他网站的程序，需要新建立一个目录来存放 ECSHOP 的安装程序文件。这里举例新建一个 ecshop 目录。双击 ecshop 这个目录，进入 ecshop 目录下。将本地解压好的 upload 目录下的程序文件全部上传到空间上 ecshop 目录下面，注意：上传文件请一定使用二进制方式上传。

文件上传完毕后，将 cert、data、images、includes、templates、themes 这些目录及其所有子目录的权限设置为 777。选择这些目录后单击鼠标右键，在其快捷菜单中选择属性将所有权、组、公共下面的可读、可写、执行的多选框都选中后再单击“确定”按钮。

3．安装过程

在浏览器中输入网址 http://你的域名/ecshop。进入安装界面，阅读安装协议后单击“下一步”按钮进入检测系统环境页面，此页面检测系统环境和目录权限。环境和目录权限都满足条件后，单击“下一步”按钮，进入配置系统页面。

根据空间商提供的 MySQL 数据库信息，添加完数据库信息和管理员账号后就可以单击“立即安装”按钮。安装过程包括创建配置文件、创建数据库、创建数据、创建管理员账号等操作。完成后，商城系统就安装成功。

访问商城前台页面的网址为：http://你的域名/ecshop。商城后台网址为：http://你的域名/ecshop/admin（管理员账号信息就是在安装系统时所设置的管理员信息）。

小链接 5-6

ECSHOP 商城系统简介

ECSHOP 是 shopex 公司推出的一款 B2C 独立网店系统，适合企业及个人快速构建个性化网上商店。系统是基于 PHP 语言及 MySQL 数据库构架开发的跨平台开源程序。ECSHOP 网店系统无论在产品功能、稳定性、执行效率、负载能力、安全性和 SEO 支持（搜索引擎优化）等方面都居国内同类产品领先地位，成为国内最流行的购物系统之一。它包含以下主要功能：灵活的模板机制、开放的插件机制、功能 AJAX 化、促销功能、高效率的代码和执行性能、常规功能的更完善实现、搜索引擎优化、内置手机短信网关、多语言支持、源代码开放。

4．配置商城系统

进入商城后台，选择“商城后台”→“系统设置”→“商店设置”，在“商店设置”页面中，我们可以完成网店中几乎所有的设置，包括信息设置、基本设置、显示设置、购物流程、商品显示设置、短信设置、WAP 设置等，这个部分可以说是 ECSHOP 商城系统的核心配置。

5．设置商城模板

首先下载需要的风格模板，解压后，将风格模板文件夹通过 ftp 上传到网店的根目录下的 themes 文件夹里。然后来到商城后台→模板管理→模板选择，进入之后可以看到刚才上传的模板风格，单击缩略图进行选择，选择后单击“确定”按钮，确定后就会提示你选择成功。现在新风格已经启用了，如果想备份当前模板，可以单击“备份当前模板”，程序将会自动打包然后弹出下载框供下载备份。

6．设置配送方式和支付方式

（1）设置配送方式　选择“商城后台”→“系统设置”→“配送方式”，进入“配送方式”页面。

系统已经预设了一些配送方式，可根据自己的需要从这些方式中选择安装。比如我们可以安装 EMS 国内邮政特快专递。单击“安装”按钮后，可以看到“卸载”、“设置区域”两个按钮。单击“设置区域”按钮，设置我们所能提供该配送方式的区域。

（2）设置支付方式　选择“商城后台”→“系统设置”→“支付方式”。在“支付方式方式”页面中，分别以支付宝和银行汇款/转账为例说明一下。

单击支付宝的安装，页面显示需要支付宝账户、交易安全校验码、合作者身份 ID。这三项需要去支付宝网站进行申请，申请好后分别填入就完成了支付宝的安装。

单击银行汇款/转账的安装后，需要填写银行账户信息、手续费收取多少，这样当用户选择该支付方式的时候，会给用户一个信息，让用户去按照你给的提示去转账/汇款。

步骤 3　管理网上商城商品

1．商品品牌管理

添加、编辑品牌。选择“商城后台”→“商品管理”→“商品品牌”→“添加品牌”。在“添加品牌”页面中可添加、编辑品牌名称、品牌网址、品牌 LOGO、品牌描述、排序、是否显示。

2．商品类型管理

（1）添加、编辑商品类型　选择“商城后台”→“商品管理”→“商品分类”→“新建商品类型”。在“新建商品类型”页面中可添加、编辑商品类型名称、状态、属性分组。

（2）添加、编辑商品属性　在“新建商品属性”页面中，可添加、编辑属性名称、所属商品类型、能否进行检索。

3．商品分类管理

（1）添加、编辑商品分类　选择“商城后台”→“商品管理”→“商品分类”→“添加分类”。在“添加分类”页面中可添加、编辑分类名称、上级分类、数量单位、排序、是否显示、是否显示在导航栏、筛选属性、价格区间个数、分类的样式表文件、关键字、分类描述。

（2）转移商品　在添加商品或者在商品管理中，如果需要对商品的分类进行变更，那么可以通过转移商品来实现，即从一个商品分类下转移到另一个分类下。

4．添加商品信息

选择“商城后台”→“商品管理”→“添加商品”。在“添加商品”页面中可设置商品通用信息、详细描述、其他信息、商品属性、商品相册、关联商品、配件、关联文章。

5．批量添加、修改商品

（1）批量添加商品　选择“商城后台”→“商品管理”→“商品批量上传”，进入“商品批量上传”页面。

下载批量上传文件的样本，打开下载的样本文件添加商品信息，按正确格式添加商品信息。最后把编辑好的 excel 文件的保存类型设为 CSV（*.csv），保存好文件后就可以执行商品批量上传了。这里因为文件保存的类型是 CSV（*.csv），这种格式的文件是 gbk 编码的。所以上传 CSV 文件时要选择“简体中文”。

关于图片显示的问题，因为批量上传时很多图片都没有处理。在前台各个图片为了能自适用各页面的显示，所以还要在后台选择“图片批量处理”对图片批量修改。

（2）批量修改商品　选择“商城后台”→“商品管理”→“商品批量修改”，进入“商品批量修改”页面。

默认的选择商品的方式是：根据商品分类、品牌，也可选择根据商品货号。

当选择根据商品分类、品牌方式进行批量处理时。选择分类，那么属于该分类的商品就会出现在商品列表下面；选择商品品牌，那么属于该品牌的商品就会出现在商品列表下面；如果两个都选，那么出现的商品就是同时属于这两个分类的。

选择完以后，在商品列表里将出现一些商品。从待选列表里面选择需要编辑的商品，单击中间的箭头，放到右面的选定列表里（可以使用<Ctrl+Shift>组合键的方式去选择商品）。

编辑方式：分为逐个编辑和统一编辑。选择逐个编辑，可以逐个对商品进行编辑；如果选择的是统一编辑，可以统一将选定的商品进行编辑。编辑完以后单击“确定”按钮即可。

如果选择的是根据商品货号进行批量处理。则填写上货号后单击进入编辑即可，它和根据商品分类、品牌的情况是一样的。

步骤4　管理网上商城会员

1．会员等级设置

选择“商城后台”→“会员管理”→“会员等级”，进入“会员等级”页面。

这里显示已经添加好的几个等级，可以单击右上角的“添加会员等级”，进行等级的添加。

如果想添加一个依靠会员的积分，系统自动给会员划分的等级，那么设置好等级名称和积分的上下限就可以了。只要在这个积分内的会员自动会分到会员等级中。如果想添加一个等级，不受积分的限制，那么勾选上“特殊会员组”。另外可以对所设置的等级进行折扣的设置。设置完成后单击“确定”按钮。这样，一个新的等级就设置完了。

在会员等级列表中显示价格一栏如果选择显示，那么在前台，无论会员是否属于该分组，都可以看到该分组购买商品时的价格。如果选择不显示，那么只有属于该分组的会员才可以看到该商品在这个等级中的价格。

2．添加会员

网店除了用户可以在前台注册外，管理员在后台也可以直接添加会员。

选择“商城后台”→“会员管理”→“添加会员”，在“添加会员”页面上填入会员名称、邮件地址、登录密码、选择会员等级，然后单击“确定”按钮即添加成功。

3．会员充值与提现

选择“商城后台”→“会员管理”→“充值和提现申请”，在“充值和提现申请”页面中可以看到会员在前台进行的一些充值提现操作，管理员可以对用户的申请进行操作。管理员也可以在后台添加申请。

4．会员留言管理

选择“商城后台”→“会员管理”→“会员留言”，在“会员留言”页面中能看到用户在前台的留言。可以对留言进行恢复、查看、删除等操作。

5. 会员信息管理

选择“商城后台”→“会员管理”→“会员列表”，在“会员列表”页面中将分页列出所有的会员，可以通过会员等级、会员的积分范围快速查找想要查找的会员。可以通过“操作”选项对某个会员进行操作。从左至右依次是编辑会员资料、查看收货地址、查看订单、查看账目明细、删除。

步骤 5 管理网上商城订单及报表统计

1. 订单管理

一个正常实际运行过程中的 ECSHOP 商城，每天会有很多会员通过提交订单来购买商品。ECSHOP 后台专门集成了一个模块进行订单方面的管理，主要包括订单列表、订单查询、合并订单、订单打印、缺货登记、添加订单等。

（1）订单列表　选择“商城后台”→“订单管理”→“订单列表”，进入“订单列表”页面。

订单列表主要是将 ECSHOP 商城系统里的用户的所有订单进行表格化的罗列，主要包括订单号、下单时间、收货人、总金额、应付金额、订单状态和操作。单击每个订单操作栏的“查看”按钮，出现该订单的详细信息。对于无效或者是用户取消的订单，管理员可以在订单列表里将其删除。

（2）订单查询　选择“商城后台”→“订单管理”→“订单查询”，进入“订单查询”页面。

对于一个访问量很大的系统，每天进出的订单很多，所以订单查询并不可少。我们可以填写好搜索条件之后，单击“搜索”按钮，出现的就是属于该搜索条件下的订单列表。

（3）合并订单　选择“商城后台”→“订单管理”→“合并订单”，进入“合并订单”页面。

如果两个订单或多个订单都没有发货而且收款人的地址都一样，就可以将多个订单进行合并。进行合并操作时只要将主订单号和从订单号填写好，然后就可以将从订单合并到主订单。

（4）订单打印　选择“商城后台”→“订单管理”→“订单打印”，进入“订单打印”页面。

在用户付款之后，需要将一些信息打印出来，方便邮寄。系统已经预设了打印单上的内容，这些内容都是订单应该有的基本信息，所以不建议做很大的修改。

（5）缺货登记　选择“商城后台”→“订单管理”→“缺货登记”，进入“缺货登记”页面。

用户在前台购买商品时，如果购买的数量超过了库存，就可以在前台进行缺货登记，这样在后台缺货登记的地方就会有记录。同时，这里也有一个简单的搜索功能，可以帮助你尽快找到所需商品是否缺货。

（6）添加订单　选择“商城后台”→“订单管理”→“添加订单”，进入“添加订单”页面。

除了用户在前台订购商品时添加订单，管理员也可以在后台直接添加订单。管理员需要填写用户的信息、添加商品、填写价格和数量、设置收货人信息、选择配送方式、选择支付方式、设置其他信息、设置费用。填写完这些信息后，单击“完成”按钮就可以生成一个完整的订单，此订单的完整信息显示到一个聚合的页面，便于添加者进行确认。

2. 报表统计

ECSHOP商城系统提供了功能齐全、便于查阅的统计功能，一共包含10种统计类型。

选择“商城后台”→“系统设置”→“报表统计”，进入“报表统计”页面。

（1）流量分析　流量分析展示商城在一段时间内的访问量，访问者的地区分布，以及访问者的“来源网站”。可以查看两种时间段的信息：①查看某一段时间的流量分布；②查看某几个月的流量分布。

（2）客户统计　客户统计展示商城的会员购买率，每个会员的平均订单数及购物额，以及匿名会员平均订单额及购物总额。

（3）订单统计　订单统计展示商城在一段时间内的订单情况，例如：已确认的订单，已成交的订单等。

（4）销售概况　销售概况展示商城在一段时间内的订单总个数和销售总额度。可以按照年度和月份为单位，分别进行查询。

（5）会员排行　会员排行展示商城会员的订单数和购物金额。

（6）销售明细　销售明细展示一段时间内某些商品的销售记录，包括销售数量、售价、售出日期。

（7）搜索引擎　搜索引擎展示一段时间内，用户通过搜索引擎访问到该商城的具体信息。包含：搜索关键字，网站来源。

（8）销售排行　销售排行展示一段时间内商品的出售排行，以“销售量”递减排序。在此可以查看商品的销售量，总的销售额以及商品均价。

（9）访问购买率　访问购买率展示某一个分类的商品访问购买率。包含商品的人气指数、购买次数和访问购买率（购买次数/访问次数）。

（10）站外投放JS统计　站外投放JS统计展示网店广告（JS代码）的点击次数，由广告产生的有效订单数和产生订单总数。

步骤6　管理网上商城营销推广活动

ECSHOP商城系统自带营销管理系统，内容包括广告、拍卖、红包、祝福贺卡、优惠、团购、夺宝奇兵、超值礼包、积分商城、批发、包装、专题活动，其功能十分强大。下面介绍几种常用的营销活动的设置。

1. 广告管理

添加广告前首先要给广告一个显示位置，所以需要先添加广告位置。

选择“商城后台”→“广告管理”→“广告位置”，在“广告位置”页面中单击右上角的“添加广告位”，根据需要填写广告位的名称、宽度、高度，最后单击“确定”按钮。

添加完成以后，选择“商城后台”→“广告管理”→“广告列表”，在“广告列表”页面中单击右上角的“添加广告”。设置广告名称、媒介类型、广告位置、开始日期和结束日期、广告链接、是否开启。设置完成后，单击“确定”按钮即可。

2. 促销管理

（1）优惠活动　选择“商城后台”→“促销管理”→“优惠活动”，进入“优惠活动”

页面。

单击右上角的“添加优惠活动”。需要填写优惠活动名称，优惠活动开始时间以及优惠活动结束时间。

在享受优惠的会员等级处，显示的是会员的等级分类。在之前“会员等级设置”中添加的会员等级将会在这里出现。用户等级分组和这个是关联的，用户在使用中可以根据自己的需要去进行增加、删除等操作。

接下来的优惠范围，可以根据自己的实际需要去选择，可以选择分类、品牌以及商品、金额上下限、优惠方式。添加完毕后，单击“确定”按钮即可。

（2）团购活动　网店的团购活动和现实中的团购差不多。都是希望大量的人参与进来，从而以一个相对优惠的价格购买商品。

选择“商城后台”→“促销管理”→“团购活动”，进入“团购活动”页面。如果已经添加过团购活动，则会看到添加过的所有团购活动。

单击右上角的“添加团购活动”，选择条件，进行搜索，从而快速找到想要进行团购活动的商品；填写活动开始和结束日期、保证金、限购数量、增送积分、价格阶梯、活动说明。添加完后，单击“确定”按钮完成团购活动的添加。我们还可以对该活动进行修改、删除等操作。

在前台，用户单击购买后，等活动结束或者达到商家的数量时，会根据总的订购量结合价格阶梯，给出一个价格。然后让用户进行交易。这样一个团购活动就结束了。

（3）专题活动　举个例子，当情人节快到的时候。店主可以设置一个情人节的专题，将各种礼品分门别类地整理起来，套用一个专用的模板形成一个独立的专题页面，这就使用到专题活动的功能。ECSHOP 系统的专题活动的添加分 2 个步骤完成：

1）添加专题活动。选择“商城后台”→“促销管理”→“专题管理”，进入“专题管理”页面。

单击右上角的“添加专题”，进入添加专题页面。添加专题分为 4 个部分：通用信息、专题商品、专题介绍、高级选项（这个选项属于高级用户选用）。

2）将添加好的专题活动发布到广告列表，或发布到 Flash 播放列表，以便在前台展示。

触类旁通

目前，提供 B2C 独立网上商城的服务商越来越多。对于准备开设独立网上商城的人来说，选择一款合适的商城系统对于以后的店铺管理和销售有很大的影响。在挑选网上商城系统时，应主要考虑以下几个方面。

（1）网上商城系统程序语言　推荐使用.NET 或 PHP 语言编写的网上商城系统，运行速度快且安全。

（2）网上商城系统的安全性　安全性对一个网上商城来说是至关重要的，所以对商城系统要进行漏洞扫描，防止存在注入漏洞。

（3）网上商城系统的运行速度　速度决定一切。能够生成静态网页的商城系统是最好的，访问速度非常快。

（4）网上商城系统是否支持 SEO　SEO 是搜索引擎优化，支持 SEO 的网上商城系统可以有效提高产品在搜索页面的排名。

(5)网上商城系统是否支持生成静态　生成静态 HTML 的网上商城系统的优点是访问速度快、程序安全性高、SEO 更容易被搜索引擎收录等。

(6) 网上商城系统是否支持伪静态　网上商城系统伪静态是指把动态运行的程序模拟成为静态，如果要选用的商城系统不支持静态输出 HTML 页，可将伪静态作为其替代功能。

(7) 网上商城系统服务商的售后服务年限及质量　年限普遍为 1 年，如果承诺 3～5 年，建议慎重考虑其承诺。今后服务的即时性及专业程度，也是我们主要考虑的范围之一。

(8) 网上商城系统是否支持多模板，服务商是否提供丰富的网店模板　模板就是网上商城系统的风格，支持多模板意味着可以自由定制或修改网上商城系统的风格，可以自由切换网站的风格等。

(9) 网上商城系统后台操作是否人性化　后台操作要简单、人性化，同时流程一定要很清晰，这样就便于后台人员操作，出错几率小。

(10) 网上商城系统是否由 DIV+CSS 设计　DIV+CSS 是现在网站设计的标准，采用此标准设计的网上商城系统可以有效减少 HTML 代码的冗余，加快网页访问速度同时提高页面的 SEO 友好性。

【案例 5-3】

摩托罗拉钟情 ECSHOP　网上商城正式上线

面对国内市场的激烈竞争，摩托罗拉公司尝试多种本土化举措，增加其在国内的手机销量。其中包括搭乘中国网上购物迅猛发展的快车，开通在中国的网上商城。但摩托罗拉是一家大型的跨国集团，旗下拥有众多产品，其手机用户也几乎覆盖全国。面对摩托罗拉旗下众多产品与用户，就需要网上商店系统能够解决以下问题:

1. 系统支撑能力

一方面，需要系统的安全与稳定性，作为一个知名企业的网上商城，访问人数与交易金额一定是巨大的，所以必须确保网上商店的安全性和稳定性。另一方面，摩托罗拉拥有 200 多款以上的手机产品，在定制、增加特色功能，产品发布和管理方面，要求也是相当高的。

2. 网店操作效率

摩托罗拉是享誉全球的品牌，其产品的更替和广告宣传速度较快。所以，摩托罗拉需要能够快速推出新品的信息，告知人们来购买。当人们进行购买时，系统必须提供最便捷的购物流程，保证客户轻松、愉快地购物。

3. 支付的多样性

随着国内电子商务市场的日益复杂，支付手段也越来越多。来摩托罗拉网上商城购物的用户，他们所使用的支付方法也不尽相同，所以系统需要支持尽可能多的支持方式。

4. 优化搜索技术

如今网民上网购物，主要是依靠搜索引擎来寻找商品信息，这就要求网店系统做好搜索技术的优化，让摩托罗拉网上商店中的产品信息（页面）能够被主流搜索引擎收录，从而被网民搜索到，进入网店，购买摩托罗拉的手机。

摩托罗拉公司采用了招标的形式征集网上商城的制作方，最终ECSHOP项目团队在强手如林的竞标队伍中脱颖而出，顺利夺标。ECSHOP团队经过两个多月的紧张开发，顺利地完成了商城搭建，经过多次压力实测，摩托罗拉网上商城完全满足应用需求，而且运行流畅。网上商城在开通后几个小时，就接到了第一笔订单。

请思考：为什么摩托罗拉如此“钟情”ECSHOP网上商城系统呢？

项目小结

B2C是企业发展电子商务战略的一种形式，在实施B2C战略时可以考虑落户网上商城和建立自己的B2C网站这两种方式。

选择落户网上商城，最重要的是对比和选择，即对比几个成熟、市场占有率高的网上商城，选择符合企业自身需求和发展的网上商城作为入驻对象。但企业必须要考虑到入驻成本、相关费用、自身产品特点及今后的发展方向，切忌盲目入驻，否则线上不断增加的成本将拖累企业的发展。

建立自己的B2C网站最重要的一步是做好规划，包括市场、网站、推广、技术、费用等一系列的计划。一个好的网站策划对网站建设将会起到计划和指导的作用，对网站的内容和维护起到定位作用。

对自己的B2C网站有了详尽的规划后，考虑到建设成本和网站功能可以选择成熟的商城系统。前期可以对比几种主流的商城系统，选择符合自身要求的系统，后期要对商城的商品、会员、订单、统计、推广等模块进行配置，保证商城中信息流、资金流、物流的通畅。

实战强化

实训1　企业B2C网上商城经营策略分析

1．实训目的

掌握落户网上商城和自建网上商城的不同经营策略。

2．实训组织

1）学生5人一组，比较天猫李宁官方旗舰店与李宁官方商城，撰写B2C网上商城分析报告。

2）各组提交B2C网上商城分析报告并进行阐述，教师进行点评。

3．实训要求

B2C网上商城分析报告的内容包括：两个商城中的产品比较、价格比较、促销方式比较、支付与配送方式比较、各自的优势与劣势分析。内容应详细且真实，并且有一定的数据支撑。

实训2　建立B2C网上商城

1．实训目的

掌握利用B2C商城系统建立网上商城的方法。

2．实训组织

1）学生 5 人一组，根据每组的网站策划方案建立 B2C 商城。

2）各组提交商城访问网址并阐述自己商城的特色，教师进行点评。

3．实训要求

选择适合自己的商城系统并建立网上商城。要求如下：

1）网站能正常访问并且响应速度快，页面美观无错误。

2）商品应分类正确细致，商品介绍应丰富全面。

3）商城有自己的推广活动，活动切实可行并有一定的吸引力。

4）购买、支付、配送的流程体验较好，没有错误。

项目 6

推广网上创业

网店没有地段之分，也没有楼层之别，所有店铺的商品在交易平台上的展示机会都是均等的，差别只是在于是否持之以恒地推广店铺，并采用各种行之有效的营销方式，来不断地扩大店铺的影响力，吸引消费者。

简单来说，网上创业推广就是指通过各种宣传方式让更多网民打开你的网店，认识你的产品并产生购买的过程。推广的方式可以是详尽的产品描述展示；可以是网络广告的强势攻击；可以是老顾客的口碑宣传；还可以是线下的传统媒体的宣传。总之，不管采用哪种方式，目的都是一样：让你的店铺、你的产品，走到你的顾客面前，并通过各种方式让他们进行购买。

学习提示

学习目标

- 知识目标：掌握网店商品推广的方式，掌握 C2C 网店的推广方式，了解 B2C 网站的推广方式。
- 能力目标：能使用淘宝客、直通车、钻石展位等方法推广网店商品；能通过网店内、淘宝站内、淘宝站外等方式推广 C2C 网店；能利用线上和线下的方式进行 B2C 网站推广。

本项目重点

C2C 网店推广。

本项目难点

商品推广、B2C 网站推广。

任务1 推 广 商 品

任务要点

关 键 词：淘宝客、淘宝直通车、钻石展位、关联商品。

理论要点：网店商品推广的方式。

实践要点：能使用淘宝客、直通车、钻石展位等方法推广网店商品。

任务情境

小张的网店已经经营一段时间了，他发现淘宝上卖得越好的商品，越卖越好，而卖得差的商品则越卖越差，流量越来越少。他发现这主要跟淘宝的排名规则有关，卖得好的销量高，人气旺搜索排名在前面，买家搜索进来的流量就会越多。再加上跟风效应，只要宝贝描述做得不差，评价不错，销量只会越来越好，这样就可以形成良性循环，还可以带动其他关联宝贝的销售。于是他决定先从商品入手，提高商品的销量，继而带动整个店铺的销售额。

任务分析

提高商品的销量就要对网店内的商品进行推广。推广前期需要做一些准备工作，比如挑选适合推广的商品、网店页面的制作等。做好这些前期工作后，就要对推广的方式进行比较筛选，现在推广网店商品的方式有很多，比如使用淘宝客、使用淘宝直通车、淘宝钻石展位等方式。最后还有一个很关键的地方，就是要选择合适的关联商品与主推商品之间做销售互动，这样整个店铺的销售都会被带动起来。

任务实施

步骤1 使用淘宝客进行推广

淘宝客推广是专为淘宝卖家打造，按成交计费的推广模式。淘宝客从淘宝联盟拿到卖家推广商品的链接，在聊天、论坛、博客和个人网站或其他地方推广商品，买家通过推广链接进入完成交易后，淘宝客拿到该卖家一定比例的佣金。

小链接 6-1

加入淘宝客推广的条件

以下6个条件必须同时满足的卖家才能加入淘宝客推广：

1）掌柜的店铺星级在一心以上或参加消费者保障计划。

2）在店铺非虚拟交易的情况下，近半年的DSR评分3项指标不得低于4.5（开店不足半年的从开店之日起算）。

3）店铺好评率不得低于97.5%。

4）掌柜的店铺状态是正常的。

5）掌柜的店铺内，有一口价的商品（大于等于10件），拍卖的商品不能参加推广。

6）掌柜的店铺内，商品状态正常，并且结束时间比当前系统时间晚。

1. 加入淘宝客的步骤

1）登录“我的淘宝”，选择“我是卖家”→“我要推广”→“淘宝客推广”，进入“淘宝客推广”页面。

2）阅读淘宝客推广协议，单击“注册”按钮。

3）选择“新增计划”→“设置类目佣金比率”，进入“设置类目佣金比率”页面。

勾选主推的商品（最多可选择30件商品），单击“下一步”按钮，然后设置佣金比率，即可设置完成。设置完毕，此时页面会显示当前设置的主推商品的所有状态，需要注意的是，此时的佣金比率不会立即生效，鼠标指向时钟会显示生效时间。

4）到各大网站或论坛寻找淘宝客。

2. 淘宝客推广技巧

（1）调整佣金比例　投放的商品佣金比例尽可能要比同行的高，比如说可以超过5%，最高达到10%。佣金比例越高对淘宝客来说越有吸引力。只有在众多商品中脱颖而出，首先吸引淘宝客的目光，才能带来好的销量。

（2）挑选优秀的商品　淘宝客推广绝对不应该成为卖家滞销品的仓库，只有诱人的销售记录，有说服力的标题，才能带给淘宝客和买家信心。

（3）调整当季、合适的商品　关注淘宝客推广后台，当我们忙着为店铺更新换季的时候，不要忘记调整淘宝客推广上的商品。将淘宝客推广当作我们的第二间店铺，而且是一间面向全互联网的店铺。常换常新，根据效果来调整我们的商品和设置，才能保证好的销量。

（4）设置优秀的标题、简介　突出我们希望传达给买家的商品价值点。比如某件商品正在搞促销，或者有赠品，或者是某个品牌。最好能在标题和简介里面明确体现出来，第一眼就能吸引淘宝客的目光。

（5）额外奖励刺激　如果希望有更多的优秀淘宝客帮助推广我们的商品，还可以在佣金之外，对淘宝客设置额外推广激励计划。

3. 招募淘宝客的方法

（1）主动出击，寻找淘宝客

1）联盟社区发招募帖和大型活动帖，增加店铺的曝光度，同时加深店铺在淘宝客心中的印象。还可以有空看看淘宝客经验交流里活跃的用户，很可能那里就能找到我们需要的大站长。发帖时，标题一定要有创意，首先要让淘宝客对我们的帖子有兴趣，他才会点进去看内容。帖子里尽量多展现店铺的佣金、成交、转化率等有用的数据。

2）寻找大的返利网，不过如果我们卖的东西不是大品牌的话，返利网带来的效果相对比较有限。

（2）提高店铺知名度、活跃度　去分享网站，比如蘑菇街、美丽说等，发布精美分享，填上我们的店铺地址，他们会有一定的提成，没有销量的话不花一分钱，效果还是相对不错的。还可以多参加淘宝社区或官方的一些活动，多露脸，多展示，知名度自然就上去了。

步骤2　使用淘宝网直通车进行推广

淘宝直通车是为淘宝卖家量身定制的，按点击付费的效果营销工具，可以实现宝贝的精准推广。淘宝直通车推广，用一个点击，让买家进入你的店铺，产生一次甚至多次的店铺内跳转流量，这种以点带面的关联效应可以降低整体推广的成本和提高整店的关联营销效果。

淘宝直通车展现的位置主要在4个地方：商品搜索结果页面的右侧栏8个广告位，如图6-1所示；商品搜索结果页面的下端5个广告位，如图6-2所示；类目搜索结果页面的右侧栏8个广告位；类目搜索结果页面的下端5个广告位。

图6-1　商品搜索结果页面的右侧栏8个广告位

图6-2　商品搜索结果页面的下端5个广告位

1. 加入淘宝直通车

（1）登录淘宝直通车客户自助系统　直通车登录路径是："我的淘宝"→"我是卖家"→"营销中心"→"我要推广"→"淘宝直通车"→"马上进入"。

（2）预存费用　新用户加入淘宝直通车费用预存500元起（和手机预存话费类似，没有任何服务费用）。用户所充值的金额全部都是未来可以使用的推广费用。提示充值成功之后，即表示已开通淘宝直通车服务。淘宝直通车按照点击来收费，商品展现是免费的，只有点击了才会扣费。

小链接6-2

淘宝直通车准入准则

1）卖家级别达到两颗心（11个好评）以上的淘宝卖家才能加入，商城用户或无名良品卖家可不受级别限制。

2）店铺动态评分各项分值均在4.4分或以上，同时，店铺好评率在97%或以上。

3）以下几个主营类目的卖家需要先加入消保并已缴纳消费者保障服务保证金才能开通直通车：保健品/滋补品、古董/邮币/字画/收藏、母婴用品/奶粉/孕妇装、品牌手表/流行手表、食品/茶叶/零食/特产、腾讯QQ专区。

2．淘宝直通车推广基本流程

（1）新建推广计划

单击“我的直通车”→“我要推广”→“新建推广计划”。进入“新建推广计划”后，拟写“推广计划名称”，单击“保存并继续”按钮，一个新的推广计划创建完成。

（2）选择推广商品　进入推广计划，选择新推广的商品后，通过翻页或者直接搜索找到要推广的商品，单击“推广”按钮。

（3）编辑推广内容　“直通车推广内容”字数限制为20个汉字。如果字数超出，系统会提示超出字数，超出部分不予展示，需要调整。另外，尽量设置满两个标题，充分利用这两个标题，突出商品卖点和活动。

（4）选择关键词

方法1：直接输入已经知道的关键词，然后按<Enter>键换行，或者是直接复制文档里的关键词，粘贴即可。

方法2：使用系统的推荐词——“系统推荐词”，直接单击或添加当前页。

方法3：使用关键词的相关词——“相关词查询”，直接单击或添加当前页。

方法4：使用“正在使用的关键词”，直接单击或添加当前页。

（5）启用类目出价　可以选择“启用”或“不启用类目出价”。近半数的淘宝成交来自类目浏览，建议启用，让更多买家看到商品。

（6）设置默认出价　推广一个新商品的“默认出价”是对该商品已设置的关键词和类目的统一出价。在推广完成后可单独修改每个关键词或者类目的出价。

（7）推广计划的投放设置　可执行的操作：日限额、投放城市、投放时间、投放平台设置。

1）设置日限额：为某个选中的推广计划设置每日扣费的最高限额。

2）设置投放城市：为某个选中的推广计划设置特定的投放城市。

3）设置投放时间：为某个选中的推广计划设置特定的投放时间及对应时间段的商品出价。

4）设置投放平台：选择要推广的平台。其中淘宝搜索是必选的平台，所有商品默认投放。淘宝站外投放则是淘宝站外的十多家优质的合作网站。

3．淘宝直通车操作优化

（1）商品选择　商品的选择要从以下几点考虑。

1）商品应季性和前瞻性。如在盛夏重点推广雪纺裙和T恤时，要及早为秋款打底衫做预热。

2）商品符合当前潮流趋势和社会主流价值需求。如夏天销售的T恤，具有莱卡、泡泡袖、人头像等大热的时尚元素，则更容易被大众接受，对成交也有促进作用。

3）商品具有一定的成交记录和客户评价。由于网购无法看到实物，用户除了通过图片和文字介绍来了解商品外，历史购买记录和客户的评价也是用户是否会产生购买的重要依据。

4）商品货源充足。推广对商品的销量有推进作用，同时，也会产生滞后购买效应，所以库存量充足也是推广不可忽视的条件。

5）商品市场需求量大，目标购买人群规模较大。重点推广的商品最好是市场大，目标用户群范围较广。而新奇特或者个性的商品可作为人气商品的推广来保证一定的市场需求。

6）商品在货源渠道和销售价格上具有优势。推广为商品争取了更多的展示机会，如果产品有价格优势，对成交的推动和成本的控制都会起一定的推动作用。如市面上的雪纺衫，大部分价格集中在 80～120 元，如果自己的产品成本可以在 40 元以下，则相比推广优势会更大。

7）商品颜色尺码等齐全。由于客户需求不同，因此如果具备多种颜色可供选择，并且常用尺码都备货充足，对销售也会起促进作用。

（2）关键词优化

1）关键词设置原理。站在买家的角度思考问题，思考买家会搜索什么词；商品名称词，如毛衣、雨伞、T 恤等；商品详情里的属性词；组合词（组合词=名称词+属性词，如毛衣+红色；组合词=属性词+属性词，如套头+长袖）；其他买家会搜索的词。

2）关键词来源。关键词来源设置主要有 4 种方法：分析商品特征填入相对应的词语；可以在社区帮派中寻找别人推荐的关键词；可以在商品淘宝排行榜中选择使用淘宝网排名最靠前的行业关键词；在数据魔方的后台，可以选择热搜关键词加以使用。

3）关键词选词方法。淘宝直通车系统关键词；商品标题中的关键词；商品详情中的关键词；淘宝首页搜索下拉框中的关键词；“你是不是想找”以及更多筛选条件中的关键词；“类目词”中的关键词。

其中淘宝直通车系统关键词包含以下几种：

① 系统推荐词：系统根据商品相关性信息提取的关键词推荐。

② 相关词查询：在搜索框中输入任意词，查询本词及相关词的流量等情况。如输入“毛衣”，系统会显示：毛衣、韩版毛衣，女式毛衣等关键词及相关信息。

③ 正在使用的关键词：当前账户中其他商品的关键词。

（3）提高标题和图片点击率　直通车推广标题必须要突出亮点、有创意，才能引人注目，比如可在标题中添加特价、秒杀、包邮、折扣、正品等吸引人的词汇，以吸引眼球。

直通车推广图片必须要清晰，突出商品的特征，最好还可以跟上下广告位的商品图片有所差异，醒目的图片能更好地吸引顾客，增加页面到达率。

（4）定价策略　直通车推广的定价很难设置，出价过低会没有流量，出价过高又会太烧钱，很难在两点之间找到平衡点，所以必须去寻找到一种可以保证不亏钱，也不至于没有流量的定价方法。

点击价值，即指一个点击能带来多少利润。只要点击商品花费的成本低于商品点击价值就不会亏钱，这也是直通车效果的直接反应。目前淘宝网还没有提供点击价值的数据为卖家参考，但有些服务平台商已推出了近似的功能。保证直通车不亏钱，首先要学会算账，了解店铺的毛利润是多少。毛利润就是销售额减去成本后的费用，也就是商品的利润减去直通车的费用。而点击价值实际上就是商品在一个时间段内的利润除以这个时间段的点击量。查看某段时间的点击量的具体操作步骤如下。

1）进入“我的淘宝”页面，单击左侧栏的“数据分析”按钮，进入“量子恒道店铺统计”页面。

2）单击页面左侧的“宝贝被访排行榜”按钮。

3）在“宝贝被访数据”页面中可以看到想查阅宝贝的最近 30 天的数据，包括关注度、浏览量、访客数、平均访问时间、入店数、出店数等。由得到的数据去分析直通车的效果，然后进行投放改进。

步骤 3　使用钻石展位进行推广

钻石展位是专为有更高信息发布需求的卖家量身定制的产品。精选了淘宝最优质的展示位置，通过竞价排序，按照展现计费。它的性价比高，更适于店铺、品牌的推广。

钻石展位推广的操作流程如下。

（1）可用展示位资源查看

步骤：用户单击“展示位资源”，进入“展位列表”页面；用户单击“展位示意图”或者参加出价可以查看该展示位的详细信息。

注意事项：如果没有符合尺寸的展示图片将会提示用户添加图片，用户可以直接单击“创建广告图片”。

（2）投放计划创建

步骤：用户输入计划名称；填写起止日期、投放时段、CPM、日预算，基本信息；用户选择展示图片，创建完成。

流量情况：系统提供该展示位过去一周的 PV 流量情况查看；流量查看：允许用户查看最近一周展示位的每小时的 PV 流量情况；竞价情况：系统将显示当前所有时段的出价情况；资源预测：系统会预测并显示未来 7 天可使用展位的情况；计划创建：用户可用直接创建计划。

（3）投放计划暂停

步骤：用户单击“投放计划管理”进入“计划管理”页面；查询选择计划；单击“暂停投放”，计划暂停投放。

（4）更换计划图片

步骤：用户单击“投放计划管理”进入“计划管理”页面；查询选择计划；单击“修改计划”；重新选择推广图片，提交修改。

（5）调整计划出价/日预算

步骤：用户单击“投放计划管理”进入“计划管理”页面；查询选择计划；单击“修改计划”；重新设置价格提交修改。

（6）调整计划投放日期

步骤：用户单击“投放计划管理”进入“计划管理”页面；查询选择计划；单击“修改计划”；重新修改日期或时段提交修改。

（7）添加展位图片

步骤：用户单击“图片库管理”进入“图片管理”页面；单击“创建图片”；单击“保存”按钮，图片创建成功。

（8）消费账户充值

步骤：用户单击“消费账户管理”进入“管理”页面；单击“充值”；输入金额单击“充值”；使用支付宝充值账户；充值完成。

注意事项：充值只能使用淘宝账户绑定的支付宝账户。在充值前应确保支付宝有足够的余额。

小链接 6-3

钻石展位专业术语

CPM：卖家选择的展示位所在的网页被打开一千次（1 000 个 PV），所需支付的费用。

展示位：网页上的包含图片、文字、视频等信息的固定尺寸的展示区域。

日预算：计划每日的最高消耗金额。如果达到限额，系统会自动停止投放。

投放：系统根据业务规则在网页上展示指定信息的过程。

展示图片：展示位所要显示的图片、文字、Flash 等内容。

冻结：根据计划的消耗费用情况，预先支出一部分资金的行为。该部分金额只能用于该投放计划的投放消耗。

PV：含有展示位的网页被用户打开的次数。

步骤 4 关联商品的搭配和推广

关联销售简单地说，就是在一个商品描述页面里面加上其他商品的图片和链接，吸引买家点击查看。

为什么要设置关联销售呢？一方面提高流量的利用率，特别是对于商品单价比较高、点击转化率低的店铺，掌柜要充分利用进入店铺的每一个流量，让更多优质的商品吸引并抓住买家的购物欲望；另一个方面增加其他主打商品的成交机会，在商品的详情页面关联上自己推荐的几款主打商品的图片或者链接，会促使这几款商品有更多的机会展现，当商品曝光多了自然会增加其成交机会。

1. 适合关联销售的商品

（1）推荐与推广宝贝同类或相似的商品，抓住买家最初的购物意向　对于女装、男装、童装、运动服、女鞋、男鞋等服饰类目，关联销售可以推荐跟推广宝贝相似的商品款式。例如，T 恤，可以推荐吊带 T 恤、圆领 T 恤、花边 T 恤等多种款式的商品。

对于居家日用、家装饰品、日化用品、装潢、饰品等类目的商品，关联销售可以推荐同类产品的不同款式。例如居家日用类目，在一款压缩袋的宝贝详情页面同时推荐比如收纳袋、收纳盒等相关收纳用具，因为客户在购买家居类商品的时候会同时购买很多相关商品。

（2）推荐与推广宝贝的搭配商品，抓住买家关联购买的欲望　服饰类目的关联销售除了推荐同类产品的不同款式外，还可以做一些搭配款式推荐。例如女装类目，背心搭配七分裤、T 恤搭配短裤，并巧妙地结合促销手段，很好地给买家推销了自己的商品，又吸引了买家的注意力。

（3）推荐店铺内的热销商品，让买家了解本店的实力，给买家更多信心　对于美容护肤、彩妆、食品等类目的商品，关联销售可以推荐其他主打产品的款式。例如彩妆类目，就可以在一款睫毛膏的宝贝详情页面推荐店铺其他热卖的彩妆产品，比如睫毛夹、眼线笔、眼影等，因为潜在客户在关注睫毛膏的时候，对彩妆其他相关产品也会有购买需求。

2. 关联商品搭配和推广方法

（1）设置搭配套餐　搭配套餐是将几种商品组合在一起设置成套餐来销售，通过促销套餐可以让买家一次性购买更多的商品，提升店铺销售业绩，提高店铺购买转化率，提升销售笔数，增加商品曝光力度，节约人力成本。此工具目前不支持虚拟类商品。

卖家通过“软件服务/产品”订购页面去订购店铺营销工具；定购成功直接收费。

1）进入卖家中心，在“我的淘宝”→“我是卖家”→“营销中心”→“促销管理”中选择“搭配套餐”。单击“搭配套餐”进入设置菜单，就可以创建活动了。在创建页面也可以查看、编辑、删除已创建的搭配套餐促销活动。

2）按照顺序填写搭配套餐促销标题、价格和设置商品详情图片。搭配总价高于单个商品原价总和时，按原价总和购买。

3）挑选适合用于搭配促销的商品，单击“添加搭配宝贝”，最多可以添加 5 件商品，新搭配套餐可减库存，每个套餐商品都可以由买家评价。

4）填写套餐描述，可以更加详细介绍具体的促销套餐活动。最后，单击“发布”按钮即可。活动发布后，可在刚开始的页面查看、编辑、删除促销信息。并且可以进入商品详情页面查看具体搭配套餐的活动内容。

5）活动设置完成后，可以进入商品详请页面查看具体搭配套餐的活动内容，即买家看见的详细促销活动。在单个商品页面也可以查看到搭配的相关产品。

做搭配套餐关联营销的产品要有一定的直接联系。比如功能、风格等属性是互补的，如茶具和茶叶，洗发沐浴等。它主要是满足人群同时或者先后产生的一种需求。这种需求是针对同一类买家的属性需求，也可以是针对不同应用场景的需求。这类关联营销是以促成买家同时或者先后购买两种或两种以上宝贝为目标导向的。

（2）商品描述页设置　关联销售的商品排版，建议尽量选择一排展示 4 个商品，图片大小建议 180×180 或者是 220×220。确保每个图片指向的链接是有效的，即要保证链接能打开并且图片和链接宝贝是对应的。

关联销售放在商品描述页靠后的地方，比如在主推商品细节图展示完之后且在买家必读之前。千万不要把关联营销放在商品详情页的最开头，这样很容易分散买家对原目标商品的注意力，给人一种喧宾夺主的感觉。

在做好关联销售的同时，如果能搭配店铺的促销手段，比如满多少包邮或者是当客户再买一件关联推荐的商品给予一定的优惠价等，会对店铺成交有很好的推动作用。

触类旁通

网店商品的推广方式除了利用淘宝客、淘宝直通车、钻石展位、搭配销售外，还有一些别的方式，比如：淘金币、淘女郎、新品中心等。

淘金币是淘宝网的虚拟货币，能够在淘金币这个平台兑换、竞拍到品牌折扣商品。对于卖家而言，它是很好的营销互动平台，也是一个快速提升品牌形象，打造口碑营销的平台。拥有优质的客户群体和每天大量的 PV，可以帮助我们在淘金币平台上展示品牌，提高品牌曝光度。精准的消费群体和高转化率及购物分享可以很好地帮助我们打造口碑营销，拉拢回头客。

淘女郎平台不仅是一个淘生活的秀场，更是发掘淘宝草根麻豆的星场，也是一个麻豆网。在打造具有时尚影响力的网络红人和达人的同时，更是让淘宝各大品牌和其他媒介便于寻找到最适合的店铺代言或当家麻豆。对于商家来说，加入淘女郎平台，是一个寻找网模、推广店铺的营销平台。

淘宝新品中心是针对品牌商家的新品上市网络整合的营销平台。现在，越来越多的新品发布活动将在网络上进行，但是很多新品发布时，暂时是没有生意的。新品中心的目的就是在新品上市前帮助商户做好市场探测、聚集人气、创造抢购氛围，通过这些来提升店铺的流量，打造品牌影响力，提高营业额，为二次销售做好铺垫，同时起到带动性营销。

【案例6-1】

淘宝羊皮堂鞋店生意火了

淘宝网上的羊皮堂鞋店生意火了，透气鞋在淘宝网上卖火了。据淘宝网的数据，一款型号为091的透气鞋，从2011年5月20日开始到7月3日，累计销售已经达56 000双。这双鞋在网上卖爆了有什么营销秘诀呢？

店主尹志强说，首先，店主的眼光要好，要会选鞋的样子，并且选准了的鞋要经过试销得到市场认可。透气鞋在尹志强看中以后，工厂3天打出样子来，首批样品60双当日销售一空。接着再生产300双，又是4天售罄。这个时候，已经可以下决心大做特做了。

接下去的方法就是做好产品文案，这是指广义的产品文案，它包括：产品图片、产品文字、网页设计和创意。一个好的产品文案，在顾客进入页面后就能够吸引他们，直至他们下决心购买。如果一般产品网页的转化率（独立访客的买单率）是2%，那么好的产品网页可以达到7%。

尹志强认为，卖点，就是根据鞋本身，然后找这个时候消费者需要的是什么。例如在夏天，大家都卖凉鞋，而尹志强是专做休闲鞋的，那就得把休闲鞋做得和凉鞋一样凉快，才能在大热天里卖得好。那个喷气的透气懒人休闲鞋，就是这样推出来的。推出来以后再发掘其他的特点，例如，轻、柔软、舒适，用的乳胶发泡鞋垫等。基本上是集合轻软舒服透气于一鞋，并且价格又好，款式又新。为了展示鞋的这些卖点，091鞋的网页设计用了50多张图片。

在产品文案做好以后，这个时候，尹志强的方法就是硬广告和软文搭配一起上。这是一种提升转化率的匹配手段，这方面，尹志强也是做得很出色的。

羊皮堂的Mr.ing品牌男鞋，凭借这样的思路，销售得非常好。一双型号是060的男鞋又追了上来，从上架开始已经卖了3万双了。

请分析：羊皮堂男鞋在网店推广中的独到之处是什么？

任务2　推广C2C网店

任务要点

关 键 词：店内推广、站内推广、站外推广、SNS营销。

理论要点：C2C网店的推广方式。

实践要点：能通过网店内、淘宝站内、淘宝站外等方式推广C2C网店。

任务情境

小张琢磨着网店和外面的实体店一样，也应该搞一些促销活动来吸引人气，提高销量。他发现淘宝网提供了一些营销工具，同时看到淘宝网上有很多网店的广告，还有很多栏目频道每天都在做一些促销的活动，他想自己的店铺也可以搞一些促销活动，参加一些淘宝组织的活动，不仅能提高店铺的销售额，同时还能提高网店的知名度。除了淘宝网外，小张还在想能不能跳出淘宝网，在别的网站推广自己的网店，于是他准备了解下有哪些方法可以推广他的网店。

任务分析

推广网店除了扩大知名度外，还能带来稳定的客源，增加店铺的价值。所以推广的时候一定要注意推广的方法和内容，要和自己的网店相契合。推广网店可以从3个方向着手，一是通过网店自身的营销工具来推广，自主性较强，但要做好规划；二是可以参加淘宝发起的活动，但要注意自己是否符合报名参加的条件，同时看自身的实力是否足以参加活动；三是可以通过淘宝站外推广自己的网店，主要可以通过博客、社交网站来进行网店的推广。

任务实施

步骤1　网店店内推广

1. 店铺会员制营销

会员关系管理工具是帮助卖家管理自己会员的工具。通过会员关系管理工具卖家可以充分了解自己会员的信息；针对不同的会员帮助推荐更合理的营销方式；同时卖家还可以通过该工具加强自己店铺和会员之间的联系，提高会员忠诚度。

会员关系管理工具的功能有：

（1）会员管理　卖家可以查询自己店铺的会员信息；卖家可以设置会员的等级和备注信息。

（2）会员层级差异化　卖家可以根据顾客购买的金额和件数设置会员等级要求，同时设置不同等级会员对应的折扣。会员根据卖家设定的要求成为卖家会员后就获取了卖家店铺的会员卡。

（3）会员营销　卖家可以利用消息通道（E-mail和站内信）配合相应的促销活动对会员进行营销。

会员关系管理工具订购的流程：选择“卖家中心”→“软件服务”→“我要订购”，进入“我要订购”页面，搜索出“会员关系管理”，单击“立即订购”按钮。此工具需要收费：30元/月，90元/季，180元/半年，360元/年，天猫商城卖家免费使用。

会员关系管理工具的操作步骤如下：

1）选择“卖家中心”→“营销中心”→“会员关系管理”，进入“会员关系管理”页面，卖家可以设置自己店铺的会员需要符合的条件以及会员可以享受的优惠措施。

2）卖家可以单击“会员管理”下面的“会员详情”，输入查询条件，系统会显示符合要求的会员。卖家通过后面的会员资料即可查看会员详细信息，单击“交易详情”，系统会显示会员在卖家店铺的交易情况。

3）在会员资料详情页面，卖家可以在会员资料里面手工维护会员的等级和备注信息。设置完成后，与买家的阿里旺旺对话框中将关于买家详细信息以及以往在该家店中的购物信息显示在阿里旺旺名片中，方便卖家对买家全方位的了解，便于双方更好地进行沟通。

4）卖家设置需要进行营销活动的会员条件，系统显示符合条件的会员。卖家再设置营销内容，通过消息通道（邮件或者站内信）系统发送邮件或站内信到对应的会员邮箱。消息通道需要卖家另行订购。

卖家设置营销内容时，可以直接选择商品，由系统自动生成内容，也可以自己用 html 编写代码，设置漂亮的营销活动页面发送给自己的会员。

5）在会员管理关系中，还可以进行会员分析，如等级分析、交易时间分析、交易额分析、交易量分析。

2. 淘宝 VIP

淘宝 VIP 是为给处于不同成长阶段的淘宝网会员提供不同的更省钱、更尊贵、更贴心、更强大和更快捷的服务，以满足不同成长阶段的会员的需要。

从 2012 年 1 月 5 日起，淘宝 VIP 成长值是淘宝网会员通过购物所获得的经验值，由累积金额计算获得，它标志着会员在淘宝网累积的网购经验值，成长值越高会员等级越高，越能享受更多的会员服务。会员成长值=累积购物金额。淘宝 VIP 会员从 V0 会员到 V6 会员，每一级别的会员要求的成长值不同，对应关系分别为：V1：1 000 点、V2：5 000 点、V3：20 000 点、V4：50 000 点、V5：150 000 点、V6：800 000 点。

我们可以通过设置商品支持淘宝 VIP 来进行促销。步骤如下：

1）选择“卖家中心”→“出售中的宝贝”，在“出售中的宝贝”页面中选择商品后单击“设置促销”按钮。

当会员购买该商品时，系统会自动根据设置的折扣率来计算价格，不需要卖家进行任何操作。

2）勾选“VIP 卡”选项，并进行折扣设置后单击“保存”按钮，促销信息便设置成功。（注意：最低折扣率将以最低类目为准。）

3. 满就送服务

满就送（满就减，满就送礼，满就送积分，满就免邮费）是淘宝网基于旺铺，给卖家提供的一个店铺营销平台，通过这个营销平台可以给卖家更多的流量。让卖家的店铺促销活动可以面向全网推广，将便宜、优惠的店铺促销活动推广到买家寻找店铺的购物路径当中，缩减买家寻找购物途径的时间成本。

卖家通过“软件服务/产品”订购页面去订购店铺营销工具；订购成功直接收费，24 元/季，48 元/半年，96 元/年。

满就送服务的设置如下：

1）选择“卖家中心”→“营销中心”→“促销管理”，进入“促销管理”页面。

2）进入满就送设置，就可以创建活动了。网店拓展版用户可以选择促销活动在淘宝店或者官方网店，管理更方便，设置更便捷。没有多个店铺的卖家则没有活动店铺选择；当单击“更改”设置时，店铺不可选。

3）根据提示往下设置，可根据需求，设置多阶梯促销活动。多级优惠最多可同时设置 5 个不同的主题活动，促销方式更多样化。活动设置完成后，单击“预览”按钮、完成设置。

4）已经设置好的活动，可操作更改或取消，也可将相关设置的代码复制到其他页面进行促销。同时，进入商品详情页面就可以显示具体满就送活动的内容了。

注意：1）活动设置开始时间不能晚于结束时间，否则不能设置。2）当显示活动已到期时，可以根据需要延长活动时间。

4．限时打折

限时打折是淘宝提供给卖家的一种店铺促销工具，订购了此工具的卖家可以在自己店铺中选择一定数量的商品并在一定时间内以低于市场价进行促销活动。活动期间，买家可以在商品搜索页面根据“限时打折”这个筛选条件找到所有正在打折中的商品。

淘宝商城卖家或淘宝集市旺铺卖家且在旺铺服务期内可以订购。商城卖家免费使用，集市旺铺卖家 30 元/季，60 元/半年，120 元/年。

选择“卖家中心”→“软件服务”→“我要订购”，进入“我要订购”页面，在搜索框中输入“限时打折”即可查看到该服务，单击进入服务详情页，单击“立即订购”即可。

限时打折服务的设置步骤如下：

1）选择“卖家中心”→“营销中心”→“促销管理”→“限时打折”，进入“限时打折”页面，可以看到限时打折的各项信息。

2）创建活动。主要有 3 个步骤：设置促销时段、选择商品、设置折扣。

3）活动展示。

① 商品页面显示。活动设置成功后，在活动开始前的 24 小时，商品详情页面就会出现秒杀信息的预告，卖家就可以提前做营销活动。活动生效后，“限时折扣”的标签显示就会一直保留。

② 买家可以在首页搜索预告里看到秒杀预告。店铺内参加的秒杀商品将会在买家搜索商品时推荐在搜索首页，这是比直通车还要好的免费的黄金流量位。

③ 买家可以通过搜索秒杀产品来查找限时折扣产品。

④ 活动产品页面显示。

5．店铺优惠券

店铺优惠券是一种虚拟电子现金券，卖家可以设置优惠券由买家主动领取，也可以通过满就送、会员关系管理来发放优惠券，促进买家再次消费。它能促进店铺销量，有效提升店铺购买转化率。

可以通过以下 3 种方式获得店铺优惠券功能。

1）开通营销套餐后（或者同时拥有满就送、搭配套餐、限时打折），满就送选项中会自动开通店铺优惠券功能；同时增加店铺优惠券设置买家领取功能（只能设置优惠券的金额，无法设置使用条件）。

2）开通会员关系管理后，再开通消息通道后，系统会自动开通店铺优惠券功能；同时增加店铺优惠券设置买家领取功能（只能设置优惠券的金额，无法设置使用条件）。

3）单独开通店铺优惠券功能，开通后，可设置店铺优惠券、买家领取活动（可设置优惠券的金额，也可设置使用条件），费用为 18 元/季。

步骤 2　淘宝网站内推广

1．淘宝的常规促销活动

登录 http://daohang.taobao.com 进入淘宝营销导航活动页面，这里有淘宝或是第三方组织的所有活动，我们可以根据店铺的具体情况选择适合参加的活动，如图 6-3 所示。

第三方活动　2心及以下　3-5心　1钻　2钻　3-5钻　1皇冠及以上　商城　更多平台

特价一天	vip购优汇	秒杀通	vip专享活动
特价一天报名帖 特价一天招商规则	vip购优汇报名帖 vip购优汇招商规则	秒杀通报名帖 秒杀通招商规则	vip专享活动报名帖 vip专享活动招商规则
等级：集市，商城 流量：约10000UV/天 销量：暂无法统计	等级：集市，商城 流量：约37000UV/天 销量：暂无法统计	等级：集市，商城 流量：约27000UV/天 销量：暂无法统计	等级：集市，商城 流量：40000UV/天 销量：暂无法统计

官方活动　2心及以下　3-5心　1钻　2钻　3-5钻　1皇冠及以上　商城　全部

付邮试用	天天特价	淘折1+1	促销汇
付邮试用10元付邮报名 手机淘宝付邮试用招商	年度TOP优秀卖家盛典 天天特价正式版招商规则	淘折1+1活动规则简介 淘折1+1分享会员专区招	单店单品活动推广平台 店铺官方活动推广平台
等级：1钻及以上，商城 流量：40-50万UV/天 销量：4000-10万笔/天	等级：3心-5钻集市 流量：300万UV/天 销量：20万笔/天	等级：集市1钻以上，商城 流量：15万UV/天 销量：暂无法统计	等级：集市，商城 流量：100万UV/天 销量：暂无法统计

类目活动　服饰箱包　美容饰品　家居生活　数码家电　更多类目

女装类目	男装	女鞋	箱包
2013女装春上新招商 春.舞动DESIGN活动招商 2013年全年大额提现开通	男装-物价回到5年前（1） 男装-物价回到5年前（2） 男人一御寒季招商	时尚派对会场女鞋区招商 女鞋年度风格项目招募 女鞋细节特写项目调整	男包频道活动商家报名 旅行箱包频道活动报名 淘金币-箱包类目调整公告

图 6-3　淘宝营销导航活动页面

2. 论坛推荐位与活动赞助

淘宝的论坛是一个人气非常旺盛、活跃的网上社区，每天有大量的浏览量来自于各个版块。

（1）论坛广告位　在论坛首页上，有大小、位置不等的各种付费购买的广告位，如图 6-4 所示。还有直通车活动的“热卖单品”广告位，每天能够为商家带去大量的流量，但也需要有一定的资金投入。

图 6-4　论坛首页通栏广告位

热卖单品广告位的申请流程：从“我的淘宝”→“我是卖家”→“我要推广”→“淘宝直通车”→“直通车活动”进入申请页面，根据活动时间和商品类别，选择合适的活动报名参加，一旦成功加入了活动，活动商品便会出现在淘宝首页和论坛首页的“热卖单品”广告位里。

（2）帮派活动赞助　相对于付费广告和直通车活动来说，提供店铺商品来赞助帮派活动的成本要小很多，淘宝的很多热门帮派都有上万的成员，一旦报名成功为活动奖品的赞助商就有机会名正言顺地在帮派里打广告了。帮派管理层通常都会给予活动赞助商很醒目的广告展示位，其带来的推广效果则取决于活动的热度。

3. 友情链接和联合推广

淘宝的店铺有一个非常宝贵的免费推广资源——友情链接，数量为 35 个，其显示位置是在店铺左侧的宝贝分类的下面，只要交换过友情链接的店铺，彼此都会出现在对方的店铺页面里。

友情链接位空置是对资源的浪费，交换友情链接的店铺也并非一定是皇冠店铺，大家的经营内容最好有一定的关联性，拥有相同或相近的顾客群，只要销售的商品相互之间不产生冲突，而且最好是有一定的互补性，那么，互相加入友情链接就能起到取长补短、客源共享的作用。

大家通过共享流量的方式，彼此都扩大了影响力，增加了交易机会，因此，只有选择合适的店铺链接，互相推广，才能达到良好的宣传效果。

我们可以从联合推广的角度去考虑选择友情店铺，充分利用友情链接这一推广工具，通过资源的共享和互补，来达到 1+1>2 的理想效果。

常见的联合推广的方式有关联型、互补型、联盟型、分销型等，不管是使用哪一种方式的联合，都是基于一个共同的目的——提高销售量、增加曝光度、扩大宣传面。

（1）关联型　使用这种联合推广方式的店铺必须销售具有一定关联性的商品，这个关联性的类型可以是种类、功能、使用等，这种形式的合作切忌两个商品完全没有任何关联的店铺组合在一起进行联合推广。比如，销售钻石首饰的店铺可以和销售婚庆用品的店铺一起联合推广，销售服装的店铺可以和销售鞋类箱包的店铺联合。

（2）互补型　有一些店铺是经营特色商品的，因渠道特殊，所以相对来说竞争不是很激烈，都有各自的固定消费群体，比如一些经营民族特色、手工制品的店铺。他们的目标消费群体主要是推崇返璞归真的都市白领，他们会比较喜欢这类有特色、有个性、难以批量生产的商品。

这种互补型的联合，虽然各家经营的商品属性都是属于定制型的手工制品，但是他们在商品种类上是互补的，联合起来就是一个大型的手工艺市场，所以，这种类型的联合往往都能产生比较好的效果。

（3）联盟型　“关联型”和“互补型”的联合主要是以推荐为主，来达到顾客资源共享，但是店铺和店铺之间并没有组织真正的共同促销活动。联盟型的合作方式则与它们有所不同，他们在联合推广的同时还在尝试联合营销。

所有店铺的顾客都享受一个共同的优惠政策，购物时只要凭在其他联盟店的购物好评即可享受该店老顾客的优惠折扣，这就相当于把购物好评当成了联盟店的“一卡通”。这种联合推广、联合促销的方式使合作变得更加紧密，大范围的优惠程度也更容易吸引顾客，相对来说，产生的效果也会更好。

（4）分销型　店铺里过多的商品很不利于顾客寻找和挑选商品，容易产生内款性比较，因此，我们可以选择一些分销商进行合作，将不同种类的商品分别放到相应的店铺里进行销售，以总店或旗舰店及某类商品专卖店的形式，在友情链接里进行联合推广。

网店可以采用上述 4 种方式来做友情链接位的联合推广，用最低的成本产生最高的效益，逐渐形成规模化效应，争取更多的市场份额。当所有的友情店铺都行动一致的时候，带来的人气和销售量可能是以前的几倍、十几倍、乃至几十倍。

步骤 3　淘宝网站外推广

1. 人脉推广

分享是人类的美德，平时我们遇到了开心的事，都习惯第一时间去和亲朋好友分享，如果我们在购物街开了一家实体店，或者找到一份满意的新工作，第一个要通知的肯定是他们。

从事网络零售也是如此，因为亲朋好友也有消费需求，也是潜在的顾客。

在旺旺群和帮派里认识的朋友也是我们潜在的顾客，线下聚会和参加培训认识的朋友同样是潜在的顾客。人脉是我们在日常生活和工作中不断积累起来的，但是要学会善加利用，因为人脉是口碑推广的基础。而且，对我们有一定认识和了解的人更容易受到影响。

2．博客推广

博客推广是通过博客网站或博客论坛接触博客作者和浏览者，利用博客作者个人的知识、兴趣和生活体验等传播商品信息的营销活动。做好博客推广应注意以下几点：

（1）博客个性化　一个浏览者觉得你的博客和其他博客差不多，或是别的博客可以替代你，都是不成功的。这和品牌与商品的定位一样，功能层面要做到差异化，感性层面也要塑造个性。这样的博客才具有很高的黏性，可以持续积累粉丝与关注度。

（2）强化互动性　博客的魅力在于互动。互动性是使博客持续发展的关键。首先应该注意的问题就是，网店宣传信息不能超过博客信息的 10%，最佳比例是 3%～5%。更多的信息应该融入粉丝感兴趣的内容之中。

（3）博客专业化水平　网店博客定位专一很重要，但是专业更重要。同市场竞争一样，只有专业才可能超越对手，持续吸引关注目光，专业是一个网店博客重要的竞争力指标。博客不是网店的装饰品，如果不能做到专业，只是流于平庸，倒不如不建设网店博客，因为，作为一个“零距离”接触的交流平台，负面的信息与不良的用户体验很容易迅速传播开，并为网店带来不利的影响。

（4）注重方法与技巧　很多人认为，博客就是短信，就是随笔，甚至就是唠嗑。的确如此，但是对于一个网店博客来说，就不能如此，因为，我们既不是明星大腕，也不是一般百姓，我们开设博客不是为了消遣娱乐，而是以创造价值为己任，任何商业行为都必须有相应回报。在博客上并非一定要推广店铺的经营内容，写作素材一般来源于家庭背景、生活经历和工作环境等，使得博客有别于其他人。每个人的文化程度、工作经历都不一样，在博客上分享自己的知识，也吸收别人的知识，这种交流有助于碰撞出新的思维火花。我们可以把博客做成一个和商品有关的知识园地，也可以和大家一起分享生活感悟，分享生活中的喜怒哀乐，还可以从个人的兴趣爱好出发，原创或收集转贴一些好文好图来和大家一起分享，也可以提供一些设计素材、教程、资讯等来吸引别人收藏，扩大博客的流量。

3．论坛推广

论坛推广就是企业利用论坛这种网络交流的平台，通过文字、图片、视频等方式发布企业的产品和服务的信息，从而让目标客户更加深刻地了解企业的产品和服务。最终达到宣传企业的品牌、加深市场认知度的网络营销活动。

（1）寻找目标市场高度集中的行业论坛　知己知彼，方能百战百胜。在进行论坛营销时，首先要对本身所在的行业进行一个透彻的分析，根据分析得出的结果寻找所在行业的一些著名论坛和主题论坛。在主题集中的论坛上进行论坛营销，往往会起到事半功倍的效果。

（2）参与论坛，建立权威　在论坛营销的前期，为了打响网店知名度，建立权威性，要经常在论坛上发帖、顶帖。发帖和顶帖也是一门学问，去一个新的论坛，不要一进去就着急发帖，首先要注意这个版块是否有特别的发帖格式，如果没有按照它要求的格式发帖很容易被删帖。同一个论坛，各个版块的发帖格式也可能不同，没有发帖格式要求的版块，我们可以加上一些比较醒目的符号，让大家更容易注意到这些帖子。发帖并不难，多尝试就会熟练掌握。

除了发帖，还可以经常去顶帖，顶帖比发帖更讲究经验和技巧，有质量的发帖和有观点的顶帖才会给人留下深刻的印象。要想别人对我们或者我们的商品感兴趣，就要发有质量的帖，回有水平的帖，积极地在论坛上参与讨论、发表意见和看法。同时也要时刻留意其他会员的动态情况，当发现其他会员有问题和困难时，应主动出击，积极帮忙。久而久之，热心助人的你一定会在各位会员的心目中建立起一个权威的形象，建立了权威性，在这时候推广产品和服务，其可信度一定会大大提高。

（3）不要发广告　不要在论坛上发广告，尤其是广告性很强的广告。据了解，基本上所有的网民都会排斥论坛上的广告，而且会对发广告的人产生抵触的心理。为了避免被会员排斥甚至封账号，切勿在论坛上发广告。

（4）在论坛签名中进行促销　论坛签名是一个比较好的促销平台，当然促销的效果与签名的吸引力密切相关。打造一个个性化的签名，在论坛签名中插进产品和服务的介绍，并且在论坛中留下签名链接，加大宣传的力度。这样可以让有意者看到你的产品和服务，并主动和你联系。

（5）个人图像和免费推广位　在论坛注册后，制作一张尺寸大小适中的广告图片作为个人图像，加大网店的曝光率。与此同时，也方便看帖的朋友了解你的信息，达到一个做广告宣传的效果。有些论坛的主题会有一个免费的广告位，可以利用这个广告位刊登产品、服务信息，充分达到了推广营销的效果。

步骤 4　SNS 营销推广

SNS 即社交性网络服务，其中包括 3 方面的内容，即强调信息单向的发布，强调静态的、被动式的交流，强调完全互动的关系。SNS 满足的是一种建立在互联网的基础上，通过互动，形成有深度的互联网营销的理念。

SNS 的应用有群体集结、娱乐、人际关系或者一些专业性的信息；或者是内容的分享，或者是个人的展示。通过个人展示，可以展示一些个人档案，发布一些个人的活动、视频、日志。内容分享可以包括如专业分析报告、行业分析报告或者是产品试用报告等内容。人际关系可以通过网络扩展自己的社交领域，建立更广泛、不受区域限制的一些私人关系。

1. SNS 营销步骤

1）首先要明确网店或者这个产品的市场定位，定位包括两个方面：①这个产品的分析，需要做一个产品手册，这个产品手册包括产品特性、产品带来的性能及这些产品的性能带来的竞争优势、产品特征带给客户的利益。②客户的分析，主要是要把我们的目标顾客描述出来。

2）确定了产品的优势，并且明确了目标客户后，接下来就是进行 SNS 社区或者数字营销平台的筛选。在 SNS 社区筛选的过程中，遵循的第一个原则就是定位匹配原则，SNS 平台的目标客户群或者说消费人群必须要跟我们产品的目标定位人群相匹配，这也是唯一的一个原则。在找到这个社区以后如何实施，包括两种选择，可以选择在 SNS 社区中寻找现有的意见领袖，比如说社区的管理员、论坛的版主等，也可以组织团队成员进入社区开展相关的活动，把我们的团队成员转换成为社区的意见领袖。

例如人人网可能适合一些面向同学、校友为主的平台；白社会这个 SNS 平台适合一些白领、精英的消费产品；豆瓣网适合书迷或者影迷；开心网是综合性的社区，可以针对这些社区来做一些目标群的细分或者是描述。

3）平台选定以后，可以开展一些营销的活动，就目前来看，比较成熟的应用主要有以下几项活动。

① 寻找淘宝客，利用匹配产品定位的 SNS 社区一些领袖或者是活跃人物开展淘宝客的一些业务，把社区和淘宝客的业务相结合，这是目前来讲很成熟的产品。

② 通过类似阿里巴巴等广告平台在 SNS 社区中开展精准定位广告投放。

③ 通过为 SNS 社区提供一些游戏道具、礼品、装备等来做一些软性的广告，可以参考开心网的一些娱乐社区，为网络平台的道具提供一些支持。

④ 利用 SNS 的平台开展一些线上的活动，比如产品试用、产品体验报告、团购。尤其是一些区域性的 SNS 平台可以开展一些网络应用。

⑤ 营销活动开展完了以后，还有一个很重要的工作就是客户管理。商家可以引导客户进入网店的一些 SNS 平台，利用这个平台为客户提供更多的增值服务，增强客户黏性，提升所售产品的使用价值。例如卖智能手机，可以利用社区的平台为手机用户提供更多的服务项目来提升手机用户的使用价值，增强对产品的满意度，或者是这个产品的剩余价值。

2．利用 SNS 营销工具开展营销活动的常规事项

1）营销活动必须能够吸引眼球，营销主题要有趣，因为这个社会强调的是娱乐性，特别是利用 SNS 开展口碑营销的时候，需要有一些能够吸引消费者眼球的东西。

2）传递的信息不能太复杂，传递信息过于专业化、过于复杂会减少受众面，影响到传播的广度。

3）要有一定的元素性，或者说有一定的专业性，你所传播的内容必须能够让消费者容易接受，并且对消费者来讲能够带给他一定的价值，无论是娱乐价值还是使用价值。

4）要注意多种工具的结合应用，它是一个整合营销的过程。SNS 是一个营销平台，不是一个具体的营销工具，必须配合网店的整个营销方案来开展，可能会同时涉及多种营销工具。

5）要注意跟我们的目标顾客保持一个良好的沟通，做一个及时的反馈，随时调整 SNS 营销的操作方案或者执行的效果。

开展 SNS 营销可以选择两种方式：1）选择借用外部的力量，比如借用外部一些江湖达人。2）选择培养自己的 SNS 专业团队，或者是 SNS 的代言人。

开展 SNS 营销可能需要具备的武器有以下几个。

（1）软文营销的能力　因为开展 SNS 营销最重要的是利用一些文章、帖子开展营销活动，并且不会让消费者反感，要有一定文稿的撰写水平。

（2）沟通或表达的能力

（3）产业定位匹配的问题　如果产品匹配不准确，则开展 SNS 营销可能达不到预期的效果，甚至会影响到后期的转化率。因为引流进来的目标客户群跟产品定位目标客户群有些时候是不匹配的。

（4）需要具备关系营销的理念　首先 SNS 营销的出发点应该是为我们产品建立更多的粉丝或者建立更多的关注群体，或者使我们的产品拥有更多的爱好者，以此为出发点，通过这个产品利用 SNS 平台建立或者寻找更多的朋友。

（5）需要整合营销　SNS营销只是一个系统，而不是单独的工具，它必须要结合多种工具，就像前面提到的类似于淘宝客、产品试用等完成SNS营销的流程，所以从这个意义上来讲，SNS营销是一个系统工程，而不是一个工具。

触类旁通

在推广网店时除了要注意商品的标题、描述、店铺装修以外，还必须要注意以下几点：

（1）参加一些有偿服务　淘宝目前的盈利主要是提供一些增值服务，这些有偿服务购买后还是有点效果的。例如旺铺、加入消保、商盟等，对客户转化率的提高非常重要。

（2）想方设法提高网店的信誉度　网店的信誉度是许多买家衡量一个店铺的重要指标。因此想方设法提高网店的信誉度显得十分重要，如何提高淘宝网店信誉？主要有两个思路：1）让更多的客户购买本店商品。2）让所有购买本店商品的顾客人均购买6件以上商品。沿着这两个思路可以运用各种方法实现。

（3）网店讲究时效性　例如互联网上客服的在线时间、反应速度。一般消费者都不愿意打开旺旺不在线的店铺在那里一直问“掌柜在吗？”。所以时效性特别重要，否则将会失去很多销售的机会。

（4）运用一些促销手段　很多网店的成功不仅仅是每天的等待，更有各种营销策略的成功运用，许多市场营销的手段也可以很好地运用于互联网营销平台，当然其中免费的和收费的手段都有，必须好好规划一下成本再选择适合的促销手段。

【案例6-2】

奥利奥“泡”到消费者

2010年2月26日，卡夫食品公司在上海启动了奥利奥“看谁能泡到”全国宣传媒体见面会，品牌新代言人姚明亲临现场，与到场嘉宾分享奥利奥“扭一扭、舔一舔、泡一泡”的经典吃法。

单纯以本土明星演绎自然是不够的，必须要引导消费者参与品牌活动，才能加深他们对品牌的印象。所以，奥利奥这项为期一年的推广活动配合了电视、户外、店内广告和一项名为“看谁能泡到”的线上互动活动。

在“看谁能泡到”的活动网站上，消费者可以在卡通化姚明的指导下，完成一些小游戏，比如，用盛有牛奶的杯子接住往下掉的奥利奥饼干，将希望传播的理念融入到互动的过程中。用户每集齐30块虚拟饼干就能获得一次抽奖机会，虚拟饼干可通过3种方式获得：购买奥利奥饼干，输入包装上的代码，可以获得30块；参加网站小游戏赚取积分，每100分兑换1块；将活动网站分享给好友，每成功邀请一位可以获得5块。参与形式的多样性，是活动一经推出就引起强烈反响的关键。

为进一步提升活动的影响力，卡夫公司还在淘宝首页进行该活动的推广，与淘宝合作准备了2万份淘宝网10元抵用券，聚集了不少喜欢网购的奥利奥粉丝。

值得强调的是，奥利奥活动网站不但充满生气，还使品牌形象保持高度一致、创造多种互动的可能。比如，整个页面只有蓝、白、黑、棕几种奥利奥产品及其包装涉及的颜色，甚至电视广告中姚明和小男孩穿的衣服也没有超出这个颜色范围，游戏页面下方的供用户分享的开心网、人人网图标也改成了蓝白相间的颜色，页面清新时尚，无论是对于孩子还是带孩子玩游戏的家长，都极具吸引力；游戏的主角就是一块奥利奥饼干或者奥利奥威化，游戏元素的设计也融入了产品的特征，如以奥利奥威化饼为主角的“密室逃生”的游戏，有巧克力口味版和香草口味版两种，巧克力口味版的游戏界面背景也是巧克力色，而一个个的障碍就是真实的巧克力威化饼干的样子。

对目标消费者需求的准确把握，对产品特征的贴切表达，使得这次活动在推出仅4周时间就吸引了17.3万名用户注册，成为奥利奥巩固中国市场的重要举措。

请分析：奥利奥“看谁能泡到”活动运用了哪些线上推广方法？

任务3 推广B2C网站

任务要点

关 键 词：线下推广、搜索引擎优化、网络广告、网站联盟、竞价排名。

理论要点：B2C网站的推广方式。

实践要点：能利用线上和线下的方式进行B2C网站推广。

任务情境

小陆的B2C网站已经运营将近一个月了，但是他发现销量很少，甚至访问网站的人也很少。小陆感到很奇怪，自己的产品很有特色，价格也不高，网站的页面也很美观，怎么就没有多少人来光顾呢？这时小张说，网络上网站众多，谁会在意到我们的网站。小陆听后突然想到，网站建设好后不能守株待兔等人来买，而要主动出击去吸引客户来买，要对网站进行推广。于是，他开始查阅资料，看看有哪些方法可以推广他的网站。

任务分析

我们在网上建立了自己的网站，如何让更多的用户知道，这就是网站推广的意义所在。在网络经济与电子商务迅猛发展的今天，B2C网站如雨后春笋般纷纷建立，如果不进行推广，那么再有特色的产品与服务在网上还是不为人知，起不到建立网站的作用，赢利更无从谈起。所以我们在建立网站后就应立即着手利用各种手段推广自己的网站。推广网站的形式多种多样，包括线下推广、网络广告推广、搜索引擎推广、竞价排名推广、邮件推广等。

任务实施

步骤1 线下推广

一个B2C网站的运营和成功主要靠网络推广和线下推广，但仅仅依靠网络推广是不容易成功的，所以有时就要从线下想办法，但必须考虑线下推广所需要的费用也比较高。

（1）名片与宣传单推广　这种推广方式比较迅速。在名片或宣传单上印制网站名称、网址、联系方式、主营商品等信息，在我们与人见面、参加活动的时候养成给人名片的习惯，久而久之效果也不错。同时也可以与送外卖、送快递的人员进行合作，利用他们经常在外工作的机会，合作发放宣传单。

（2）跟实体店铺合作　在本地找些人气较旺的实体店铺合作，给他们在自己网站上免费做个宣传的网页、广告，作为交换条件，让他们在店铺的广告牌上贴上我们网站的网址，或者更进一层，让他们在发宣传单的时候，在宣传单上加上我们的广告。

（3）雇人收集信息　可以招一些勤工俭学的学生，让他们去街上、社区里收集网站需要的信息，最好能让他们穿上特制的衣服，这样既能收集到一手的原创信息，又能得到不错的宣传效果，当然也可以自己亲自去收集。

（4）赠送小礼物　可以在周末或者节假日，在热闹的广场或者商城，发送一些印有网站信息的小礼品，比如气球等。

（5）活动宣传　本地有重大活动的时候，可以一起合作开展。特别是一些公益活动，可以借助赞助的形式推广自己的网站。

（6）网吧合作推广　网吧人流量较大，如果能充分利用，则效果会很不错。如果能把浏览器首页设为我们网站的首页那就最好了，如果不行，则还可以花钱买墙上的海报。

（7）发布广告　主要是在报纸、杂志等平面媒体和电视台、公交车电视等视频媒体进行广告投放，这种方式成本投入较大，网站达到一定规模后使用效果较好。

步骤 2　网站搜索引擎优化

搜索引擎优化（Search Engine Optimization，SEO）是针对搜索引擎对网页的检索特点，让网站建设各项基本要素适合搜索引擎的检索原则，从而使搜索引擎收录尽可能多的网页，并在搜索引擎自然检索结果中排名靠前，最终达到网站推广的目的。

几乎所有网站都很重视搜索引擎，因为搜索引擎越来越成为消费者进入网站的主要入口，B2C 网站也不例外。独立运营 B2C 网站时，需要注意以下优化内容。

1. B2C 网站建站程序里的模板要特立独行

对于个人或者企业来说，运营 B2C 商城网站，是不可能单独去开发一套完整的建站系统，大部分都是通过购买现成的建站程序，但是这些建站程序上所自带的模板，却需要很好地自定义一番，最好是与这些建站程序的开发商进行合作，然后让他们开发针对你销售的产品的一整套个性的模板，这样就能够让你的网站的第一印象获得加分，降低网站的跳转率。

2. 内容的优化是重中之重

作为 B2C 商城上的内容，主要是产品图片、标题以及属性，还有就是有关产品的各种丰富的内容介绍。由于很多 B2C 商城，在产品内容的介绍上，往往也用图片的形式来表述，但这样做有一个缺陷，就是不利于搜索引擎的抓取。因此还需要图片具有 ALT 属性才可以。

所以针对 B2C 商城的内容优化，就需要注意两个方面，一个就是尽可能地在网站上填写大量的文字性内容，能够用文字取代的，就绝不用图片，有了图片，就一定要设置图片的 ALT 属性，毕竟图片能够被百度图片收录，也往往能够通过图片转过来一些流量。不过现在有的企业，为了让 B2C 商城变得更加好看，还在网站上添加大量的 Flash 元素，其实这大可不必，毕竟 Flash 对于网站的建设上，已经是过时的技术了，完全不利于网站的内容优化。

另外，由于 B2C 商城中的产品很多，因此也需要对产品库进行优化，即将所有动态产品的内容进行静态化；减少体积，优化冗余代码，将页面的大小控制在 120KB 以内；为每个产品页面增加 Page title；为每个产品页撰写 META 属性；优化列表页，使用 nofollow 标签定义翻页，去除与搜索引擎抓取无关的链接；制作产品类的网站地图；在首页推重点关键词页面。

3. 网站结构和内链的优化

目前 B2C 商城的主要结构有两种，一种是两层结构，就是首页和购买页，另一种是三层结构，就是多了一个频道页。其实这两种结构，目前都是相当不错的。如果你的网站结构变成四层甚至五层，那就要认真分析了，层次越深往往越不利于网站的优化，同时层次越深，越会提升网站的内链优化难度，现在很多人说内容为王，外链为皇。但是内链的优化也同样重要，往往能够决定网站内容的收录数量，决定网站的权重高低，而优化内链的重点，就是不要让网站出现大量的死链接，而制作 401 防死链页面是非常重要的。

4. 网站外链优化不可少

既然 B2C 商城独立出来，那就应该以一个独立的站点来进行优化，而外链为皇也说明了外链优化的重要性，很多人可能会认为，外链的来源最好有相关性，而相类似于卖同类产品的 B2C 商城网站大多数是一些专业化的平台，一些独立的运营网站是极少的，所以外链不好做。其实对于网站的外链，应该更加注重多元化，利用高质量的多元化，往往能够获得很好的优化效果，我们可以通过大量的软文加上锚文本，不仅提升了 B2C 商城的口碑和品牌效应，同时还提升了网站的优化效果。

步骤 3 网络广告推广

当 B2C 网站锁定客户群体后可以根据客户群体的特性选择此群体集中的网站和社区进行广告投放。网络广告的优势在于能抓住特定群体进行直接营销，目前主要有以下几种广告投放形式。

1）页头旗帜广告：一个表现商家广告内容的图片，放置在广告商的页面上，是互联网广告中最基本的广告形式。

2）通栏广告：巨幅广告的一种，宽横幅大尺寸为主的旗帜广告。

3）超级通栏：在网页头部栏目导航和中间主体内容之间，具有很强的眼球吸引力，适合高端产品的宣传和推广。

4）按钮广告：小型 gif 或 Flash 等格式的按钮广告。由于图形尺寸小，因此可以被灵活地放置在页面的任何位置。

5）页面悬浮广告：在网页页面上悬浮或者移动的非鼠标响应广告，形式可以为 gif 或者 Flash 等格式。

6）全屏广告：出现在首页或频道首页，大小不超过 35KB。优先出现在页面顶部的静态图片，具有强大的视觉冲击力和震撼力，适合品牌推广和形象宣传。

7）背投广告：以弹出窗口形式，在页面后面弹出，广告大小不超过 30KB。占据整屏位置，有巨大的视觉冲击效果，适合品牌推广和产品促销。

8）画中画广告：指在最终页面中间插入的广告。

9）幻灯片广告：出现在首页或频道首页第一屏的幻灯片，多个广告之间切换出现。

10）翻卷广告：出现在首页或频道首页，在页面的右上角翻卷出现的广告。

11）屏幕右下角升起的大幅图片广告：当页面加载完成后，以弹出窗口的形式，从浏览器窗口右下方升起的广告形式。

12）文字链接：客户广告以文字描述形式放置在页面内。此种广告可以被灵活地放置在页面的任何位置。

如何使网络广告更具有针对性，用户体验更好，更能提高广告效果呢？应主要考虑以下几点。

（1）广告搭配，刺激用户点击欲望　好的网络广告应该放置在网页的醒目位置，采用图片+动画+文字等方式，让广告更生动，视觉上更具冲击力，还要注意广告与网页的风格应相互搭配，融为一体，提高用户体验，让访客不由自主地产生点击的欲望，产生广告效益。

（2）构思广告语，树立品牌形象　一些国内国际著名的网站，为了拉近用户距离，树立品牌形象，都设计了相关形象，如“百度一下，你就知道”、“一切皆有可能”等，从中我们能体会到深刻不凡的含义。怎样让广告语更能帮助我们树立品牌形象，需做到以下几点：句子精简，顺口，直截了当；要用口头语的表达形式，方便用户记忆，提高口碑推广；广告语要创新、独特，文字要通俗易懂，给人以想象的空间，抓住用户的注意力和想象力。

（3）内容常更新，提高新鲜感　用户看广告时间长了，次数多了，会增加疲劳、厌烦感，为了更好地适应网站回头客，广告做好后不能一成不变，如果确定广告语是固定的，那就要合理处理好图片、影像及周边搭配，经常更新色彩、文字，更能提高用户的点击率。

（4）定位用户群体，投放相应广告　要根据广告的类型，分析、锁定相关用户群体，精简预算，投放相应的网络媒体，投放广告不要求多，而要做到精确、准。应选取行业相关网站、用户群多、网站流量高、网站信任度好的网络媒体去投放，更能提高用户转换率。

目前网络媒体有丰富的用户群体、广阔的广告市场、全面的地域推广等发展前景，是广告商见效快，传播广的网络营销手段之一。

步骤 4　网站联盟推广

网站联盟推广（专业术语叫做网络会员制营销或者联属网络营销）本质上来说是一种按效果付费的网络广告形式。网站联盟推广包括 3 个要素：广告主、联盟会员和联盟营销平台。

如果目标客户具有明确性，知道我们的客户在哪里，那可能就会到这类网站上去投放广告，但这需要一个一个去谈，效率太低了，而且我们投放广告后也很难对广告效果进行整理。而网站联盟就是为了解决这个问题而出现的，我们可以将广告投放在联盟里的平台，而且只有在广告起到实际效果之后才需要付费。

以下以百度网站联盟推广为例介绍如何进行网站联盟推广。

（1）注册账户　登录 http://wm.baidu.com，注册推广账户，需要填写联系人、网站名称、网站地址、网站联系电话等信息。

（2）推广账户设置　对账户进行转账等操作，提供账户的基本财务等信息。在“我的账户”中可以进行以下的操作：账户信息、系统转账、转账历史查询、自动转账设置、提醒设置。

（3）新建推广计划　为一个推广活动制作一个推广计划，依据推广方案进行相应设置。其中可设置推广计划名称、每日预算。

（4）新建推广组　根据不同的推广方案设置不同的推广组。其中可以设置推广组的点击价格、网站推广设置、地域推广设置。另外，在地域高级设置中，还可以选择限定用户 IP 属于校园/网吧/中国联通/电信等来源的设置。

（5）新建推广单元　设置推广物料，上传我们的创意信息，最后推广信息将展示在我们指定的网站上。

文字单元：文字单元由文字创意和两个链接组成。文字创意形式为一行标题两行描述。两个链接分别是显示链接和点击链接。显示链接和文字创意一起展示在推广页面上，组成一个文字广告。点击链接是指用户点击我们的推广信息时会访问的实际链接。

图片单元：图片单元可以进行多媒体物料的上传设置。包括图片、Flash 广告。有多种尺寸可供选择。由于在百度广告的联盟站点上，有各种布局和排版的页面，因此只有当多媒体物料尺寸与广告位尺寸一致时才能展示广告。

完成基本的账户设置操作后，就可以按照自己的推广方案在百度联盟站点上进行正常的推广了。

6．高级设置工具

高级设置工具可以满足我们推广的个性化需求。当然，很多时候可能用不上它们。这里对几个高级设置工具进行一下简单介绍：

（1）投放日程设置　在推广计划属性修改中可以对推广计划的投放时间和投放日程进行修改。当为推广计划设定结束时间后，到指定的结束时间，推广计划将自动进行搁置，不再展现推广信息，不会产生消费。另外，也可以设定推广计划的定时搁置。如果产品推广只希望针对工作日的上班族，那么为了节约推广成本、精细化定位，可以设置只在工作日投放的日程设置。同样，也可以考虑设置白天的广告投放，削减晚上与凌晨的广告投放预算。可以设置周循环的投放日程，精确到各个小时。

（2）站点/IP 排除工具　在推广组属性修改中可以进行站点/IP 排除的过滤设置。以下几种情况需要采用过滤设置：网站已经是百度联盟站点，不希望自己的推广信息展示在自己的站点上；不希望广告展示在已经进行资源互换的联盟站点上；有些站点的目标用户与自己的产品定位存在偏差；通过效果监测工具，发现来自某些 IP 段的访问不能为推广带来任何收益。

（3）分网站价格和点击链接设置　在推广组属性修改中可以进行分网站价格和点击链接的设置。以下几种情况需要进行分网站的价格和点击链接的设置：

1）在实际推广中，我们会发现与搜索推广的关键词类似，不同联盟站点的竞争情况不同导致能获得展现的价格不同，这时候就可以对不同的站点进行不同的价格设置。

2）对于不同流量不同品牌的站点，媒体价值也不同。我们希望在同一个推广组中调整不同站点的价格设置以最大化推广效益；

3）当希望区分不同站点的用户点击广告后的行为时，需要为不同的网站设置不同的点击链接以对点击来源进行标识。

步骤 5　搜索引擎竞价排名推广

搜索引擎竞价排名是一种按效果付费的网络推广方式，由百度在国内率先推出。企业在购买该项服务后，通过注册一定数量的关键词，其推广信息就会率先出现在网民相应的搜索结果中。如企业在百度注册“女装”这个关键词，当消费者搜索“女装”的信息时，企业就会优先被找到，并且百度按照给企业带去的潜在客户访问数收费，如图 6-5 所示。

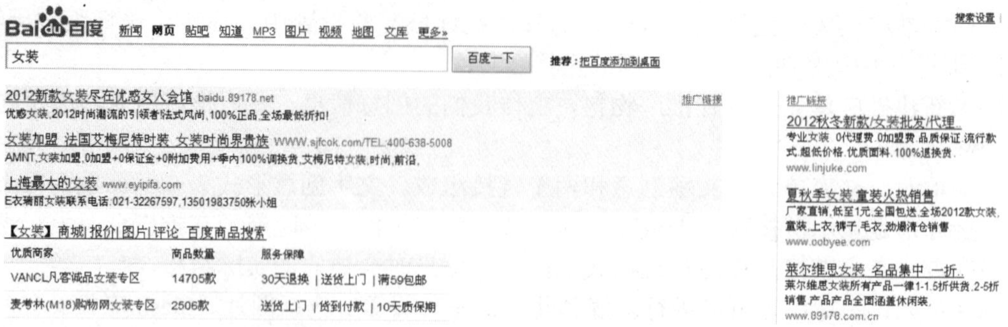

图 6-5 搜索引擎竞价排名结果页面

以下以百度竞价排名为例，介绍搜索引擎竞价排名进行推广的设置。

（1）注册并登录账户　登录 http://www2.baidu.com，注册并登录账户。进入“系统首页”可以显示缴费金额、消费金额、后台每个内容的简要介绍和百度的相关信息。

（2）管理关键字　单击“管理关键字”，出现提交的所有关键字的列表。内容包括：已提交的关键字、关键字的状态、点击价格、竞价模式、最高竞价、当前排名、前三名竞价情况（我们的竞价以红色显示）、点击次数、点击平均价、消费金额等。

（3）添加关键字　单击“添加关键字”，出现提交关键字的界面。填写关键字、网页标题、链接的 URL 地址、网页描述等信息。相关内容填写完整后，一定要单击“提交”按钮。提交后系统会提示提交成功。

（4）分组管理　单击“分组管理”，在“组别名称”对应的方框填入想分组的类别名称，然后提交就可以了。例如：某个招聘公司把关键词按照招聘的行业分类，可以分为服务行业、制造业、化工行业等。

（5）统计报告　选定想要的统计报告类型，用上个月统计和下个月统计选择想要的统计报告时间，都选择好后单击“生成报告”，即可看到想查询的统计报告。

（6）信息查询　可以查询关键词的竞价情况、某个关键词的相关情况。其中包括当前竞价情况、与查询的关键词相关的关键词。

以上是百度搜索引擎竞价排名推广的设置。除此之外，还需要对搜索引擎竞价排名进行优化，使其推广效果更好。

1．分析选取关键词

关键词的分析选取，顾名思义，就是针对自己的产品/服务能够让自己的目标客户通过搜索引擎找到自己网站的关键词的选取，这些关键词也就是要投放的关键词。关键词的选取一般通过以下几个步骤：

（1）发散思维，头脑风暴　我们刚开始建立账户之前，对自己的产品/服务已有充分的了解。这个时候往往脑子里有了一些词汇，但是不够具体，发散的深度、广度都不够。其实可以通过品牌影响类、竞争品牌类、购买行为类、购买行为目的类这 4 个方向来发散思维。

（2）关键词推荐工具　通过头脑风暴，已经对关键词有了一个大致的轮廓。但是词汇量太少，不足以覆盖客户的搜索需求。这时就用到了关键词推荐工具，包括百度后台关键词推荐工具，以及百度指数工具。还有一些其他关键词推荐工具。

（3）长尾关键词扩展　与 SEO 长尾词扩展一样，我们对现有的关键词进行长尾扩展，有利于抓取更多潜在客户。

(4)后续添加/删除　账户建立一段时间之后就对所有计划单元里的关键词有了一个清晰的认识。通过定制报告以及商务通、百度统计等导出报告的分析，添加对转化率高、成本低的关键词，删除消费大、转化率低、搜索量低的关键词。保证账户结构的活力和弹性。

此外，时效性词语的添加（主要用于季节/节日波动性产品/服务）对于特殊时期的关键词转化也是大有裨益。

2．划分账户结构

账户结构是一个层级结构，依次为：账户、计划、单元、关键词和创意。其中，一个账户最多可建立 100 个计划，每个计划又可建立 1 000 个单元，每个推广单元中最多可添加 5 000 个关键词和 50 条创意，其中关键词和创意是多对多的关系。

首先给账户划分计划。通常划分计划的方法是按照地域式和产品/服务式以及其他一些方式。对于地域式来说，按照地域来划分计划，譬如北京、华北、华东、西北等。每个计划里有相同的词。但每个计划所投放的地域只有一个。这样一来可以方便控制每个地域的消费，二来也可以直接看到每个地域的数据。比如北京地区消费多少，点击多少，带来效益多少。看到哪些地域没有效果，可以不做投放或少做投放。

其次，对于单元内关键词，建议 8～15 个，词汇量很大的行业也可增加到 30～50。单元内太多的关键词不利于账户结构的优化以及关键词质量度的提升。关键词的匹配方式有 4 种：广泛匹配、短语匹配、精确匹配和否定匹配。

对于一开始建立账户单元内的关键词来讲，先建立广泛匹配和短语匹配为佳。广泛匹配是一种既进行高针对性的投放、又接触广泛受众群体的有效方法，能够为客户带去更多的潜在用户访问。短语匹配更为灵活且能获得更多的潜在客户访问，与广泛匹配相比则有更强的针对性且有更高的转化率。经过一段时间的推广，观察单元关键词表现，然后更改匹配模式。

最后，对于创意，建议每个单元 3～5 个创意。每个创意 3～4 个通配符，其中标题一个，描述 1：1～2 个，描述 2：1 个。创意的展现有 2 种模式，即轮替和优选。账户建立初期建议使用轮替，以积累各个创意的质量度。账户建立一段时间后使用优选，使关键词有个较好并相对稳定的排名。

3．撰写创意

在符合创意撰写基本要求的前提下（标题最多 50 个字符，描述 1 和描述 2 均不得超过 80 个字符），以吸引有效客户、潜在客户为宗旨撰写创意。大致可分为以下 5 种方式：

1）客户需求、客户关注问题解决式创意。

2）活动式创意。例如打折、促销、降价、买一送一、赠品等。

3）优势式创意。例如百年老店、质优价廉、专家会诊、设备先进等。

4）开门见山介绍类。直接书写自己所在行业、经营业务等。

5）综合类。综合以上 2～4 种创意进行创意撰写。

4．确定并制作着陆页

每个客户点击竞价广告进入网站后的第一个页面就是这个关键词的着陆页。能否实现转化，着陆页是关键一环。着陆页一般分为 2 种：①分流页，通常为网站首页或栏目页。目的在于精准划分目标客户群体，把目标客户转移到相应的转化页面。②最终转化页，描述目标客户关注的产品/服务，分析用户关注点和抗拒点，还有最终交易或咨询框等。目的在于对准意向客户深层次的转化，形成最终交易。

5．账户调价

账户刚开始建立时，建议将关键词的价格尽量保持在 3～5 元，所有关键词出价使用单元出价，积累初始质量度 3～4 天，然后再进行调价，调价跳到首页前 8 名。以后再根据定制报表来修改价钱，调整排名。建议所有出价均采用 X.1 元，在值价相同时会以小分进行排名取胜。根据报表调价应确定创意没有问题后，根据该关键词的展现量和点击量做出调整位置的调价。避免一味关注排名所带来的不必要的成本增加。

6．定制相关报表

推广一段时间后，数据的支持是进行下一步优化的根据。定制不同的报表可以对关键词的状况有更清晰的认识。下面是几个常规的报表。

（1）关键词点击率报表　对于点击率过低的关键词分两种情况：①创意问题。解决方法是根据相关创意撰写原则重写撰写创意或修改现有创意；②排名位置问题。解决方法是修改价钱调整排名。

（2）关键词触发报表　对于触发违禁词语进行关键词否定工作。

（3）关键词转化报表　区别对待高转化和低转化关键词。对于高转化关键词要加大推广力度。对于低转化关键词要减小投放或停止投放。依据二八原则，将 80%的钱花在 20%的高转化关键词上，甚至比例可以适度增长。

（4）关键词着陆页跳出率报表　对于跳出率高的关键词调整或修改着陆页。

（5）其他　根据不同行业不同账户的推广需求定制其他报表。

7．账户优化

根据账户结构调整一些质量度低的关键词，将这些关键词按照账户整体流程重新进行操作。此外，对于报表中存在问题的关键词也要按照流程进行优化。

触类旁通

B2C 网站的推广方式除了上述介绍的几种外，还有以下几种方式。

1．问答式社区

主要是利用多的长尾关键词效应带来流量，目前问答式社区最好的平台是：百度知道、天涯问答、新浪爱问、SOSO 的问问，其中百度知道和天涯问答可以直接带来流量，而对于新浪爱问和 SOSO 的问问就比较适合做品牌知名度的推广。

2．比较购物网站、导购、折扣类网站

这三者的区别在于比较购物网站有返现给会员，而对于导购网站更多的是一些商家信息的发布，还有就是会员购物后的心得表达，折扣类网站就是发布商家促销信息和优惠券。它们的共同点就是都集中了一群有购物需求而且对于网络购物这种消费模式比较认可的人群。通过与比较购物网站的合作，让利于一些会员，可以提高网站的知名度和销量。而再利用一些比较成熟的客户把自己的购物体验发布到一些导购网站，起到口碑传播的效果。同时还可以跟这些比较购物网站、导购和折扣类网站联合搞促销活动，并通过发放优惠券的形式吸引更多的客户到网站上进行购物。

3．邮件营销

邮件营销包括站内邮件营销与站外邮件营销。站内邮件是当会员基数达到一定的程度之后采取的一种手法，主要目的是让这些会员进行重复购买，不让这些会员沉下去，如果能做到让他们重复购买，那么就会减低推广的成本。

站外邮件营销主要是为了带来新的客户，这一方式对于人力付出的需求稍大，对邮箱地址的来源，可以利用一些免费的邮件抓取软件进行抓取。然后通过自己网站的邮件后台或者是固定的账号向这些账号发出广告或者是促销信。

【案例 6-3】

凡客正式推出营销平台“凡客达人”

2011 年 3 月 18 日凌晨 5:18，互联网快时尚品牌凡客诚品（VANCL）社区化营销平台“凡客达人”正式上线。

凡客方面表示，这是 VANCL 一次真正实践开放平台的重大战略举措，用户可以零门槛在凡客达人网站上开店，通过分享个性化的服饰搭配来创造真金白银的价值。另据陈年透露，凡客达人最终的目标是“实现后台和前台的全面开放”。

据了解，新上线的“凡客达人”包括自由注册、开店、发布搭配、赚钱、后台开发、实时查询分成收益等功能。网民注册成为凡客诚品会员后，只需将信息填写完整并同意凡客达人店铺协议后，就可零门槛、不用任何加盟费开通店铺，成为达人店主。

店主只需按照自己喜爱的风格随意搭配 VANCL 的各种服饰，吸引朋友、同学等粉丝团在自己的达人页面点击链接购买即可，不用为发货、物流等环节烦扰，这些都将由凡客诚品公司来承担。店主可轻松获得每笔订单约 10%的分成比例，通过后台系统能实时查询账户情况。

凡客诚品创始人、董事长兼 CEO 陈年通过微博客宣布，2011 年将拿出 10 亿元分成给达人店主。业内人士据此算了一笔账，如果将这 10 亿细分一下，从 2011 年 3 月底凡客达人新版上线到年底，2011 年将有 9 个月和用户分成，每月就分一亿多元。

请思考：“凡客达人”项目蕴涵了哪些 B2C 网站推广方式？

项目小结

网上创业推广的目的就是要带来网店的流量，我们可以从推广网店商品、网店入手。推广网店商品可以采用淘宝客、淘宝直通车、钻石展位等方法，这些方法对商品关键词的选择要求较高，另外这些方法也需要一定的费用。

推广网店可以采用店内的一些营销工具，也可以加入淘宝网发起的各种活动，还可以选择做淘宝网外部推广，方法很多，但一定要注意选择和搭配。

独立的 B2C 网站现在也很多，B2C 网站也需要带入流量，要为 B2C 网站带来流量主要是做好外部的推广，可以对网站进行搜索引擎优化，投放网络广告，选择较大的网站联盟进行推广，在搜索引擎进行竞价排名等，当然也不能忽视线下的一些推广活动。

从店内、淘宝，再到淘宝以外，可以尝试的推广和营销的方法有很多，但必须明白一点，不管是推广也好，营销也罢，都是店铺的一个长期行为，不可能一蹴而就，从量变到质变是推广工作必须经历的过程，只有持之以恒才能达到理想的效果。每一种推广方法在使用上必然有熟练操作的技能掌握阶段和熟能生巧的技巧总结阶段，学会运用这些方法，并且总结出使用的窍门和经验，是对自己更高层次的要求，也是一个优秀的网店管理人才必须具备的能力。

实战强化

实训 1　利用 SNS 网站推广网店

1．实训目的

通过本次实训，掌握通过 SNS 网站进行网店推广的方法。

2．实训组织

1）学生对自己的网店进行分析，找出推广的引爆点。

2）分析和筛选 SNS 网站。

3）在 SNS 网站平台发布推广内容，教师进行点评。

3．实训要求

学生撰写推广报告，内容包括：SNS 平台名称及网址、选择理由、推广内容、推广步骤。

实训 2　制定商品关键词

1．实训目的

通过本次实训，掌握选择商品关键词的方法。

2．实训组织

1）学生在自己的网店中挑选适合推广的商品。

2）为商品制定推广关键词，教师进行点评。

3．实训要求

1）商品选择应考虑多种因素，利于推广。

2）制定的关键词应符合搜索习惯，利于搜索。

项目 7

管理网上创业

随着互联网的发展，电子商务已日益为人们所接受。已经有不少个人和企业选择利用互联网进行创业，网上创业包括支付与物流管理、网络营销的价格管理、客户关系管理、团队管理和财务管理，这些方面缺一不可，均对网上创业的效果产生很大的影响。

学习提示

学习目标

- 知识目标：了解网上支付的方式；熟悉电子商务物流模式；了解网络营销价格策略；掌握客户关系管理的技巧；掌握网上创业财务管理知识。
- 能力目标：能够熟练进行支付宝的应用与管理；利用价格策略开展网络营销；能够结合企业实际选择正确的物流模式；运用客户管理关系的技巧留住老客户，开发新客户；能够管理好创业团队，利用财务管理技巧降低运营成本。

本项目重点

支付与物流管理、客户关系管理、价格管理。

本项目难点

团队管理。

养成良好的心理品质。

任务 1　管理支付与物流

任务要点

关 键 词：电子支付、物流管理、快递。

理论要点：支付方式与物流管理。

实践要点：能够选择合适的电子支付方式和物流公司。

任务情境

小张的新公司开张一段时间了，通过自己的努力，公司的经营渐渐走上了正轨。小张意识到要提高销售量，扩大客户群，就要解决好两大问题：支付与物流。单一的支付方式会限制客户购买，将很多潜在客户拒之门外，小张打算选择多种支付方式以方便客户交易，提高客户转化率。最近小张也发现，不少客户对公司的物流提出了很多意见，快递员服务态度差、发货不及时、丢件少件问题不断，这对公司的物流管理提出了更高的要求。

任务分析

支付和物流是制约电子商务发展的两大瓶颈。在电子商务飞速发展的今天，人们对支付和物流的要求不断提高，多样化的电子支付方式不断呈现，选择合适的支付方式必须先要了解各种电子支付工具，从而才能作出正确的选择。支付宝作为目前主流的第三方支付工具，具有安全、方便、快捷、多功能等优点，被很多中小企业选择并使用。物流是影响电子商务企业发展的关键因素，也是电子商务企业顺利实现交易的保证。创业者可以根据企业自身的特点选择适合的物流模式，第三方物流是目前中小电子商务企业的首选，在电子商务环境下，C2C 电子商务和 B2C 电子商务，其物流模式的选择也存在一定的差异。

任务实施

步骤 1　了解电子支付方式

在电子商务快速发展的今天，传统的支付方式已经不能满足网上交易的需求，电子支付已经渗透到人们生活的方方面面。电子支付的方式主要有以下几种。

1）第三方支付：指目前用户广泛使用的支付宝、财付通、快钱等，它们作为实力较强的第三方证人，为买卖双方提供担保。在通过第三方支付平台的交易中，买方选购商品后，使用第三方平台提供的账户进行货款支付，由第三方通知卖家货款到达、进行发货；买方检验物品后，就可以通知付款给卖家，第三方再将款项转至卖家账户。

2）手机支付：是将用户手机 SIM 卡与用户本人的银行卡账号建立一种一一对应的关系，用户通过发送短信的方式，在系统短信指令的引导下完成交易支付请求，操作简单，可以随时随地进行交易。

3）网银：又称网上银行、在线银行，是指银行利用 Internet 技术，通过 Internet 向客户提供开户、销户、查询、对账、行内转账、跨行转账、信贷、网上证券、投资理财等传统服务项目，使客户可以足不出户就能够安全便捷地管理活期和定期存款、支票、信用卡及个人投资等。网上银行是在 Internet 上的虚拟银行柜台，银行为不同用户群体提供相应的认证介质，如：数字证书、动态口令卡、移动数字证书等。

4）银行汇款：这种交易形式的风险比较高，大多数买家不愿意采用这种交易形式。

5）购物券：是替代现金的交换工具，可在指定的网站进行消费，但有一定时间限制。

6）货到付款：顾名思义，就是买家收到货后再付款，是一种新的支付方式，可以降低买家网上购物的门槛。使用货到付款服务，买家需要向物流公司支付一定的手续费，按应收货款加运费之和的 1.5%比率收取，服务费最低不低于 2 元，最高不超过 20 元，实收金额四舍五入按元取整。

小链接 7-1

目前最主流的支付方式

根据最新的调查数据显示：网上支付和货到付款已成为两种主要的支付方式。2011 年有 89.4%的用户网购时使用了网上支付，较 2010 年增加 20.8 个百分点。50.2%的用户使用了货到付款，较 2010 年提升了 7.6 个百分点。用户网上支付使用支付宝的比例依然最大，网购用户中使用支付宝的占 67.4%，但使用率较 2010 年下降了 14.7 个百分点。通过网上银行直接付款的用户占 53.1%，较 2010 年增加了 22 个百分点。使用财付通和信用卡直接支付的分别为 9.8%和 6.6%。

步骤 2 管理支付宝账户

目前，支付宝仍是网上用户的主要支付方式，支付宝（中国）网络技术有限公司是目前国内领先的独立第三方支付平台，由阿里巴巴集团创办。支付宝致力于为中国电子商务提供“简单、安全、快速”的在线支付解决方案。对于网上创业者来说，支付宝账户的管理是支付管理的主要部分。支付宝主要功能包括转账、提现、充值等。

1. 转账

主要包括转账到支付宝账户、转账到银行账户、找人代付、我要收款、AA 收款、团体收款、付货款、为他人充值、送礼金、交房租等。

（1）转账到支付宝账户　转账到支付宝账户是基于对交易对方的信任，自愿付款给对方的行为。使用转账到支付宝账户，可以把资金马上付款到对方的支付宝账户，轻松实现跨行付钱。转账到支付宝账户有两种方式：向一人付款和向多人付款。

注：如果收款方没有通过实名认证，每年有 1 000 元的可用收款额度，超过 1 000 元后的资金需要进行支付宝实名认证才能使用。即时到账不受《支付宝服务协议》交易保护条款的保障，请勿随便使用此转账功能转账给陌生人。

（2）AA 收款　AA 收款是由收款方创建的即时到账交易。交易建立之后在对方账户将会显示一笔“等待买家付款”的即时到账交易，对方可以登录支付宝账户，进入“交易记录”中进行付款，付款成功后，收款方将会立即收到这笔交易资金。

2. 提现

提现指将支付宝账户的钱提取到和支付宝账户名字一致的银行卡里。提现类型及到账时间见表 7-1。

表 7-1　提现类型及到账时间表

提现类型	到账时间
普通提现	个人：中国银行第2个工作日到账，其他银行2天到账（包括申请当天） 公司：1～2个工作日到账
2小时快速提现	2小时内
实时提现	申请之后，立刻到账

怎样申请提现呢？下面以普通提现为例进行说明。

1）打开 www.alipay.com，登录支付宝账户，单击【提现】按钮。

2）在“添加银行账户”页面，将银行账户信息填写完整，单击【保存账户】按钮，若已设置提现银行卡，请直接到第三步操作（提现银行账户必须与支付宝真实姓名一致）。

3）填写提现金额，然后单击【下一步】按钮。

4）确认提现银行信息和提现金额无误，输入“支付密码”后，单击【确定提现】按钮。

5）提现申请成功提交后，耐心等待款项到账。

注意：提现和转账到卡的区别。提现是把资金提取到和支付宝账户名字一致的银行卡中，普通提现和实时提现都不收费；转账到卡可以把资金提取到指定人的银行账户中，可以是和支付宝账户名字一致的银行卡，也可以是别人的银行账户。

3．支付宝充值

支付宝充值就是把银行卡上的钱或现金转到支付宝账户上的过程，成功后可以用支付宝直接进行付款。支付宝充值方法见表 7-2。

表 7-2　支付宝充值方法

充值渠道	介　绍
网上银行	支持多家银行为支付宝账户充值，充值前需开通网上银行
储蓄卡快捷支付	付款时无需登录网上银行，凭支付宝支付密码和手机校验码即可完成付款，提供双重保障，付款方无需付手续费
卡通充值	支付宝账户和银行卡连通，只需输入一个支付密码就能完成充值
话费充值卡	将全国神州行卡或者联通一卡充内的金额，通过支付宝提供的充值渠道，转充至支付宝账户内
邮政网汇 e	无须网银，只需用现金或邮政绿卡在邮政汇兑联网网点办理汇款业务，并设定汇款密码，即可凭汇票收据和设置好的汇款密码给任意支付宝账户充值
网点充值	需先到与支付宝合作的营业网点（如便利店、药店、邮局等），用现金或刷卡购买充值码，然后登录支付宝充值
找朋友代充值	如果你的朋友拥有支付宝账户并开通了网上银行或卡通，可以把你的支付宝账户和金额告诉他，请朋友代充值

步骤 3　选择物流模式

物流模式的选择对网上创业来说至关重要，物流是电子商务企业运营的提前和保证。物流模式的选择一般取决于两个因素的平衡：一是物流对企业成功的关键程度，二是企业物流管理的能力。由于不同的物流模式具有不同的特点、不同的适应性，企业只有正确选择了适合自己的物流模式才可以实现效益最大化。当前物流模式主要分为自营物流、第三方物流、第四方物流等。

1．自营物流

自营物流是指企业借助自身的物质条件，自行开展、经营物流业务。自营物流是物流产业的基础。开展自营物流要求企业必须具备一定物流基础：仓库、车队、人员、物流管理系统等。在我国，采取自营物流模式的电子商务企业主要有两类：一类是资金实力雄厚且业务规模较大的电子商务公司，如京东商城；另一类是传统的大型制造企业或批发企业经营的电子商务网站，如海尔商城。

企业选择自营物流模式的优点是：可以对供应链各个环节有较强的控制能力，容易与生产和其他业务环节密切配合，全力服务于本企业的经营管理，确保企业能够获得长期稳定的利润。企业选择自营物流管理模式的缺点：它会增加企业投资的负担，削弱企业抵御市场风险的能力，使企业配送效率低下，管理难于控制，物流配送的专业化程度不高，成本较高，无法进行准确的效益评估。为了降低物流成本、取得最佳效益，企业必须对物流活动进行严密的组织和科学的规划，包括合理选择运输工具、科学确定运输路线、合理规划配送时间等。

2．第三方物流

第三方物流是相对“第一方”发货人和“第二方”收货人而言的，是由第三方专业企业来承担企业物流活动的一种物流形态。第三方物流既不属于第一方，也不属于第二方，而是通过与第一方或第二方的合作来提供其专业化的物流服务，它不拥有商品，不参与商品的买卖，而是为客户提供以合同为约束、以结盟为基础的、系列化、个性化、信息化的物流代理服务。

目前，我国第三方物流企业尚处于发展阶段。实际上，在成熟的物流市场中，第三方物流企业由于其核心优势、资金投入等能力不同，可以分为很多类型。

3．第四方物流

第四方物流是 1998 年美国埃森哲咨询公司率先提出的，专门为第一方、第二方和第三方提供物流规划、咨询、物流信息系统、供应链管理等活动。第四方并不实际承担具体的物流运作活动。第四方物流是一个供应链的集成商，一般情况下政府为促进地区物流产业发展领头搭建第四方物流平台提供共享及发布信息服务，是供需双方及第三方物流的领导力量。它不是物流的利益方，而是通过拥有的信息技术、整合能力以及其他资源提供一套完整的供应链解决方案，以此获取一定的利润。它是帮助企业实现降低成本和有效整合资源，并且依靠优秀的第三方物流供应商、技术供应商、管理咨询以及其他增值服务商，为客户提供独特的和广泛的供应链解决方案。

步骤 4　分析 C2C 电子商务物流

1．C2C 电子商务物流存在的主要问题

（1）C2C 物流的价格相对较高　C2C 电子商务的单笔交易批量少，交易额小，除了网络充值卡和网络游戏装备等虚拟物品不需要物流环节，其他实物交易都会产生物流费用。相对于商品本身价值，较高的物流费用成为了买卖双方关注的焦点。在 C2C 平台上，如果商品在一公斤内，则平邮费用大致在 5～8 元之间，省内快递费用在 5～6 元之间，跨省快递费用在 10～15 元之间，若选择 EMS 方式则费用最为昂贵，一般需要 20 元左右。因此物流费用成为众多 C2C 买卖家的棘手问题，较高的物流成本也极大地削弱了网络交易的优势。

（2）买方无法与第三方物流公司形成制约关系　C2C 电子商务的卖家一般规模不大，大多选择第三方物流方式来解决配送问题。出于竞争的考虑，卖家希望物流费用越低越好。可是面对市场上众多的快递公司，要选择一家服务好、收费低的公司很不容易。有些卖家将物流的责任完全撇开，声明送货时间无法由自己控制，不能以此作为评判卖家的标准和理由。而对物流企业来说，卖家才是他们的客户，买家的抱怨对他们影响不大。由于没有制约，导致买家永远不知道自己什么时候能收到货。其次，买家无法当场验货。虽然卖家在网页上提醒买家在验货后再签收，但是目前大部分物流快递人员都要求客户先签字再拿货，然后买家才有机会验货，然而一旦买家签字，货物就与物流公司没有关系。如果货物有损坏或者不符，就会陷入漫漫的投诉之路，卖家与物流公司互相推诿，谁都不想承担责任。此外，由于物流公司很多，良莠不齐，难免会出现配送人员违规操作（如偷换物品等）的情况。

（3）第三方物流公司重复布局　我国第三方物流行业发展的重要瓶颈就是没有建立公共的第三方物流信息平台，没有一个监督的机构。大部分第三方物流公司（快递公司）一般根据自身的业务范围划定业务活动区域，而且往往会出现这样的局面：在同一小区范围内会同时出现三四家以上的第三方物流公司的业务代理点，从社会资源的角度考虑，也造成了资源浪费。

2．如何选择快递公司

快递公司的选择是非常重要的，选择快递公司一定要选择一个口碑好的，不要贪图便宜，而且可以选择多家快递公司备用，在选择快递公司时一定要注意以下几点：

1）正规的公司都应该有营业执照。在进行合作前，必须要亲眼看到他们的营业执照，以及批号。若是签订合同，还要向快递公司所在的工商部门求证，证明其所提供的营业执照的真伪，并且可以从工商部门了解到该快递公司的口碑。

2）如果每天发送的快件很多，在找快递公司的时候还要注意规模问题。有些快递公司确实有营业执照，但其规模很小，接单能力、覆盖区域等不一定能够达到要求，需要进行认真考察。

3）快递是服务行业，诚信很重要。卖家可以先从行业内了解该快递公司的信誉怎样，也可从快递公司现有的客户处了解它的服务。快递重在快速高效，如果快件被耽搁或者快件被损坏、丢失、送错等，都会严重影响网店的业务，所以一定要选择信誉好的公司合作。如果快递费是按月结算，信誉就更重要了，信誉好的公司可以保证按劳索酬，不会出现虚报的情况。

4）在考虑了快递公司的各种硬件设施以后，还要注意了解快递员的个人素质，因为快件是需要快递员直接经手的，如果快递员的个人素质不高，就有可能产生贵重物品丢失，钱财丢失等现象，这会直接影响到网店的正常运营。

5）很多快件都要求在非常短的时间里送到客户方，这就考验快递公司的服务质量了。建议在选择一家快递公司长期合作之前，要多看几家快递公司的服务，选择服务最好的，即使多付些快递费也值得，这样在快递支票等贵重物品时就不必过于担心了。

6）选择快递公司的时候，可以先看看大家的评价，但基本上没有快递公司是十分完美的，只能按照自己的需求来寻找。

7）选择适合自己的物流，按照商品重量和尺寸来选择。货物多或大且重的就走铁路货运，小且轻的可以考虑快递公司。

8）选择至少两家以上的快递物流。如果目的地是外地，则可以使用大的快递公司，网点多很重要。如果目的地是同城，则建议找规模小的私人快递公司，一般使用私人汽车甚至摩托车来运送，优点就是同城速度极快，而且价格上有很大的杀价空间。但是也有部分卖家，往往大卖家只会和一家快递公司业务往来密切，即只选择一家快递，只有这家快递送不到时，才会考虑另外一家。

9）依照快递公司的特性来选择快递。例如，申通快递运送商品时到达江浙沪地区效率高，如果自己的商品都是发到那个范围就可以考虑。大快递公司与小快递公司有一些区别：大的快递公司一般都有电话和网站，可以随时查询产品物流信息，网点广，缺点就是速度相对慢一些；小的快递公司有同城速度快的大优势，一般同城的都是小的私人快递最快，缺点就是相对服务比较少，因为人手比较少。

10）建议使用支付宝推荐物流。主要优势是可以实现全部网上操作，直达物流公司；还可以用协议最低价和物流公司进行结算；更及时地进行货物丢失、破损的理赔，物流公司在线客服服务质量较高；并可以实现订单跟踪，批量发货，批量确认等功能。目前与淘宝合作的物流公司有：星辰急便、韵达快运、中通速递、天天快递、顺丰速运、汇通快运、圆通速递、CCES、佳吉快运、德邦物流、宅急送、联邦快递、E 邮宝、EMS 和申通 E 物流等。

在做淘宝生意时，卖家必须要对淘宝上的快递公司及邮政局做好充分的调查及了解，特别是价格，必须掌握快递公司对商品质量，距离及包装的算法。还要考虑这些快递公司与你现在店铺的距离，调查店铺所在地是不是属于这些快递公司的服务区。选定快递之后，最好长期合作，和快递收货员维持良好关系，这会给自己带来许多好处，如更优惠的价格，包装建议等。

3．国内主要快递公司（见表 7-3）

表 7-3　国内主要快递公司

快递公司名称	公 司 网 址
上海申通快递	http://www.sto.cn
深圳顺丰速运	http://www.sf-express.com
上海圆通速递	http://www.yto.net.cn
上海天天快递	http://www.ttkdex.com
上海韵达快运	http://www.yundaex.com
上海宅急送快递	http://www.zjs.com.cn
上海中通速递	http://www.zto.cn
上海 EMS 邮政特快	http://www.ems.com.cn/
上海中诚快递	http://www.zoc.net.cn
上海汇通快递	http://www.htky365.com

触类旁通

淘宝大物流计划

1．淘宝大物流的主要内容

通过线上平台与线下物流配送体系、前端平台展示与后端物流管理能力的全面对接，可以全面打通淘宝内外部商家的数据信息通道和物流仓储配送渠道，提供整体物流解决方案，全面降低商家在物流方面投入的社会成本。

淘宝大物流计划共包括 3 大块内容：基于物流信息、交易信息和商家 ERP 系统全面打通的淘宝物流平台，淘宝物流合作伙伴体系和物流服务标准体系。

2．淘宝大物流的优势

1）从商业角度来看：商业模式的调整，促进了专业的人做专业的事情，让 C2C 卖家更专心做自己的销售和店铺管理，更多的仓储物流工作剥离给专业的物流公司。

2）从物流角度来看：仓储、运输都实现了整合，同时也规范了整体物流管理体系。

3）从信息角度来看：淘宝网、卖家、快递公司原来是相对孤立的，这样的整合从信息流角度实现了有机协同，也让卖家自己体验到专业的 WMS、IMS、OMS、FMS 为一体的物流信息化平台体系。

4）从供应链管理角度看：供应链计划与供应链执行实现有机结合，最终打造了淘宝网可视化供应链管理体系。

传统 C2C 物流模式与淘宝大 C 物流模式的区别如图 7-1 所示。

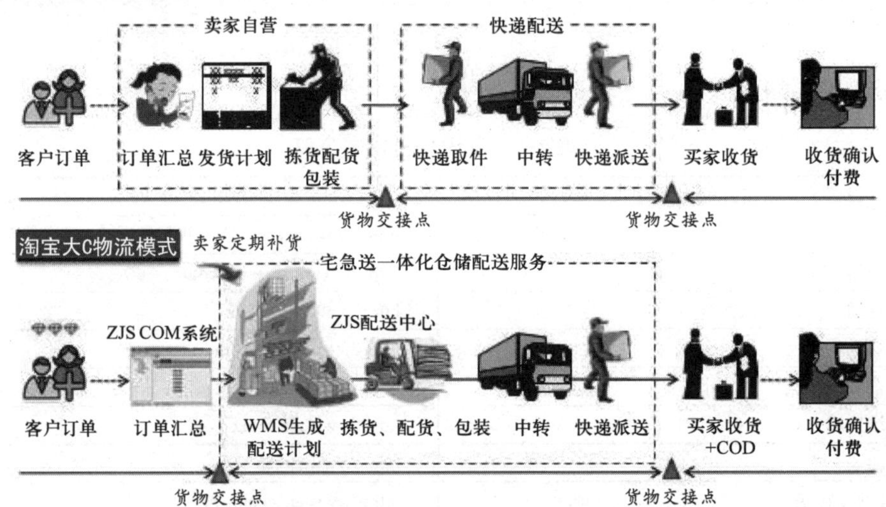

图 7-1　传统 C2C 物流模式与淘宝大 C 物流模式的区别

【案例 7-1】

快递业涉足电子商务，顺丰拿到第三方支付牌照

主营物流配送业的顺丰速运（集团）有限公司开始涉足电子商务行业，顺丰正在筹划一个名为“顺丰优选”的电子商务平台，提供以食品类目为主的商品销售，于 2012 年 6 月 1 日上线。

“顺丰优选”将主营进口食品及国内优质食品，目前“顺丰优选”由北京顺丰电子商务有限公司负责运营，后者是“顺丰旗下”，于 2011 年 12 月设立的公司，注册资本 1 000 万元。与顺丰快递的定位一样，“顺丰优选”将目标客户定位中高端消费者。

2010 年 8 月，“顺丰 E 商圈”投入运营，提供以食品为主，少量 3C 产品等的购物服务，不过该项目随后停止了在内地的经营，目前仅在中国香港地区开展业务，主营香港本地有机食物及部分进口食品。“顺丰 E 商圈”为顺丰快递负责配送，达到一定条件后免受运费。除“顺丰 E 商圈”外，顺丰旗下还有一个名为“尊礼网”的礼赠平台，销售各类消费卡、保健品、工艺品及节日商品，主要面向中高端商务人士。不过，顺丰并没有对这两个电商项目进行特别的市场推广。

顺丰在 2010 年 E 商圈运营时，曾推出过其支付工具“顺丰宝”，2011 年底，顺丰通过 CEO 王卫控股的公司深圳泰海投资低调获得第三方支付牌照，为“顺丰宝”扫清牌照的障碍。

当时，业界就有声音称，顺丰可能在不久的将来推出面向个人消费者的购物平台。在前期一系列的资源整合后，顺丰的电子商务项目已于2012年5月在北京筹建。

物流企业试水电子商务顺丰不是第一家

圆通在2008年就计划利用自己的渠道优势，建立了专注于销售农产品的“新农网”；申通快递则于2009年自筹了“久久票务网”（后更名“铁友网”）；2008年，中国邮政与TOM合资创办“邮乐网”；宅急送也早早建立了自己的电商平台“E购宅急送”。

电商公司、物流企业的反向渗透，是产业链中企业对上下游有所求的正常表现，物流给电子商务企业制造了发展瓶颈，抬高成本，自建渠道是为了销售的实现。而物流公司反向进入零售，则是自觉在物流链、站点等方面有优势。

对于跨行业的行为，顺丰内部也有不同声音，有人担忧顺丰因此而“忽视了快递这个老本行，错过市场良机”，公司CEO王卫没有直接回答。

引用这位低调的创始人在仅有的几次接受专访时的话，“一个快递公司，当它进入跨行业发展领域之后，就意味着上了一个台阶。我认为一个快递企业有两个阶段，一个是跨行业发展，一个是跨国家发展。如果能做到这两点，那就意味着它已经开始进入国际公司的门槛。”

请思考：请分析物流企业涉足电子商务行业的优势和劣势？

任务2 管理价格

任务要点

关 键 词：价格管理、定价策略、免费策略。

理论要点：网上定价的影响因素、网上定价的主要方法。

实践要点：掌握网上定价的技巧。

任务情境

苹果iPod是近几年来最成功的消费类数码产品之一。第一款iPod零售价高达399元美元，即使对于美国人来说，也是属于高价位产品，但是有很多“苹果迷”既有钱又愿意花钱，所以纷纷购买；苹果认为还可以“撇到更多的脂”，于是不到半年又推出了一款容量更大的iPod，定价499元美元，仍然销路很好。苹果的撇脂定价大获成功。

任务分析

价格管理是对价格的制定、调整和执行进行有效的组织领导、协调和监督的总称。价格是网上经营的主要竞争手段之一。价格通常是影响交易成败的重要因素，同时又是市场营销组合中最难以确定的因素。企业定价的目标是促进销售，获取利润。这要求企业既要考虑成本的补偿，又要考虑消费者对价格的接受能力，从而使定价策略具有买卖双方双向决策的特征。

任务实施

步骤 1 分析网上定价的影响因素

网络营销价格的形成极其复杂，受多种因素的影响和制约。一般而言，产品的最高价格取决于产品的市场需求，最低价格取决于该产品的成本费用。在最高价格和最低价格的幅度内，企业应把该产品的价格定多少，则取决于竞争者同类产品的价格水平。企业定价时，应综合考虑影响定价的内部和外部因素。

1. 内部因素

内部因素包括通过 SWOT 分析得出的优势和劣势、厂商总体的定价目标、营销组合策略、生产和销售成本等。

（1）产品成本　成本是网络营销定价的最低界限，对企业网络营销价格有很大的影响。产品成本是由产品在生产过程和流通过程中耗费的物质资料和支付的劳动报酬所形成的，一般由固定成本和变动成本两部分组成。产品成本是产品定价的重要依据，在产品的定价方法中就有专门的成本导向定价法。

（2）营销组合策略　营销组合的 4C 策略是一个互相作用与影响的过程。例如，新产品上市往往由于其前期投入的研究费用较大而在开始时制定较高的产品价格；渠道策略也很明显，直销价格往往比间接销售价格要低，因此一些公司（如 Dell）往往采用直销。有的企业为了特定的目的实施促销策略，就会随之采用降价策略。

2. 外部因素

外部因素包括市场需求、消费者的观点和议价能力、竞争产品的价格等，这些都会对网上定价产生较大影响。

（1）市场需求　供求关系是影响企业网络产品定价的基本因素之一。一般而言，当商品供小于求时，企业产品的营销价格可能会高一些；反之，当商品供大于求时，企业产品的营销价格则可能低一些；在供求基本一致时，企业产品的销售价格将采用买卖双方都能接受的均衡价格。

同时，产品价格还受到需求弹性的影响。需求弹性是指需求量对于影响需求量的因素的变动作出反应的程度，包括需求收入弹性、需求价格弹性和需求交叉弹性 3 种。其中，需求价格弹性可分为无限弹性、富有弹性、单位弹性、缺乏弹性和完全无弹性 5 种。一般来说，高档商品、奢侈品、服务产品和娱乐消费多属于需求富有弹性的产品，而生活必需品则一般表现为需求缺乏弹性。企业对于需求价格弹性较大的商品，可采取薄利多销策略；对于需求价格弹性较小的商品，可采取适当高价策略。

（2）消费者的观点和议价能力　消费者对价格的接受态度是产品定价的重要因素。任何一种产品在消费者心中都有一个预期价格，如果企业的定价比预期价格高太多，就不能获得顾客的认同，也就不能达成买卖交易。同时，网络营销活动中，顾客有着较强的选择性与主动性，顾客的议价能力或者价格谈判能力对企业产品交易价格的形成有很大影响。一般来说，顾客的议价能力是众多因素综合作用的结果，这些因素主要有顾客购买量的大小、企业产品的性质、顾客趋向一体化的可能性、企业产品在顾客产品构成中的重要性、顾客寻找替代品的可能性等。在网络营销中，因为产品信息的透明度较大，消费者的议价能力也在提高。

（3）竞争产品的价格　竞争是影响产品定价的重要因素之一。因为任何一个企业都处于一个存在竞争的社会环境中，竞争对手或多或少都会影响自己产品的定价。而在企业竞争的市场中，价格是由众多买者和卖者共同作用的结果。因此，任何一个企业都必须随时关注竞争产品的价格，并不断地调整自己企业的产品价格。竞争因素主要包括商品的供求关系及变化趋势、竞争对手的商品定价目标和定价策略以及变化趋势。

步骤2　网络营销的定价方法

网络营销的定价方法是网上商店企业为实现其定价目标所采取的具体方法，可以归纳为成本导向、需求导向和竞争导向3类。

1. 成本导向定价法

以销售产品的成本为主要依据制定价格的方法统称为成本导向定价法，这是最简单、应用相当广泛的一种定价方法。

1）成本加成定价法，即按产品单位成本加上一定比例的毛利定出销售价。

其计算公式为：P=c×（1+r）

P—商品的单价；

c—商品的单位总成本；

r—商品的加成率。

2）目标利润定价法，是根据企业总成本和预期销售量，确定一个目标利润率，并以此作为定价的标准。

其计算公式为：单位商品价格=总成本×（1+目标利润率）/预计销量

3）盈亏平衡定价法，考虑到销售额变化后，成本也在发生变化，这种方法是运用损益平衡原理实行的一种保本定价法。

其公式是：

盈亏平衡点销售量=固定成本/单价–单位变动成本

盈亏平衡点销售额=固定成本/1–单位变动成本率

2. 需求导向定价法

需求导向定价法是指根据市场需求状况和消费者对产品的感觉差异来确定价格的定价方法。

它包括以下3种：

1）认知导向定价法，是根据消费者对企业提供的产品价值的主观评判来制定价格的一种定价方法。

2）逆向定价法，它是指依据消费者能够接受的最终销售价格，考虑中间商的成本及正常利润后，逆向推算出中间商的批发价和生产企业的出厂价格。

可通过公式计算价格：出厂价格=市场可零售价格×（1–批零差率）×（1–进销差率）。

3）习惯定价法，是按照市场长期以来形成的习惯价格定价。

3. 竞争导向定价法

竞争导向定价法是企业通过研究竞争对手的生产条件、服务状况、价格水平等因素，依据自身的竞争实力，参考成本和供求状况来确定商品价格。以市场上竞争者的类似产品的价格作为本企业产品定价的参照系的一种定价方法。

竞争导向定价方法主要包括随行就市定价法、产品差别定价法和密封投标定价法。

步骤 3 网店商品的定价技巧

实体店产品销售定价需要有技巧，网店不仅不例外，甚至更为重要，因为网店不方便讨价还价，顾客全凭第一印象决定是否购买。

1. 同价销售法

英国有一家小店，起初生意萧条很不景气。一天，店主灵机一动，想出一招：只要顾客出 1 个英镑，便可在店内任选一件商品（店内商品都是同一价格的）。这可谓抓住了人们的好奇心理。尽管一些商品的价格略高于市价，但仍招徕了大批顾客，销售额比附近几家百货公司都高。在国外，比较流行的同价销售法还有分柜同价销售，比如，有的小商店开设 1 元钱商品专柜、2 元钱商品专柜，而一些大商店则开设了 10 元、50 元、100 元商品专柜。

2. 分割法

没有什么东西能比顾客对价格更敏感的了，因为价格即代表他兜里的金钱，要让顾客感受到你只从他兜里掏了很少一部分，而非一大把。

价格分割是一种心理策略。卖方定价时采用这种技巧，能造成买方心理上的价格便宜感。例如，茶叶每公斤 10 元报成每 50 克 0.5 元，大米每吨 2 000 元报成每公斤 2 元。

3. 特高价法

独一无二的产品才能卖出独一无二的价格。

特高价法即在新商品开始投放市场时，把价格定得大大高于成本，使企业在短期内能获得大量盈利，以后再根据市场形势的变化来调整价格。

如果你推出的产品很受欢迎，而市场上只你一家，就可卖出较高的价格。不过这种形势一般不会持续太久。畅销的东西，别人也可群起而仿之，因此，要保持较高售价，就必须不断推出独特的产品。

4. 低价法

便宜无好货，好货不便宜，这是千百年的经验之谈，你要做的事就是消除这种成见。

这种策略则先将产品的价格定得尽可能低一些，使新产品迅速被消费者所接受，优先在市场取得领先地位。由于利润过低，能有效地排斥竞争对手，使自己长期占领市场。这是一种长久的战略，适合于一些资金雄厚的大企业。

对于一个生产企业来说，将产品的价格定得很低，先打开销路，把市场抢占下来，然后再扩大生产，降低生产成本。对于商业企业来说，尽可能压低商品的销售价格，虽然单个商品的销售利润比较少，但销售额增大了，总的商业利润会更多。

在应用低价格方法时应注意：高档商品慎用；对追求高消费的消费者慎用。

步骤 4 免费价格策略的使用

免费价格策略是常用的营销策略，是将企业的产品或服务以零价格或近乎零价格的形式提供给顾客使用，满足顾客需求。在传统营销中，免费价格策略一般是短期和临时性的；在网络营销中，免费价格策略还是一种长期并行之有效的企业定价策略。

采用免费策略的产品一般都是利用产品成长推动占领市场，帮助企业通过其他渠道获取收益，为未来市场发展打下基础。但是，并不是所有的产品都适合采用免费定价策略。受企业成本影响，如果产品开发成功后，只需要通过简单复制就可以实现无限制的生产，使免费商品的边际成本趋近于零或通过海量的用户，使其沉没成本摊薄，这就是最适合采用免费定价策略的产品。免费价格策略如果运用得当，便可以成为企业的一把营销利器。

1．免费价格策略的形式

1）完全免费：即免费提供产品或服务购买、使用以及售后所有环节。如美国在线公司成立之初在商业展览会场、杂志封面、广告邮件等场合提供免费软件，通过这种方式在连续 5 年后吸收到了 100 万名用户。

2）有限免费：即产品或服务可以被有限次或者有限时间内的免费使用，超过一定次数或时限就不再享受免费。比如现在许多网络游戏都在提供试玩，服务器免费开放一定天数，当玩家超过免费试玩期想要继续玩游戏时就要缴费。

3）部分免费：这是指将产品整体进行划分或将服务全过程分成若干个环节，只对其中某些部分或某些环节提供免费的策略。如研究网站上的论文或其他成果只进行部分公布，如果要获取全部就要付款；某些网络影视或音乐只免费提供部分片段播放，若要欣赏全部内容，则需付费。

4）捆绑式免费：即在购买某种产品或服务时可以免费享受赠送其他产品和服务的待遇。如美容院为了促销美容护肤产品，在顾客进行购买产品后可以享受免费护理服务。

2．免费价格策略的目的

1）让用户免费使用形成习惯后再开始收费。如允许消费者在网上下载使用次数版的 2 000 软件、瑞星、北信源等杀毒软件，免费使用 3 个月，消费者使用习惯后，版本到期，然后掏钱购买正式版本，这是一种价格方面的促销策略。

2）先占领市场，然后在市场上获取收益。出于这种目的的企业在制定免费定价策略时，主要从战略发展的需要出发，着眼于发掘产品的后续商业价值。如雅虎公司通过免费建设门户站点，经过 4 年亏损，在第五年通过广告收入等间接收益扭亏为盈，但在前四年的亏损中，公司得到飞速增长，这主要的利益是股票市场对公司的认可和支持，因为股票市场看好其未来的增长潜力，而雅虎公司的免费策略恰好占领了未来市场，具有很大的市场竞争优势和巨大的市场盈利潜力。

3．免费价格策略的实施

1）符合商业模式。互联网作为成长性的市场，在市场获取成功的关键是要有一个可能获得成功的商业运作模式，因此考虑免费价格策略时必须考虑是否与商业运作模式吻合。

2）分析采用免费策略的产品或服务能否获得市场认可，也就是提供的产品或服务是否是市场迫切需求的。互联网上通过免费策略已经获得成功的公司都有一个特点，就是提供的产品或服务受到市场的极大欢迎。如 Yahoo 的搜索引擎克服了在互联网上查找信息的困难，给用户带来了便利；如我国的新浪网站提供了大量实时性的新闻报道，满足了用户对新闻的需求。

3）分析免费策略产品推出的时机。在互联网上的游戏规则是“Win take all（赢家通吃）”，只承认第一，不承认第二，因此在互联网上推出免费产品是为抢占市场，如果市场已经被占领或者已经比较成熟，则要审视推出的产品或服务的竞争能力。

4）考虑免费价格产品或服务是否适合采用免费价格策略。目前国内外很多提供免费 PC 的 ISP，对用户也不是毫无要求。它们有的要求用户接受广告；有的要求用户每月在其站点上购买多少钱的商品；还有的要求支付接入费用等。

5）策划推广免费价格产品或服务。互联网是信息海洋，对于免费的产品或服务，网上用户已经习惯。因此，要吸引用户关注免费产品或服务，应当与推广其他产品一样有严密的营销策划。在推广免费价格产品或服务时，主要考虑通过互联网渠道进行宣传。如 3721 网站为推广其免费中文域名系统软件，首先通过新闻形式介绍中文域名概念，宣传中文域名的作用和便捷性；然后与一些著名的 ISP 和 ICP 合作，建立免费软件下载链接，同时还与 PC 制造商合作，提供捆绑预装中文域名软件。

触类旁通

组合定价策略

产品组合定价是指对不同组合产品之间的关系和市场表现进行灵活定价的策略。如果产品是某个产品组合中的一部分，则定价策略需经常作出调整，在这种情况下，企业可以探索制定出一整套能使整个产品组合盈利最多的价格。这种定价是很困难的，因为各种产品之间存在需求和成本的相互关系，遇到竞争的激烈程度也不同。产品组合定价形式有以下 5 种。

1）产品线定价。管理部门必须对同一产品线中不同产品之间的价格步幅作出决策。制定价格步幅应该考虑到产品线上不同产品之间的成本差异，客户对不同产品特色的估计，以及竞争者的价格。

2）任选产品定价。即在提供主要产品的同时，还附带提供任选品或附件与之搭配。

3）附属产品定价法。有些企业生产的产品必须和主体产品一起使用，附属产品的例子有剃须刀片、照相胶卷、计算机软件等。主体产品（剃须刀架、照相机和计算机）的生产商往往将产品价格定得较低，而在附属品上设定较高的加成。

4）副产品定价法。在许多行业中，在生产主产品的过程中，常常有副产品。如果这些副产品对某些客户群具有价值，则必须根据其价值定价。副产品的收入多，将使公司更易于为其主要产品制定较低价格，以便在市场上增加竞争力。因此制造商需寻找一个需要这些副产品的市场，并接受任何足以抵补储存和运输副产品成本的价格。

5）产品束定价法。销售者经常将几种产品组合成一束，降价销售。

【案例 7-2】

普拉斯公司的“文具组合”

有一家叫“普拉斯公司”的专营文具企业，经营了十多年仍没有多大起色，虽然可以挣到一点钱维持经营费用，但没有发展的希望，经常为积压的各种小文具而头痛。

老板为本公司大量文具销售不出去而一筹莫展。按原价出售则无人问津，若降价抛售，公司财力承受不了。一位刚刚在公司工作了一年的女孩子，叫玉村浩美，她为公司冥思苦想。这姑娘没有经商经验，但她从学校出来不久，对学生们需要文具的心态非常了解，自己亦有切身体会。于是，她根据自己的体会设计一种“文具组合”销售办法，于1985年进行试销。

玉村浩美的“文具组合”一经面市，立即引起市场轰动，成为划时代的热门商品，在短短的1年4个月时间，共销售出340万盒，不但把普拉斯公司的所有货卖光了，连工厂都来不及供应新货。这件事一下子成为日本文具行业的特大新闻。

事实上，所谓“文具组合”只不过7件小文具：10cm长的尺子、透明胶带、1m长的卷尺、小刀、订书机、剪子、合成浆糊。7件小东西装在一个设计美观的盒子，定价2800日元。

请思考：普拉斯公司的员工运用了什么办法使其公司起死回生的？

任务3 管理客户关系

任务要点

关 键 词：客户、客户关系、客户满意度、客户忠诚度。

理论要点：客户关系管理的作用、客户投诉、CRM系统。

实践要点：掌握提高客户满意度及忠诚度的方法，学会有效处理客户投诉。

任务情境

网络是一个庞大的市场，聚集了形形色色的消费者。小张的网店经营了一段时间，店铺人气渐渐上升，访客量也提高了不少，但是看的人多，买的人少，店铺的成交率比较低，小张还发现自己店铺的回头客很少，买家基本都是一次性购买，最近他还遇到了几笔客户的投诉和中差评，这让他头痛不已。

任务分析

小张的店铺最大的问题就是出在客户关系管理上，目前网店的竞争非常激烈，单凭靠随机客户的访问获取订单是无法立足的，必须学会深度挖掘客户，提高客户的忠诚度，对客户进行二次开发，正确处理好客户因对产品或服务不满引起的投诉纠纷，避免中差评，充分利用客户关系管理的作用，提高店铺的经营效果。

任务实施

步骤1 了解客户关系管理的作用

当前，淘宝开店竞争是越来越激烈，如何在激烈的竞争中脱颖而出，只有内修外调才能置身不败之地。关于如何内修，就不得不说一下客户关系管理了。那么客户关系管理对网店的经营有什么作用呢？

1）降低成本，增加收入。在降低成本方面，客户关系管理使销售和营销过程自动化，大大降低了销售费用和营销费用。并且，由于客户关系管理使企业与客户产生高度互动，可以帮助企业实现更准确的客户定位，使企业对于留住老客户，获得新客户的成本显著下降。在增加收入方面，由于客户关系管理过程中掌握了大量的客户信息，可以通过数据挖掘技术，发现客户的潜在需求，实现交叉销售，可带来额外的新收入来源。并且，由于采用了客户关系管理，可以更加密切与客户的关系，增加订单的数量和购买频率，减少客户的流失。

2）提高业务运作效率。由于信息技术的应用，实现了企业内部范围内的信息共享，使业务流程处理的自动化程度大大提高，从而使得业务处理的时间大大缩短，员工的工作也将得到简化，使企业内外的各项业务得到有效的运转，保证客户以最少的时间、最快的速度得到满意的服务。所以，实施客户关系管理可以节省企业产品生产、销售的周期，降低原材料和产品的库存，对提高企业的经济效益大有帮助。

3）保留客户，提高客户忠诚度。客户可以通过多种形式与企业进行交流和业务往来，企业的客户数据库可以记录、分析客户的各种个性化需求，向每一位客户提供“一对一”的产品和服务，而且企业可以根据客户的不同交易记录提供不同层次的优惠措施，鼓励客户长期与企业开展业务。

4）有助于拓展市场。客户关系管理系统具有对市场活动、销售活动的预测能力和分析能力，能够从不同角度提供有关产品或服务成本、利润等数据，并对客户分布，市场需求趋势的变化，做出科学的预测，以便更好地把握市场机会。

5）挖掘客户的潜在价值。每一个企业都有一定数量的客户群，如果能对客户的深层次需求进行研究，则可带来更多的商业机会。客户关系管理过程中产生了大量有用的客户数据，只要加以深入利用即可发现很多客户的潜在需求。

步骤 2　做好网店客服

1）礼貌先行。礼貌是卖家留住客户的第一把杀手锏，任何人都无法拒绝礼貌的语言。礼貌用语，给客户上帝的感觉，把“你好”改成“您好”，把所有的“你”都改成“您”，这是第一步。用词方面一定要注意，对于女性买家，千万不要叫“姐姐”！不管你的年龄多小，都不要妄自猜测人家可能比你大，这是不礼貌的，感觉年龄不大的叫“妹妹”，稍微大点的可以叫“mm”，总之不要管人家叫姐姐！

2）沉着冷静。对于一些新手卖家来说，有人询问价格、颜色、款式、材料等时，往往很开心，总想着有生意了……。其实很多买家是每一家都会问问，最后才能决定买哪一家的商品，这种情况很普遍也很正常，所以有人问只是表明他对你的这件商品或者这一类的商品感兴趣，千万不要以为他问问就一定会买。所以作为卖家心态要平和。这时你要做的就是回答问题要老练准确，这是决定买家最终是否选择你的关键所在。因此作为卖家要对自己的商品特性了如指掌，倒背如流，这很像读书的时候背课文。回答问题的时候准确到位，切忌含糊其辞，答非所问。

3）满足客户。尽量地满足客户的需求。注意，这里说的是尽量，不是一味地满足客户。对于提出无理要求的客户可以不予理睬，但是不要恶语伤人，要和气生财，做生意讲的就是和气，即使别人提出的要求不合理，也不要和客户争辩。比如有位卖家遇到一个客户，问：“老板，你的情侣毛巾可以再便宜点么？”卖家答：“您好，可以的！请问您要几套？”他说：“一套，10 元包邮怎么样？”可以说这是一个无理的要求，10 元包邮的话，商品才几块钱，卖家的成本都要十几元。卖家说："亲，这个价格恐怕不行的哦！您可以再加点么？只要不亏本，我就卖！"他说："不行就算了！"卖家说："嗯，好的。谢谢你的关注，您的光临是小店的莫大荣幸，期待您下次再来！"过了几周之后，这个客户真的来买走了一套毛巾，没有还价，卖家当时并不知道是先前的这位客户，后来他自己说起来的，还说卖家的态度很好，价格其实也不贵，差不多是拍拍网最低的，但是决定购买还是因为客服的态度很好。

4）客户回访。在店里买过东西的客户可以专门找一个本子记录下来，记下该客户的用户名、地址、喜好、喜欢的款式颜色，还有聊天中捕捉到的特征性的东西，比如他的爱好、昵称、性别……正所谓知己知彼，百战不殆！有新货到后，根据该客户的特点决定他是否喜欢这类货物，主动出击，和客户沟通。应该摆好心态，认真细致地回答客户提出的问题，尽心尽力地为客户考虑。

步骤3 提高客户的忠诚度

客户忠诚是指网民喜欢光顾你的网店，并愿意使用你网店提供的商品和服务。客户的忠诚主要来自于对网店产品质量与服务的满意程度，而一个客户的满意又会引来许多潜在的客户。

1．提供满意服务以留住顾客

满意的服务是一个综合的概念和完整的过程。例如，对订单或售出货物提供跟踪服务就是使客户满意的重要方法。顾客在订购商品后一般都希望能得到及时和妥善的处理。在电子商务中，人们常说"提供货物发送过程中的信息是比发送货物本身更重要的服务。"由于顾客是通过网络订的货，因此同样应该用网络来跟踪顾客的订货，直至货物送到顾客手中。

在实现货物快速发送的同时，对顾客询问订货情况应作出快速反应。最好是在他们提出问题前就给他们提供此类信息，或者为每次订货提供一个跟踪号码，让顾客自己能在网上用此号码随时了解自己订货的发送情况。

2．重视网店装修以吸引顾客

网店装修就如同一个人的脸面，第一印象很重要。如果客户进入店铺首先看到的是标题不规范，分类不整洁，整个页面不协调，商品描述不合理，那么客户一般不会再来，这也是我们最不愿意看到的结果。相反，漂亮的店铺装修，美观雅致的店铺，肯定会为你带来更多的生意。所以，装修时要注重整个店面颜色和风格的协调，同时突出自己的个性，宝贝标题和描述都要统一字体颜色，可用不同颜色突出重点但不能过于花哨。漂亮大气的店铺会显示出店主的用心和专业，会赢得不少分。

3．以成功评价赚取信任

很多网友在选购商品时都是货比三家的，而且最重要的是查看别人购买后对这家网店产品的评价。通过第三方的评价总比自卖自夸的效果更好。所以，要及时且真实地多展现不同客户产品的使用感受才是取胜之道。

4．寻找并培养特殊的顾客群体

每一个网店都有特定的商品或服务，换句话说，就是都有其特定的消费群体。例如，提供计算机软件的网店，其潜在的顾客群体自然是广大计算机爱好者，特别是青少年。因此，有条件的话举办关于计算机方面的论坛，或解答顾客的有关购买、安装计算机软件、硬件方面的问题，这是挖掘潜在的顾客群体并培养他们忠诚度的好方法。

5．注意联络感情以稳定顾客

成功地把商品卖给顾客并不表示工作已做完，还必须努力让顾客再次来买其他东西。设法记住每一位顾客的名字和需求，并适时通过多种方式，例如发 E-mail，询问他们商品使用情况及征求对网店的意见，会让客户感到关心和亲切。这是一种维系顾客的好方法。

经营一个网店要做到这一切并不费力，熟练就能省去很多时间，但需强调的是联络感情的服务一定要适时和真诚，否则很容易被认为是另有目的，反而损害了与顾客的关系。

步骤 4　正确处理买家投诉

1．妥当处理投诉的重要性

1）寻找新顾客所需的成本比留住老顾客多出 4 倍以上。

2）顾客会再来光顾，并与他（她）的亲朋好友分享经历。

3）一个顾客投诉不等于只使一个顾客不满，会使更多的顾客不满。

4）公司可从顾客的投诉中改进产品品质和服务质量。

5）吸纳更多的顾客等于积累更多的收入。

6）妥当地处理可节省更多的时间。

7）培养长期而忠诚的顾客群体。

2．投诉未得到正确处理的后果

（1）顾客本身所想

① 心中产生不良印象。

② 一次性购买或不再购买。

③ 不再向他人推荐。

④ 大肆进行负面宣传。

（2）对店铺造成的影响

① 店铺的信誉下降。

② 店铺的发展受到限制。

③ 店铺的生存受到威胁。

④ 竞争对手获胜。

3．有效处理投诉的原则

1）树立“顾客永远是对的”的观念。

2）克制自己，避免感情用事。

3）牢记自己代表的是专卖店的形象。

4）迅速。

5）诚意。

6）说明事件的原由。

4．投诉处理过程中的“禁句”

“这种问题连 3 岁小孩都懂”、“不可能，绝不可能发生这种事儿”、“这种问题不关我的事，请去问生产厂家，我只负责卖货”、“嗯……，这个问题我不大清楚”、“我绝对没有说过那种话”、“不会”、“没办法”、“不行”、“这是本店的规定”、“改天我再和你联系”、“别人穿得挺好的呀”、“我们没发现这个毛病呀”、“先生听我解释”、“我们一直都是这么卖的”、“你也有不对的地方”、“你怎么这么讲话”、“爱告哪儿就告哪儿”、“这事没法儿办”、“你去找消协吧，这是他们的电话”。

以上是解决顾客抱怨应该避免使用的“禁句”，因为这些话语容易在有意或无意中刺伤顾客的心，从而产生抱怨，所以，导购员必须严禁使用。相反，在接受顾客的抱怨时，必须要从顾客的角度说话，在抱怨处理中，有时候一句体贴、温暖的话语，往往能起到化干戈为玉帛的作用。

顾客的投诉，是一种较危险的消极因素。如果处理不当，就会影响店铺的信誉。有句话说得好：十天的广告宣传也抵不上顾客的一句抱怨。因此，客服人员要主动承担责任，妥善处理好抱怨，挽回顾客对店铺的信任感，从而留住顾客。

小链接 7-2

建立呼叫中心、倾听顾客的声音

联邦快递台湾分公司有 700 名员工，其中 80 人在呼叫中心工作，主要任务除了接听成千上万的电话外，还要主动打电话与客户联系，收集客户信息。联邦快递有效控制呼叫中心服务质量，每月都会从每个接听电话员工负责的顾客中抽取 5 人，打电话询问他们对服务品质的评价，了解其潜在需求和建议。对新进员工的入门培训强调企业文化的灌输，先接受两周的课堂训练，再进行服务站的训练，然后让正式的话务员带领半个月，最后才独立作业。

触类旁通

客户管理助手软件功能介绍

“客户管理助手”可以细分客户，精准营销。它包括：会员客户等级设置、优惠折扣设置、批量发放优惠券、手机短信发送促销打折信息、客户下次购买时间预估及提醒功能等。客户管理助手的功能结构见表 7-4。

表 7-4 客户管理助手的功能结构

客户管理	会员等级	根据会员交易额和交易量来设置会员等级，分为普通会员、高级会员、VIP 会员以及至尊 VIP 会员，并根据这些不同的会员等级给客户相应的折扣优惠
	会员分组	
	会员资料	开店以来所有买家的个人信息 查看所有买家的会员信息、下单记录、短信信息 设置黑名单，拉黑差评买家
客户营销	短信关怀	节日祝福，促销短信群发，近期付款客户关怀，好评客户关怀
	发送优惠券	优惠券发送短信通知提醒客户开展二次营销
短信提醒	催付提醒	拍下未付款，短信通知，提高转化率
	催确认收货	买家收到货后催付确认收货，让资金回笼
	发货提醒	发货之后短信提醒让客户放心
	物流提醒	商品即将到达，短信提醒买家注意查收
数据分析	会员等级分布	
	会员地区分布	
	会员购买频次分布	
	回头客增长趋势	

【案例 7-3】

“膜法世家”百分百好评的秘密

这天，“膜法世家”负责售后的店长哭了。

原因是她们遇到了一个“信誉杀手”。一个买家在“膜法世家”淘宝店里买了一盒眼膜，几天后给了个中评：还可以。客服联系到买家，希望了解对方不满意的原因在哪里，并表示如果不喜欢可以退货，来回运费由卖家承担。

但这位买家却说，东西用着还行不想退，也不想修改评价，原因是“我买东西从来不给好评，除非给我特别大的惊喜，否则给中评就已经不错了。”后来又说：“要不你们再寄给我一瓶别的眼膜我试试看，也许我会喜欢。”

查看这位买家的信誉，发现她只有一颗心，给卖家的评价竟然大部分都是中差评。遇到这样的信誉杀手，客服们都很委屈，负责售后的店长为此气得掉眼泪。

很多淘宝卖家都遇到过类似的烦恼。“膜法世家”副总经理张目告诉客服们：“不但要寄，而且不是寄一瓶，要寄两瓶给她。店里一共有三款眼膜，让她都试一遍吧。”客服们很不情愿，但还是照做了。过了几天，那个中评悄悄地消失了。又过了几天，那位顾客在淘宝买家秀里秀了膜法世家的眼膜，还介绍来了两个同事，到网店买了不少东西。

这是发生在淘宝五皇冠卖家“膜法世家”身上的一个真实故事。作为一家化妆品企业，从外界来看“膜法世家”并没有什么不同，研发、生产、代工和销售，但是依托于网络平台，以及重视客户利益的观念，让这家企业有了不平凡的经历和不一样的理念。总经理黄晓东在接受记者采访时强调：“我们是真正的网货品牌，一个真真正正经历过网上广大消费者考验的品牌。”

与这句话相对应的是来自客户的真实反馈，“膜法世家”在淘宝开网店至今有两年半，已经是五皇冠。常理来说，一个五皇冠的淘宝店，出现一些差评是很正常的事情。但是“膜法世家”却做成了100%的好评，这不仅让许多买家惊讶，也让众多的淘宝卖家艳羡。

请思考：你认为有哪些方法可以避免中差评，提高客户忠诚度呢？

任务4 管理团队

任务要点

关 键 词：团队、团队建设、团队管理。

理论要点：团队管理的原理与方法。

实践要点：能够使用本任务介绍的方法组建团队、管理团队。

任务情境

小张的网店已经经营了一段时间了，生意还不错，但是问题也随之而来，发货不及时，商品更新速度慢，图片拍摄和处理不专业。小张每天从早忙到晚，身兼店主、客服、发货员、美工等多种角色于一身，他觉得太累了，也感到网店的发展遇到了瓶颈，光靠他一个人的力量无法改变目前的现状，更不能使得网店发展壮大。因此小张想试着去组建一个团队，通过团队协作把网店做大做强。

任务分析

随着电子商务的发展，越来越多的人开始在网上开店，竞争越来越激烈，随着大量的资金介入，淘宝店主从最开始坐等生意，拼时间拼经历，到现在拼价格拼供应链拼客服拼创意。这远非个人能力所及了。因此，网上创业的团队建设成为网店管理中的重要部分，创业者要能够意识到团队创业的重要性，了解团队管理的影响因素，掌握网店团队组建的结构，并能够用合适的方式管理团队。

任务实施

步骤1 认识团队创业的重要性

一个没有团队精神的组织，将是一盘散沙；一个没有团队精神的民族，将会难以强大。时代的列车行驶到21世纪，世界舞台上少了战场上的硝烟，多了商场上的竞争，这是一个追求个人价值实现的时代，一个追求个人价值实现与团队绩效双赢的时代。个人单打独斗的时代已经远去，团队合作的时代已然到来。我们需要的是团队精神。正如古人所说："千人同心，则得千人之力；万人异心，则无一人之用。"

在硅谷流传着这样一条"规则"：由两个MBA和MIT博士组成的创业团队，几乎就是获得风险投资的保证。虽然，这有些夸大其词，却蕴含这样的事实：如今，创业已非纯粹追求个人英雄主义的行为，团队创业成功的几率要远高于个人独自创业。一个由研发、技术、市场、融资等各方面组成，优势互补的创业团队，是创业成功的法宝，对高科技创业企业来说，更是如此。

创业团队的含义是，各方面起决定性作用的人才合而为一，发挥的作用是1+1>2。在一个企业中，任何一个员工的作用无非是某台机器或这台机器中的某个零部件，而团队则是这些机器或零部件的组合。一台机器通常是做不出产品的，单独的一个零部件更发挥不了作用，只有组合才能使各个组成部分的作用得到充分的发挥。

团队更科学的意义在于1+1≥2。同样一个网上创业组织，如果各自为战，往往受到各种条件因素的局限，因为人不可能都是全能的。在实际的工作中，一方面是人力资源的浪费，另一方面是某些力量的紧缺。而一个有机的组合，正是实现人力资源的充分利用和各种优势的互补，结果所发挥的作用较之前肯定有较大幅度的提高，哲学中的量变和质变的矛盾原理反映的正是这方面的问题。

团队的意义还反映在网上创业人才组合的凝聚力上，强调团队的本身不只是人力资源的组合，而是一种意识的统一、激情的融合、理想的碰撞。员工与员工之间、员工与企业之间因为一个共同的信仰捆绑在一个共同的潜意识中，"一荣俱荣，一损俱损"，"与企业同呼吸、共命运"。任何一个成功伟大的企业，其背后一定有一个坚不可摧的优秀团队，而且，任何企业的成功和伟大都体现在团队的卓越和优秀之上。

团队的意义还体现在企业的创新意识和创新能力上。创新决定企业的生命力，而人才和意识决定企业的创新能力和水平。一个优秀的团队组合正是企业创新所必须的条件和动力，因为，创新不只是一个点子或某个妙招，创新是一种持续的创造和努力，面对企业无常的变数，只有大量的人才进行有机、科学和不懈的磨合才能成就更具高度的智慧，进而创造一个又一个足以克服任何困难的奇迹。

步骤2　分析组建团队的影响因素

创业团队的组建受多种因素的影响，这些因素相互作用共同影响着组建过程并进一步影响着团队建成后的运行效率。

（1）创业者　创业者的能力和思想意识从根本上决定了是否要组建创业团队、团队组建的时间表以及由哪些人组成团队。创业者只有在意识到组建团队可以弥补自身能力与创业目标之间存在的差距时，才有可能考虑是否需要组建创业团队，以及对什么时候需要引进什么样的人员才能和自己形成互补做出准确判断。

（2）商机　不同类型的商机需要不同类型的创业团队。创业者应根据创业者与商机间的匹配程度，决定是否要组建团队以及何时、如何组建团队。

（3）团队目标与价值观　共同的价值观，统一的目标是组建创业团队的前提，团队成员若不认可团队目标，就不可能全心全意为此目标的实现而与其他团队成员相互合作、共同奋斗。而不同的价值观将直接导致团队成员在创业过程中脱离团队，进而削弱创业团队作用的发挥。没有一致的目标和共同的价值观，创业团队即使组建起来，也无法形成有效发挥协同作用，缺乏战斗力。

（4）团队成员　团队成员能力的总和决定了创业团队整体能力和发展潜力。创业团队成员的才能互补是组建创业团队的必要条件。而团队成员间的互信是形成团队的基础，互信的缺乏，将直接导致团队成员间协作障碍的出现。

（5）外部环境　创业团队的生存和发展直接受到了制度性环境、基础设施服务、经济环境、社会环境、市场环境、资源环境等多种外部因素的影响。这些外部环境因素从宏观上间接地影响着对创业团队组建类型的需求。

步骤3　确定网上创业团队的组织结构

运营一家成功的网店，需要一个什么样的团队呢？一个高效的网店团队应该至少配备以下人员：一个营运经理，负责整个店铺的统筹和营运管理；一个策划人员，负责产品的文案描述，网店的推广以及各种促销活动的策划；一个美工，负责店铺的视觉美化；一个财务人员，负责财务管理。此外，还需要配备与销售规模相应的客服人员与物流人员，负责销售与售后配送的工作。以下是网店相关岗位的具体工作内容。

1. 运营经理

1）负责网店整体规划、营销、推广、客户关系管理等系统经营性工作。

2）负责网店日常改版策划、上架、推广、销售、售后服务等经营与管理工作。

3）负责网店日常维护，保证网店的正常运作，优化店铺及商品排名。

4）负责执行与配合公司相关营销活动，策划店铺促销活动方案。

5）负责收集市场和行业信息，提供有效应对方案。

6）制订销售计划，带领团队完成销售业绩目标。

7）客户关系维护，处理相关客户投诉及纠纷问题。

2．客服人员

1）通过在线聊天工具，负责在淘宝上和顾客沟通，解答顾客对产品和购买服务的疑问。

2）产品数据在线维护管理，登录销售系统内部处理订单的完成，制作快递单，整理货物等。

3）客户关系维护工作，在线沟通解答顾客咨询，引导用户顺利购买，促成交易。

4）负责客户疑难订单的追踪和查件，处理评价、投诉等。

3．配送人员

1）负责网店备货和物资的验收、入库、码放、保管、盘点、对账等工作。

2）负责保持仓库内货品和环境的清洁、整齐和卫生工作。

3）按发货单正确执行商品包装工作，按时准确完成包装任务。

4）准确在网店后台输入发货单号，更改发货状态，对问题件能及时处理。

4．网店美工

1）负责网店产品上传宝贝的文字编辑及上传宝贝的相关工作，图片拍摄制作。

2）根据主题需要完成店铺的整体美化（公告栏和促销栏图片设计）。

3）根据文字需求完成网页平面设计，完成网页html编辑。

4）产品拍摄图片的美化、编辑排版。

5．财务人员

1）负责网店销售与资金到账的管理。

2）负责网店与快递公司业务费用的管理。

3）负责网店日常运营财务方面的处理。

6．文案策划

1）负责不定期策划淘宝商城营销活动。

2）负责产品的文案描述。

3）策划并制定网络店铺及产品推广方案（包括淘宝推广、SEO、论坛推广、博客营销、旺旺推广）等营销工作。

4）研究竞争对手的推广方案，向运营经理提出推广建议。

5）对数据进行分析和挖掘，向运营经理汇报推广效果。

6）负责对店铺与标题关键字策略优化、橱窗推荐、搜索引擎营销、淘宝直通车、淘宝客等推广工作。

触类旁通

团队的制度建设与文化建设

1．制度建设与执行

无规矩不成方圆，制度的建设可以规范团队的工作开展，以形成一个共同的工作目标。

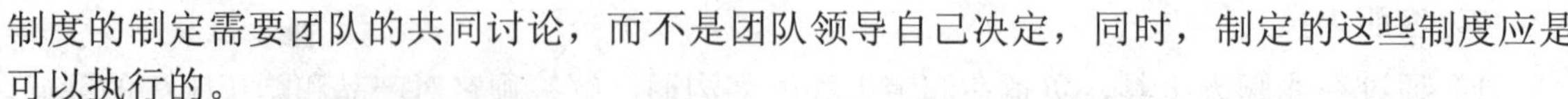

制度的制定需要团队的共同讨论，而不是团队领导自己决定，同时，制定的这些制度应是可以执行的。

各种制度的目的和内容包括：

1）考勤制度，目的是为了保证工作时间。内容包括办公室考勤与出差考勤。

2）会议制度，目的是讨论解决工作中的问题和提供学习平台。内容是周例会、月例会、公司例会。

3）台账制度，目的是对工作的监督与跟踪。内容是工作计划、工作日记和其他与销售工作相关的台账。

4）激励制度，目的是保持团队的工作热情。内容有正负激励之分，正激励一般有公司高层的表扬与肯定、经济奖励、提升奖励以及公费旅游等。

2．团队文化建设

俗话说：态度决定人生的成功高度，而团队文化就像这人生的“态度”，它决定团队效力是否 1+1>2。团队文化是对公司的企业文化和发展战略认同的前提下，形成一种积极、易沟通、学习的精神状态。团队文化的外在表现是团队有共同的工作目标、开展的集体活动以及学习制度的执行情况。共同的工作目标是指团队全体成员愿意把自己的才能奉献给团队，以争取取得良好的业绩。集体活动是团队文化建设的重要内容，不可偏废。其实集体活动的开展并不是很难，在每次例会后举行一场足球赛、篮球赛，或者举办一次卡拉 OK、一次晨跑等，但很多的团队领导宁愿跟商家喝到胃出血都不会组织一次集体活动。学习也是团队文化建设的重要内容，共同学习，共同进步。学习公司的销售政策、学习新品知识、学习彼此优势等。只有学习型的团队才能取得好的业绩，因为学习的态度反映团队的精神面貌，是团队工作技能的保证，是沟通的需要。

【案例 7-4】

《完美狼团队》柠檬绿茶——C2C 第一店

柠檬绿茶从一家卖化妆品开始的网店到今天主营化妆护肤品，兼营服装、鞋包、饰品、流行手表、玩具等的公司，办公室人员 80%以上具备大专以上学历，成为扁平化管理、流程化作业的公司。期间坎坷耐人寻味，经验教训值得学习借鉴。

2003 年 8 月 21 日，女绿茶张定华用 500 元在淘宝开店卖化妆品，本是种娱乐和兴趣，更没指望以此为生，没想到无心插柳柳成荫，销售势头越来越好，收益居然超过了本职工作。半年后，男柠檬王维栋放弃欧莱雅集团财务主管职务，女绿茶离开了效益处于顶峰时期的绿谷集团，干脆副业变主业，开始了创业路。

目前柠檬绿茶已成为淘宝网最大卖家，淘宝网信誉度最高的网店，第一家突破淘宝 300 万三金冠信誉网店。柠檬绿茶拥有淘宝网最高人气流量，日均 PV40 万以上，日均 UV6 万以上（相当于 6 家沃尔玛在华门店日均访客数）。除淘宝柠檬绿茶外，在淘宝、拍拍、有啊等电子商务平台还拥有十几家皇冠、钻石等高级网店，形成了电子商务渠道规模最大的 C2C 连锁经营高级网店群。

“柠檬绿茶”之所以能有如此成就，是依靠团队的力量创造了神话，他们相信，要想走得远，就得选择一些人一起走。淘宝网上很多网店都是从个体户、夫妻店、兄弟姐妹合伙开始的，这些模式的好处是节约成本，内耗少，效率高，处理问题灵活。但小店要有大发展，就需要合作，需要突破，需要和一些有共同理念的人一起走。

创业时夫妻俩只有3万元积蓄。网上开店的同时还开了一家实体店。进货、租门店都需要资金，最艰难时，一个好朋友把房子抵押借给了他们5万元，帮他们渡过了难关。为了做好化妆品，为了有竞争力，必须大量备货，夫妻俩做得相当艰难。做生意的一个诀窍就是备货，竞争往往也在备货上。为了多备货，夫妻俩将节约做到了极致。当时王维栋实际上是运输工，一辆电瓶自行车承担进货到家，送货到实体店和到邮局的任务，几个地方相距几十里地。一箱装满玻璃瓶化妆品的箱子，重100多斤，要一箱箱自己扛上楼，为的就是节省10元钱。另外一个方法，就是与很多供应商建立良好的信任与合作关系，他们也给予了柠檬绿茶店很大支持，很多产品都是到货结款、售完结款或者月结。夫妻俩利用资金周转的时间差，计算着过日子。

2005年7月，开店两年后，进入发展的第二阶段，开始聘请员工。那时他们有了20多万的库存，其中大部分是自己的。随着陆续进来一批员工，他们开始战略转移，做好内功、做好管理，让网店上规模。2007年8月，一个庞大的网店出现了。120名员工细化为几大流程，有序地像流水线一样操作。

突然有一天，女绿茶对男柠檬说，统计显示，每天有两万人进出网店，但只有1 000个人买了东西。两万人的潜在超大客户群，这是个宝贵资源。这资源会演变成什么，该如何利用，他们还处在朦胧阶段。此时，2007年淘宝网总成交额突破了400亿元人民币（是2006年的两倍多），每天光顾的消费者达到800万人次，这是传统销售渠道无法想象的客流量，像家乐福、联华这种大卖场，一个门店一天的平均客流量为1.1万人左右，也就是说淘宝网一天的人流量相当于近800个大卖场。怎么发展，成为“柠檬绿茶”的新课题和任务。

2007年8月31日“柠檬绿茶”率先完成5皇冠，完成20万信用指数（至少完成20万笔成功交易）。那时，大约每天有1 200笔交易，最高达2 000笔。此后，他们用108天完成了第三个10万信用指数，用74天完成了第四个10万信用指数，用32天冲击了第五个10万信用指数。现在，他们是第一个双金冠。据2008年3月18日0时到3月29日24时的统计，“柠檬绿茶”店总浏览量为5 241 050，日均436 754；总独立IP510 660，日均42 555。有资料说，家乐福的门市，平均每个店每天进出的人是1.1万人，就是说，每天在互联网上进出“柠檬绿茶”店的客户人数已经超过家乐福的门市。

到2008年4月“柠檬绿茶”的员工超过170人，12月超过240人，并且还在增加；经营的产品范围越来越广，家居床上用品、母婴类产品；与此同时，“柠檬绿茶”从以往不重视宣传、默默耕耘、蒙头赚大钱的状态脱离出来，开始大面积、大范围地做宣传，专门聘请公司为企业做博客，不同角度、不同类别地宣传“柠檬绿茶”。

“柠檬绿茶”的团队信条：吃得苦中苦，方为人上人。

“柠檬绿茶”之所以具有这么强的战斗力，与“柠檬绿茶”团队的整体状态是分不开的。在“柠檬绿茶”，好身体是第一要求，因为女员工都当男的用。他们信奉：吃得苦中苦、方为人上人的狼性原则，即使是今天，女绿茶张定华依然战斗在第一线，男柠檬王维栋经常到仓库和员工一起干活，加班到深夜。这样吃苦耐劳的精神，才使得“柠檬绿茶”能在激烈的竞争中，能够降低成本、承受竞争压力、走得更远。

请问：柠檬绿茶网店的团队管理优势体现在何处？

任务5 管 理 财 务

任务要点

关 键 词：成本、投资预算、记账、利润、资产负责表。

理论要点：网店销售的成本构成、记账的主要方法。

实践要点：学会控制网店成本、学会记账。

任务情境

生意是一种复杂的经营行为，没有绝对无风险的生意，也没有绝对不亏本的生意。卖家要考虑投资的多少和回收期，要想尽快回收投资，就要对店铺的成本有一个正确的认识。小张的店铺经营了一段时间，生意也开始好转，但是他发现自己根本没有盈利，网店的成本投入并没有自己原来想象的那么少，他的网店该如何摆脱亏损实现盈利呢？

任务分析

网店的财务管理几乎成为了网店的瓶颈。财务管理是网店组织财务活动和处理财务活动中所发生的财务关系的一项经济管理工作，是网店管理的一个重要的组成部分。网络创业者对财务管理的认识容易产生两个大的偏差，第一种认为创业初期没什么好管理的，有一个会计，一个出纳就可以了，财务管理就是设立一个部门制订一些章程管好这两个人；第二种认为财务管理的重要性只有完整的财务组织架构才能实现，必须创建庞大的机构，制订繁琐的章程和财务信息的流动渠道。这两种认识都没有领会到初创期财务管理的特殊性和管理重心的不同。财务管理在网店组织机构中属于较高层次，是对企业价值的综合管理。

任务实施

步骤1 了解网店销售的成本构成

卖家要对投资的多少和回收期有一个初步的预算，不可以盲目行事。要想尽快收回投资，就必须对店铺的成本有一个正确的认识。网上销售门槛很低，价格也没有一个统一的制定标准，每家店铺的商品售价是根据店主不同的经营成本来确定的。

商品的综合成本除了进价以外还有很多其他的成本构成，比如：重量和包装决定了商品的邮寄成本；颜色、款式决定的进货数量会影响店铺的库存成本；保质期和损坏程度决定了商品的损耗成本；配件或说明如果需要自己打印、提供，则会增加经营成本；退换货的发生率及提供商品售后维修会构成服务成本；有些季节性商品还可能产生滞销成本；这些都是成本的组成部分，商品不同，成本也不同，要综合考虑，全面剖析。

对于一家店铺来说，销售利润是创收的主要部分，但是成本控制也是不容忽视的工作。

比如，进货的交通工具选择用出租车，成本势必要增加。成本都是由一些细节构成的，只知开源不知节流不是一名称职的卖家，这些日常的经营管理成本也应该计算到销售成本中去。

成本包括直接成本和间接成本。以网上店铺为例，它起码应该包括店铺在经营过程中产生的进货成本、进货交通费，以及邮费包装费用等，这些简称直接成本，也叫经营成本；还有一些因管理产生的费用，如通信费、网络费、退换货产生的其他开支以及店主的基本生活费等，这些都是间接成本，也叫管理成本，都要摊销到每一件商品的总成本里。网店的成本构成见表 7-5。

表 7-5　网店成本构成

<table>
<tr><th>直接成本</th><th colspan="2">间接成本</th></tr>
<tr><td>注册公司</td><td colspan="2">商品的损耗费用</td></tr>
<tr><td>注册商标</td><td colspan="2">仓储成本</td></tr>
<tr><td>保证金</td><td colspan="2">网费 电费 通信费</td></tr>
<tr><td>技术服务费</td><td colspan="2">人员工资和员工培训</td></tr>
<tr><td>办公设备</td><td colspan="2">退换货产生的费用</td></tr>
<tr><td rowspan="4">进货成本</td><td rowspan="4">网店营销推广费用</td><td>直通车</td></tr>
<tr><td>数据魔方</td></tr>
<tr><td>图片空间</td></tr>
<tr><td>营销搭配套餐</td></tr>
<tr><td>进货交通费</td><td colspan="2">税金</td></tr>
<tr><td>邮费包装费用</td><td colspan="2"></td></tr>
</table>

随着店铺的经营走上正轨，管理力度加强，利润也逐渐增加，同时，库存积压的资金会随之增加，因为进货量大可以拿到更优惠的价格；客服增加了人员，工资也会增加；经营多年，一些设备也需要更新，开店之初使用的电脑和数码相机早已经更新换代了，很多大卖家还添置了针式打印机打印发货单；库存多，场地支出、水电费都会相应增加，印制名片、购买赠品也会产生费用，这些支出都应该逐步计算、摊销在成本里。从长远的角度来讲，还应该考虑到网店发展会产生的投入，包括品牌建设和保护的费用以及宣传推广的费用等。

步骤 2　合理控制邮费成本

分析了成本的构成，就应该考虑如何控制成本。经营的每一项支出都是网店的成本，如果能够加以合理地控制，使成本降到最低，就可以提高店铺的经营效益。如果成本控制得当，利润的百分比可能就会上升几个点，如果店主没有把节约的成本看成利润的打算，最低限度，经营成本的降低可以使自己的商品价格更具有竞争优势。

在淘宝上销售商品，买家多是异地顾客，即便是同城顾客，当面交易的情况也属于少数。因此，邮费的收取对交易而言有非常重要的作用，甚至起决定性的作用。邮费肯定是由顾客来承担的，即便是卖家写着“包邮”的商品，邮费也一定是由顾客出的，作为任何一个开店的人，都不可能赔着钱卖东西，“包邮”只不过是已经把邮费考虑到成本中的定价策略而已。

淘宝中关于对邮费设置的方式有 3 种：卖家承担运费（包邮）、买家承担运费（平邮、快递和 EMS）和事先设计好的运费模板。

无论哪种运送方式，都是按实际重量来计费的。虽说邮资最终是由买家来承担的，但是卖家在选择发货方式时能更大程度地节省邮资就可以获得更多的利润。那么如何节省邮资成本呢？

1．邮局攻略

（1）邮局普包

1）包裹单：邮局包裹单 0.5 元/张，网上可用 0.25 元左右购买到。

2）邮费：以 500 克为计算单位，最好最省的方法是买打折邮票。

3）打包费：一些邮局对自带包裹箱的顾客收取 1～2 元不等的打包费。如果要省下来，最简单的方法是自带封箱胶，自己封。封箱胶成本很低，每次一两分钱，几乎可以忽略不计。

4）包裹箱：绝对不要买邮局的箱子，邮局的最低都要 2 元。有条件的卖家可以联络卖鞋或卖电脑的朋友，因为鞋盒和电脑配件的盒子绝对是很好的包裹箱材料。或者网上购买也可以，网上 12 号纸箱 0.25 元即可买到。

（2）邮局快递包裹　邮局快递包裹与普通包裹大致相同。首重 500 克，费用 7～15 元不等，视距离远近收取。快递的包裹也叫邮局快包，用的是浅黄色的邮单，寄达时间视距离远近，一般在 7～10 天左右。

（3）邮政特快专递 EMS　邮政特快专递简称 EMS，是邮政系统最快的发货方式，使用航空邮递，一般省内 24 小时之内到达，外省一级城市之间 48 小时到达，全国范围内基本上是 72 小时到达；需要查询时可直接拨打当地 11185 查询，或者登录 EMS 网站查询。EMS 很方便，也很安全，丢失的几率非常低，但价格相对来说比较昂贵，单据费是 1.50 元，邮寄起价是 20 元 500 克，1 000 公里之内每增加 500 克加 6 元，1 000 公里以上每增加 500 克加 9 元，2 000 公里以上每增加 500 克加 15 元，价格相对较贵。

2．物流快递

快递是快递公司提供的递送服务，相比邮局的邮寄业务而言，具有快速便捷（上门揽件、投递到户）的特点，但是快递公司的网络没有全国邮政公司分布广，有些地区快递公司是不能投递的，如果是这些地区的买家，则只能选用邮局的服务。

快递费用和邮局快递包裹差不多，以从江浙沪发货为例，一般的快递公司邮资和速度见表 7-6。

表 7-6　快递公司邮资和速度

地　区	费　用	时　间
江浙沪	首重 5 元/kg 续重 1 元/kg	1～2 天
山东 福建 广东 北京 安徽	首重 8 元/kg 续重 6 元/kg	3 天左右
江西 河南 河北 湖南 湖北 天津 重庆 四川 山西 陕西	首重 10 元/kg 续重 8 元/kg	4 天左右
云南 贵州 广西 海南 东三省	首重 12 元/kg 续重 10 元/kg	5 天左右
甘肃 青海 内蒙古	首重 14 元/kg 续重 12 元/kg	6 天左右
新疆 西藏	首重 18 元/kg 续重 15 元/kg	一周左右

特别提醒：

1）部分快递公司在快递单背面的“服务契约”注明，“若邮寄人未购买保险，按遗失物品运费的 3 倍赔偿。”这是明显的霸王条约，经常在论坛上看到快递包裹丢失的发帖，快递贵重物品，如手机、相机、MP3、MP4 等数码产品请谨慎。如果每月快递量大，可与快递公司单独签订赔偿合同，如丢失要求对方按实际价值赔偿——每月快递额 3 000 元以下估计快递公司不会轻易妥协。

2）由于不少卖家需要运输的商品是液体，而液体不能走空运，因此发货前最好和业务员说清楚，并在快递单显著位置注明“本品是液体”，以便快递公司安排其他运送方式。液体过安检是很容易被查出来的，千万不要抱着侥幸心理，不然会出大问题的——被安检查出来，东西会被罚扣，快递公司会被处罚，业务员会被扣钱。一般的快递公司省内都是走汽运，尤其江、浙、上海圈快递公司基本上都是走汽运，这些地方快递液体没问题，除此之外的地方酌情考虑其他运送方式。另外大部分快递公司可代收货款，但有一定的结算周期，有的是周结算，有的是月结，各快递公司并不统一。

省钱小招：

第 1 招：不同的快递公司到相同的地方收费不一样，建议索取快递公司报价单，发货之前相互比较一下，做到价比三家，选择价格最低的快递公司。

第 2 招：部分快递公司对重量要求严格，有时候超重一点点却要多收一份费用，建议自备小秤，有时候超重一点点，就少用点填充物。

3．超大包裹以及批发业务

对于批发业务和团购业务，以及类似的仓卖，邮寄方面的节省和速度更为重要，使用邮局和快递公司都不太划算，邮局太慢，快递公司太贵。这种情况下，可以使用以下几种方式。

1）物流货运公司。使用汽车托运，现在每个城市的货运公司都非常多，但是，每个公司涉及范围不够大，可到达地点都不多，基本上每个公司都只走一条路线上的几个地点，但价格却很便宜，省内发货一般是 3～5 元一小箱，一般从外省厂家托运回来的货品，100 公斤左右不会超过 50 元，2～3 天就能到达。

2）火车托运。火车托运价格很低，全国范围内根据到站不同价格不同，价格 1～3 元一公斤都有，最低收费是 1 元，可以去火车站买一份火车托运价格表了解一下。火车托运速度很快，如果能赶上当天的列车，火车到站时货品就可以到了，收货人取件时用传真件和身份证领取，很方便。

3）大型包裹快递公司或者物流配送公司。虽然物流货运和火车托运的方式便宜，但都不可以上门取货和送货上门，且比较麻烦。大型包裹快递公司或者物流配送公司就增加了此项服务，一个电话就能上门取货，到货后直接送到收件人手中，和快递方式是一样的，价格便宜，需要量大。

步骤 3　学会简单的记账

从开网店的第一天起，就要学会如何记账，并通过财务的帮助提升利润。财务的作用，能够对店铺的经营状况进行系统的记录，使账目清晰明了；可以发现店铺经营管理中存在的问题，帮助提升管理水平；可以有效地控制成本，从而提升店铺的盈利能力。

一般采用以下 3 个方法来进行网店财务管理。

1．原始凭证记账法

可以采用 Excel 建立两本账页，分别为库存商品明细分类和销售明细分类账。一个是用来管理库存商品的，而且每种商品每月的进、销、存在一张账页上就可以反映出来，只要及时登记、销货，月底一次结存，非常方便，并且哪种商品销得快、销得好也都一目了然，如图 7-2 所示。另一个是用来管理当月销售收入、成本和费用，也是及时登记，月底一笔结出余额，扣除成本之后就是盈利部分，如图 7-3 所示。

序号	进货时间	商品名称	品牌	货号	规格	进货价格	数量	价格合计
1	2012.7.1	女装短袖T恤	外贸	2012x01		20	100	2000
2	2012.8.1	女装衬衫	韩版	2012q01		30	50	1500
3	2012.9.1	牛仔裤	外贸	2012K01		45	50	2250

图 7-2　用 Excel 设计的进货账目表

序号	销售时间	商品名称	品牌	货号	规格	销售价格	数量	价格合计
1	2012.7.1	女装短袖T恤	外贸	2012x01		20	5	100
		女装衬衫	韩版	2012q01		30	5	150
		牛仔裤	外贸	2012K01		45	5	225
2	2012.7.2	女装短袖T恤	外贸	2012x01		20	10	200
		女装衬衫	韩版	2012q01		30	10	300
		牛仔裤	外贸	2012K01		45	10	450

图 7-3　用 Excel 设计的销售账目表

2．采用第三方软件管理

近几年，网店商家不但在数量上快速成长，个体的规模也今非昔比，越来越多的电子商家以企业或团队的形式出现。对于电子商务企业管理者来说，提高协同工作效率、保护敏感资料、深层挖掘业务数据等变得尤为重要，而这些都不是销售平台所能提供的。第三方公司研发的软件可以解决网店财务方面的管理问题。

3．采用财务外包法

俗话说：让专业的人去做专业的事，网店中如果不具备管理财务的人才，可以将财务外包给专业的财务公司去做。第三方专业财务公司可以代理当地工商局事项、税务部门的报税以及工资发放等。可以为网店解决网店财务管理方面的困扰，集中精力做自己的强项，将网店做大做强。

触类旁通

加强现金管理

1．制作现金日记账（见表 7-7）

表 7-7　现金日记账

日　期	凭 证 号	摘　要	科　目	收 入 金 额	支 出 金 额	结 存 金 额	核 对 备 注

2．制作现金月记账（见表 7-8）

表 7-8 现金月记账

月份 收支项目	1	2	3	4	5	6	7	8	9	10	11	12
月初现金余额												
销售收入												
其他现金流入												
现金收入总额												
人工支出												
材料支出												
其他支出												
现金支出总额												
月末现金余额												

3．摸清家底——编制资产负债表（见表 7-9）

表 7-9 资产负债表

资　产	期 末 数	负债和所有者权益	期 末 数
流动资产:		负债:	
现金		长期负债	
银行存款		短期负债	
应收账款		应付账款	
产成品（p1）		应交税金	
原材料		一年内到期的长期负债	
流动资产合计		负债合计	
固定资产:		所有者权益:	
土地和建筑		股东资本	
机器与设备		利润留存	
在建工程		月度净利	
固定资产合计		所有者权益合计	
资产总计		负债和所有者权益总计	

【案例 7-5】

京东商城在 6 年的时间内便做到了 100 亿的规模，增长速度每年都在 300%以上，成为互联网和零售业的又一个奇迹制造者。但或许是这个发展速度太过于惊人，外界对京东的质疑声也从未间断。最大的疑问是，这家成立以来从未实现盈利的公司，未来凭什么保持这么快的发展速度？京东看上去越来越有可能演变成互联网世界的又一个庞然大物，但它会成为电子商务领域的巨无霸，还是不堪一击的巨人症患者？有观点认为，京东之所以能快速扩张，靠的是低价战略形成的资金循环和不断地融资。但一旦资金链断裂，京东也将万劫不复。

对于外界众说纷纭的财务状况，京东董事局主席刘强东的回应基本可以概括为以下几点：京东一直保持毛利率与费用率相持平等，即不亏；京东随时可以实现盈利；京东之所以不盈利是因为把钱花在了更重要的地方，比如物流体系的建设上。京东作为一个非上市公司，对于刘强东的说法，我们无法获得更准确的数据去佐证。但是，这并不意味着我们在对于这个公司前景的分析上就束手无策了。

作为一个网上卖场，京东最大的亮点在于低价。京东的商品大多比线下销售的商场便宜10%～20%，这对于利润率已经很低的零售业来说是一个很大的优势。当年国美苏宁曾经用同样的优势统一了家电市场，现在他们的价格优势却在京东面前荡然无存。如果说线上销售相比于线下有天然的成本优势，那么京东对于同为电子商务的竞争对手，也体现出了强大的价格优势。去年年底，京东主动对当当挑起图书价格战，承诺“所有图书产品要比竞争对手便宜20%”，一时气势逼人。

刘强东始终认为微利是京东的根本，京东根本不可能改变现有的价格体系，那么要获得利润，就只有在自己的后台成本上下工夫。这其实就是刘强东商业逻辑的精髓所在。如果京东有朝一日能成大业，也正是因为做到了这一点。

刘强东认为京东未来的利润必须在自己的后台成本中挖掘。他认为只要后台成本从目前销售额的4%降到2%，那么京东的利润就会有超过100%的增长。京东有一个很好的榜样，就是沃尔玛。美国的三大零售企业中，商品物流成本占销售额的比例在沃尔玛是1.3%，在凯马特是8.75%，在希尔斯则为5%。如果年销售额都按照250亿美元计算，沃尔玛的物流成本要比凯马特少18.625亿美元，比希尔斯少4.25亿美元，其差额大得惊人。沃尔玛之所以能做到这一点，在于它有一整套先进、高效的物流和供应链管理系统，这是沃尔玛最难以超越之处。

刘强东一直强调，不希望外界把京东看成一个互联网企业，而更希望看作是一个工厂。他之所以如此“自降身份”，其实正是看透了零售业的本质。零售的本质就是成本控制和流程管理。他很早之前就把京东的整个流程分为36个大的节点，这些节点连成一条程式化的工业流水线，在这条流水线上实现精益管理就是京东利润的最大源泉。可以说，京东是一个非典型的互联网企业，它有着互联网的壳，却有着传统工厂的心。

在中国的互联网企业中，淘宝曾提出要跟沃尔玛一较高下。但实际上，京东的发展路径更接近沃尔玛。但它最令人担忧之处也在于此，当销售额达到一定规模以后，京东自身的管理体系能否跟上，将决定京东的成败。

请思考：分析京东商城的财务状况，京东如何摆脱亏损状态？

项目小结

网上创业管理主要包括支付与物流管理、价格管理、客户关系管理、团队管理和财务管理等方面，其中电子支付的安全性问题和物流的质量与速度是阻碍网上创业发展的重要因素，因此创业者要选择最安全便捷的支付方式，根据自身特点选择适合的物流模式。价格管理是网络营销的关键，创业者应了解网上定价的影响因素，掌握网上定价的主要方法和技巧，采用合适的定价策略，促进产品的销售。客户是电子商务企业的重要资源，创业者要了解客户关系管理的作用，深度挖掘客户，提高客户的忠诚度，正确处理因商品质量或服务态度等引起的客户投诉，对客户的管理可以借助CRM管理系统的力量，将客户关系管理信息化。网上创业的团队建设是网店管理中的重要部分，创业者要能够意识到团队创业的重要性，了解团队管理的影响因素，掌握网店团队组建的结构，并能够用合适的方式管理团队。财务管理是电子商务企业组织财务活动和处理财务活动中所发生的财务关系的一项经济管理工作，是网上创业管理的一个重要的组成部分。

实战强化

实训 1 支付宝管理与使用

1. 实训目的

通过本次实训让学生了解支付宝的主要功能，学会管理支付宝账户，掌握转账、充值、提现等功能的操作步骤。

2. 实训组织

1）4～5 人一组，注册支付宝账户，并相互进行转账。

2）以书面形式提交实训报告，记录充值、转账、提现等步骤的操作结果。

3. 实训要求

1）拥有个人支付宝账户。

2）支付宝账户内有余额。

3）提供转账记录。

4）将支付宝与银行卡绑定。

实训 2 交易纠纷处理

1. 实训目的

1）熟悉常见的交易纠纷类型。

2）掌握交易纠纷处理的技巧。

2. 实训组织

1）4～5 人一组，分配角色，扮演买家与卖家，模拟交易纠纷。

2）以书面形式提交实训报告，记录交易纠纷的情境和处理结果。

3. 实训要求

1）买家抱怨处理。

2）买家给了中差评处理。

3）买家到淘宝网投诉处理。

4）如何修改中差评。

项目 8

撰写网上创业计划书

任何事业要成功，必先有所规划，网络创业亦是如此。特别是这个新兴产业发展至今不过数年，不像成熟产业那样容易了解，因此一份说得清楚、经得起反复讨论的创业计划书，对未来事业的发展以及创业融资工作的进行具有关键性的影响。一份好的创业计划书，是创业的理论演练，既坚定了信心，又能发现不足。

学习提示

学习目标

- 知识目标：掌握撰写网上创业计划书的基本步骤，以及其包含的主要内容。
- 能力目标：能够看懂他人的创业计划书，并通过网上网下的材料积累和分析整理，独立完成一份完整的创业计划书。

本项目重点

撰写网上创业计划书的准备工作、撰写流程、写作技巧。

本项目难点

怎样写好创业计划书的内容。

任务 1　撰写网上创业计划书

任务要点

关 键 词：创业、计划书、营销、风险。
理论要点：网上创业计划书的撰写流程。
实践要点：能够使用本任务介绍的流程和方法完成一份创业计划书。

任务情境

小惠、大山、豆豆是一所职业学校电子商务专业的学生，自从学习了在淘宝等C2C平台开设网店后，他们都非常渴望小试牛刀。由于学习任务比较繁重，他们决定联合开设一家网店，这样既不占用过多的业余时间，又可以让每个人发挥自己的专长，共同锻炼。可是三位同学都没有实践经验，到底该如何下手呢？

任务分析

不管是网上还是网下创业，都应该先写创业计划书，很多学生往往凭着一时的冲动，在各方面还没有考虑成熟的情况下就贸然行动，结果导致了创业的失败，如果能够拥有一个好的创业计划书，也许很多问题就不会出现，那么，如何制定创业计划书呢？

任务实施

步骤1　初步构想，逐渐细化

创业计划书就是创业者计划创立业务的书面概要，它对业务发展有明确的界定，同时，也是衡量业务进展情况的标准。一个酝酿中的项目，往往各方面都不确定，创业者可以通过制定创业计划书，罗列出项目的优缺点，再逐条推敲，得到更清晰的认识。

创业者在初步构想之后，要逐渐细化。构想阶段的重点是关注与产品或服务有关的细节，例如选择哪个平台？销售什么样的产品？该产品处于什么样的发展阶段？它的独特性是什么？销售产品的途径是什么？有哪些消费者群？成本和售价如何确定？团队内部如何分工？可能碰到的困难和解决途径……以上种种，都是在计划书撰写之前应该详细考虑的。透过创业计划书的构思和细化，创业者就相当于提前在理论上把创业过程演练了一遍。

小链接8-1

我国目前主要的C2C电子商务平台

☆　淘宝网　平台网址：http://www.taobao.com 淘宝网是亚太最大的网络零售商圈，致力打造全球领先网络零售商圈，由阿里巴巴集团在2003年5月10日投资创立。截止2010年12月31日，淘宝网注册用户数超过3.7亿人，覆盖了中国绝大部分网购人群。

☆　易趣网　平台网址：http://www.eachnet.com。易趣网是全球最大的电子商务公司eBay（Nasdaq：EBAY）和国内领先的门户网站、无线互联网公司TOM在线于2006年12月携手组建的一家合资公司。北京时间2012年9月7日，eBay宣布已经收购了侧重于时尚产品的社交电子商务网站Svpply。

☆ 拍拍网 平台网址：http://www.paipai.com。拍拍网是中国知名的网络零售商圈，是腾讯旗下的电子商务交易平台。拍拍网依托于腾讯 QQ 的庞大用户群以及 2.5 亿活跃用户的优势资源，具备良好的发展基础。

我国目前主要的 B2C 电子商务平台

☆ 天猫 平台网址：http://www.tmall.com。天猫原名“淘宝商城”，是一个综合性购物网站。淘宝网全新打造的 B2C（Business-to-Consumer，商业零售）。提供 100%品质保证的商品，7 天无理由退货的售后服务，以及购物积分返现等优质服务。

☆ 京东商城 平台网址：http://www.360buy.com。京东商城是中国最大的综合网络零售商，2012 年第一季度，京东商城以 50.1%的市场占有率在中国自主经营式 B2C 网站中排名第一。目前京东商城已经建立华北、华东、华南、西南、华中、东北六大物流中心，同时在全国超过 300 座城市建立核心城市配送站。

☆ 当当网 平台网址：http://www.dangdang.com。1999 年 11 月，当当网正式开通。当当网在线销售的商品包括了家居百货、化妆品、数码、家电、图书、音像、服装及母婴等几十个大类，逾百万种商品，在库图书达到 60 万种。

步骤 2 市场调查，知己知彼

“没有调查就没有发言权”，制定创业计划书的第二步就是进行市场调查，了解行情。创业者要细致分析经济、地理、职业以及心理等因素对消费者选择产品和服务时的影响。具体到进行市场调研的时候，调研者要同潜在顾客展开接触，搜集顾客购买此类产品的时间周期、谁在决定是否购买、如何防范别人模仿你的产品或服务、你的产品或服务凭什么吸引目标市场中的消费者，以便制定销售策略。

市场调查还包括对竞争对手的调查，例如，竞争对手都是谁？他们的产品与你准备销售的产品相比，有哪些相同点和不同点？竞争对手所采用的营销策略是什么？在调查阶段，创业者还必须做好财务分析。即要量化自己店铺不同时期的收入目标和战略，详细而精确地考虑实现目标所需的资金。总之，创业计划书要说服自己和其他的阅读者，以增强该计划的可执行性。

步骤 3 综合把握，通盘统筹

当以上两方面准备充分后，就可以着手撰写创业计划书了。一份完整的创业计划书，至少应该包含以下内容：

（1）摘要 摘要列在创业计划书的最前面，它是浓缩了的创业计划书的精华。摘要涵盖了计划的要点，以求一目了然，以便读者能在最短的时间内评审计划并做出判断。

摘要一般包括以下内容：店铺介绍；主营产品和业务范围；市场概貌；营销策略；销售计划；生产管理计划；管理者及其组织；财务计划；资金需求状况等。

（2）店铺规划及定位 一般包括商品定位、价格定位、客户定位、装修风格定位等方面。

小链接8-2

影响商品定位的5大因素

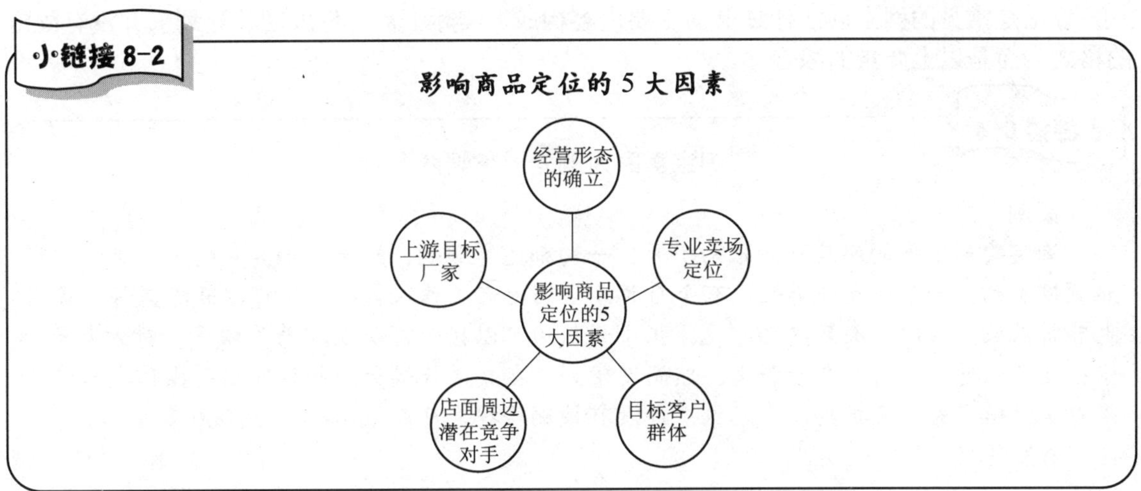

（3）市场及可行性分析　主要包括客户分析、行业分析、竞争分析、网点特色、物流配送、售后服务等方面。

（4）人员与组织结构　如果店铺的经营者不止1人，一定要推选出一个总的负责人，同时做好明确的店铺分工，各司其职但又不是各自为政。

（5）营销策略与实施规划　营销是网店经营中最富挑战性的环节，影响营销策略的主要因素有：

1）消费者的特点。

2）产品的特性。

3）店铺自身的状况。

4）市场环境方面的因素。

最终影响营销策略的则是营销成本和营销效益因素。在创业计划书中，营销策略应包括以下内容：

1）市场机构和营销渠道的选择。

2）营销队伍和管理。

3）促销计划和广告策略。

4）价格决策。

小链接8-3

目前网店常用的推广手段

线上：利用即时通信工具QQ、旺旺、MSN等；利用百度贴吧等论坛；

利用微博、博客、校内进行撰写软文达到推广目的；利用问问、搜吧，进行自我炒作。

线下：派发试用装；发传单；发名片；短信、电话推销。

（6）财务规划与管理　财务规划需要花费较多的精力来做具体分析，一般要包括以下内容：创业计划书的条件假设；预计的总投入成本和相应产出；资金的来源和使用。

（7）风险管理　主要包括人员风险、客户风险、过程风险等。在网店经营过程中，可能遇到各种各样的风险，必须加强防范，做好预案。

以上是常见的网上创业计划书的主要内容构成，实际上，一份成功的计划书并没有固定的格式，而是以上要素的综合体。

小链接 8-4

淘宝卖家为删差评被骗两万六

案例：

淘宝卖家小张的网店刚开张两个月，一切都还算顺利，然而突如其来的一次差评，让她烦恼不已。一个朋友告诉她，有个自称淘宝网内部工作人员的人，可以删除差评，费用也非常低廉，修改一次只要200元。张小姐认为可以接受，便立即着手联系。对方表示，张小姐可以通过支付宝支付费用。然而没想到，在她跟着骗子的一系列指引操作之后，结果却是“赔了夫人又折兵”，不仅差评没有被删除掉，反而被骗去了26 000多元。

分析：

骗子凭三招得手

专家分析认为，此类骗局中，骗子设定的圈套分三步走。

第一步：承诺不成功不收钱。在与卖家初次接触时，骗子一般都会在第一时间承诺“删差评不成功不收钱”，以骗取卖家的信任并与其进行下一步的交易。

第二步：虚假交易，找卖家代付款。在上述案例中，该名骗子向张小姐表示，他打算用自己的淘宝账号在张小姐的网店大量购买货品，增加成交信息，然后对交易作出好评。“好评积累到一定数量时，就可以将差评覆盖掉。”

接下来，该名骗子在张小姐的网店购买了很多商品，价值26 000余元，形成了十几笔交易。对方下单后，便和张小姐联系，让她使用淘宝的代付功能为这些订单付款以完成交易。张小姐认为，代付钱没什么风险，便按其要求照做了。

第三步：要求卖家同意退款。付完款后，张小姐就安心等待差评被删除。但很快就接到对方发来的申请退款的信息。“赶快点同意退款，这样就能完成消除差评的操作了。”

张小姐认为，付款既然是自己付的，退款也应该退回自己账户中，于是便点了同意。十几笔交易瞬间全部取消，钱也全数退回。然而她发现，原本该被删除的差评依然存在。她与对方联系，却无法联系上。一查自己的账户，却发现退款的钱根本没有返回到自己账户上。在向淘宝客服咨询后，才得知代付申请退款后，钱会回到购买人的账户。

特别提醒

“花钱删除差评”是谎言

据淘宝等购物网站负责人介绍，目前在国内正规的购物平台，所谓“花钱删除差评”的做法都是违规的，在技术上也有难度。因此，如果有人宣称能删除差评，基本上就是一句谎言。他们提醒，网络卖家们一旦发现这些信息，应该主动进行举报，从源头上打击这类诈骗犯罪。

任务2　分析网上创业计划书案例

案例1

优福网“情暖万家”网店计划书

摘要：随着中国互联网的快速发展，目前已经有超过4亿的网民，是世界第二网络大国，其中有1.42亿人曾经在网上购买商品，占中国网民总数的25%。网络购物用户规模较快增长，显示出了我国电子商务市场强劲的增长势头。本文主要从网店规划、市场及可行性分析、人员与组织结构、营销策略与实施规划、财务规划与管理及风险管理6个方面对优福网店铺“情暖万家”从开始的建店到目前的经营店铺整个过程进行策划与描述。本店主要采用代购的经营模式，以“温暖万家”为理念，针对年龄在18～40岁的企业白领及学生，主要以特色小吃、美容品、电子产品、运动鞋、日用工艺等产品的销售为主，采用线上线下双重推广方式进行促销活动，以最大限度地取得销售佳绩。

有一部电影叫做《情暖万家》，有一种生活叫做《Endless Love》。这不是一个抽象的名词，而是一种性格，一种特点，一种形象。它是世间万物源源不断的爱，传递给千家万户，用心带给人们不一样的感受，这就是我们想要建立的一种文化，有温情，有关爱。

一、网店规划

21世纪，电子商务和传统的商业交易活动相比，具有开放性、全球性、低成本、高效率、广选择等优点。我国电子商务处在起步阶段，如今网络交易市场已经以一种独到的经营理念，独特的经营模式，走出了一条电子商务创新之路。目前，在该领域的电子商务企业面对着挑战和发展，新的产业就要有新的机遇。“情暖万家”网店主要从以下几个方面来进行规划:

（一）商品定位

商品定位主要是把商品定位在未来的潜在客户心中，涉及产品风格、品类、产品档次、产品组合和服务等。但是商品定位又受到经营形态确立、专业卖场定位、目标顾客群体、店面周边的潜在竞争对手及上游目标厂家五大因素的影响。

1. 经营形态确立

开店初期，我们做出明确的定位及经营形态的确立。这两项定位会影响到日后的发展，必须针对不同的消费层面加以考虑。通过参考顾客的性别、年龄、职业、收入水平、特性（消费意识与生活形态）等，以此作为选择商品定位的因素，并进行分析。

2. 专业卖场定位

随着竞争不断升级，专业卖场的定位差异化也越来越明显。为了满足几乎所有网民的需要，店铺的专业卖场设定了食品、护肤品、服饰、电子产品、工艺品等。

3. 目标顾客群体

影响经销商店面目标顾客的因素很多，其中最主要的是心理因素、人口因素和地理因素。

4. 店面周边的潜在竞争对手

就商品定位而言，潜在竞争对手是一个非常重要的影响因素。潜在竞争对手经营的品种、产品风格和价格定位等都将对自己未来的店面产生直接的影响。当然，并不是说要完全避开竞争对手，这也是做不到的，但可以做到根据竞争对手的情况，有针对性地采取应对策略。

5. 上游目标厂家

上游厂家产品线的宽度、产品更新换代的品牌以及营销策略的变化等，都会对我们经销的商品产生重大影响，因此不能孤立地认为商品定位只是自己的事，与厂家无关。更重要的是，要学会与厂家沟通，力争能够满足自己的商品定位需求，选择符合自己商品定位的产品，以确保利润的最大化。

（二）价格定位（见表 8-1）。

表 8-1　产品价格定位

产品分类	主要品牌	产品举例	价格区间/元	价格优势
特色小吃	张飞牛肉、桂发祥、福绿源、临安特产	5 种口味的张飞牛肉（原味、五香、麻辣、香酥、卤汁）、豆沙酥糕点、薄壳香脆可口大杏仁	3.5～85	本店利用特定节日实施活动。本店所有商品满 80 元的情况下实行包邮，一切商品在满 100 元的情况下送 10 元小礼品，满 200 元立即返还 20 元。在相同商品价格的店铺中，便显现出了独特的价格优势
美容化妆	丹姿、孔凤春、谢馥春	丹姿水密码精华乳液、孔凤春锦绣魅姿唇膏、谢馥春飞燕胭脂	6.3 ~ 511.2	
服装配饰	红豆、喜得宝	正品特价红豆羽绒服长款、喜得宝真丝丝巾 100%桑蚕丝四分色小方巾	49.5～645	本店利用特定节日实施活动。本店所有商品满 80 元的情况下实行包邮，一切商品在满 100 元的情况下送 10 元小礼品，满 200 元立即返还 20 元。在相同商品价格的店铺中，便显现出了我们独特的价格优势
电子产品	爱国者、戴尔、联想	爱国者高速 U 盘、戴尔笔记本电脑	74～5 550	
运动鞋	思耐跶	思耐跶健康运动鞋	199～227	
日用工艺	撑花铺雨伞、复古人物木梳	常州梳篦上唐伯虎木梳、花铺七彩对娃	13.5～369	

在店铺建立的初期，由于没有客户源，而商品的价格都是商家规定好的，因此为了和其他店铺有不同的价格定位，我们的商品在价格上没有任何改动，但是，当买家购买商品时，会采取会员制、包邮、返还现金等的销售策略给予他们价格上的优惠，以提高我们的竞争力和获得更多的客户源，见表 8-1。

（三）客户定位

从图 8-1 可以看出网购的人群主要集中在 18～24 岁的年轻一族，对于建立不到 3 个月的网店来说，这类人群是我们的目标客户。

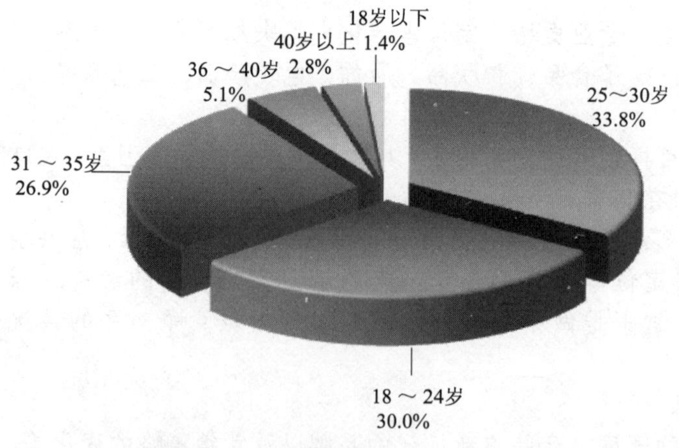

图 8-1　网购网民年龄分布

（四）店铺风格定位

店铺的风格一定要符合自己的店铺名和时代的气息，赶得上潮流，与时俱进，而且还可以把自己店铺的一些促销公告放在首页，以吸引顾客的眼球。每当节日到来时，换上一套属于这个节日的装修风格，让顾客有一种温馨的感觉，这也是我们情暖万家所要做到的，给人以“暖”万家的感觉。

（五）市场前景

中国电子商务始于1997年。中国商品订货系统（CGOS）、中国商品交易中心（CCEC）、虚拟“广交会”等大型电子商务项目在1997年相继推出，拉开了中国电子商务的序幕。1998年“首都电子商务工程”的展开和1999年“8848网上超市”的出现，标志着中国电子商务开始进入快速发展时期，中国电子商务由此“正式启动”。

1999年～2002年萌芽阶段。根据2000年年中公布的统计数据，在这个阶段中的中国网民仅为1000万。而且这个阶段，网民的网络生活方式还仅仅停留于电子邮件和新闻浏览的阶段。网民未成熟，市场未成熟，以8848为代表的B2C电子商务站点能说得上是当时最闪耀的亮点。可惜8848最终逝去，萌芽期的电子商务环境里没能养活几家电子商务平台，只是孕育了一批初级的网民，这个阶段要发展电子商务难度相当大。

2003年～2006年高速增长阶段。当当、卓越、阿里巴巴、慧聪、全球采购、淘宝，这几个响当当的名字成了互联网江湖里的热点。这些生在网络长在网络的企业，在短短的数年内崛起，和网游、SP企业等一起搅翻了整个通信和网络世界。以前程无忧网络招聘为例，在这个以专门发行招聘报纸的企业，2003年初的时候还是投报纸广告送网络招聘会员，到今天已经变成了投放网络招聘广告赠送报纸招聘广告，可见变化之巨大。这个阶段对电子商务来说最大的变化有3个：一是大批的网民逐步接受了网络购物的生活方式，而且这个规模还在高速扩张；二是众多的中小型企业从B2B电子商务中获得了订单，获得了销售机会，“网商”的概念深入商家；三是电子商务基础环境不断成熟，物流、支付、诚信瓶颈得到基本解决，在B2B/B2C/C2C领域里，都有不少的网络商家迅速成长，积累了大量的电子商务运营管理经验和资金。

2007～2010年电子商务纵深发展阶段。这个阶段最明显的特征就是，电子商务已经不仅仅是互联网企业的天下。数不清的传统企业和资金流入电子商务领域，使电子商务世界变得异彩纷呈。阿里巴巴、网盛上市标志着B2B领域的发展步入了规范化、稳步发展的阶段；淘宝的战略调整，百度的试水意味着C2C市场将在高速发展的同时不断地优化和细分市场；PPG、红孩子、京东的火爆，不仅引爆了整个B2C领域，更让众多传统商家按捺不住纷纷跟进。

2007～2010年，中国的电子商务发展将达到新的高度。虽然还不至于会颠覆人们的生活习惯，但我们一定会看到更为精彩绝伦的新鲜事，会看到一个现实社会与虚拟社会不断融合发展的新时代。

（六）经营目标

前期（11月1号～11月15号）：以优惠的价格吸引顾客做好推销的工作，预计营业额达到500元。

中期（11月16号～12月1号）：不时举办一些促销活动，使顾客长期在我们店铺消费，预计营业额达到2 000元。

后期（12月2号～12月31号）：预计营业额达到6 800元。

有了前2个月的经营基础，就拥有了一定的客户源和知名度，利用节日举办活动吸引老顾客，每月有固定的收入及人气。

二、市场及可行性分析

（一）客户分析

在网上购物的用户中，占主要比例的是在校学生、职业白领等，年龄以中青年为主，性别上女性大于男性。其中，学生用户购买比例较高的商品为书籍、音像制品、服装以及美容护肤商品等；职业白领购买比例最高的商品为服装、化妆品、饰品和母婴用品等。

（二）行业分析

优福网上开店对成本的要求低，它不用投资资金，也基本不需要水、电、管理费等方面的支出，这样就解决了在校生没有创业资金的问题。并且，网店经营方式灵活，基本不受时间、地域等因素的限制，只要有时间、能上网就能正常营业，而且卖家不用担心没有商品货源，一切货源都是由优福网统一备货，所以也可以随时更换经营其他商品。除此之外，网店的客户范围也十分广泛，只要是上网的人群都有可能成为商品的浏览者与购买者，这个范围可以是全国的网民，甚至是全球的网民。但是，由于价格的原因，库存无法与批发货源商家同步，导致购物操作流程较为复杂，控制难度增加；为自己没有货源的商家建店资本，后期维护代价较高，不能迅速推广。货源商无法控制不良竞争导致品牌价值、市场竞争力和产品利润等方面的普遍降低。

（三）竞争分析（竞争优势和劣势）

“情暖万家”的竞争优势是不承担进货风险，零成本，零库存，网店代销人不用囤货，所售商品属于批发网站。其劣势是看不见实物，一般只提供图片等数据资料，供网店代销放在自己网店上销售。所以还需我们自己先购买一些，在使用过程中亲身感受，并和市场上同类产品深入比较，才可以合理地制定价格，更好地将产品推销出去。

（四）网店特色

单从店铺命名上就可以体现“情暖万家”——情：真情；暖——温暖；万家——千家万户，意思就是告诉顾客，我们的服务会给您以“真情暖万家”的感觉，让顾客享受温馨的服务来购买我们店铺的商品，这就是我们店铺的特色。

（五）消费群体

1. 女性（集中在18～40岁，月收入在1 000～3 000元，并以企业白领和学生为主）
2. 男性（集中在18～40岁，月收入3 000以上和在校学生为主）

（六）经营模式

“情暖万家”网店主要是通过代购的方式来经营，主要是作为消费者和供应商之间的中介商，如此，供应商不需要费力寻找消费者，而消费者也可以方便地买到优惠商品，我们只收取一定的中介费。

（七）物流配送和售后服务

物流：由我们的供应商优福网统一发货。

售后：我们仍然只是起到一个中间商的作用，只提供24小时在线客服服务。

（八）管理模式

“情暖万家”网店主要采用制度化的管理模式：有一套严格的规章制度，任何人都没有例外和特殊化；每个人都按照自己的分配任务完成自己的工作，在薪酬上实行按劳分配原则；奖罚上，实行统一标准。

三、人员与组织结构

（一）组织结构

“情暖万家”网店建店小组是由在校学生（高职）电子商务专业的一个5人小组组成，五人组有明确的分工，主要包括财务人员、销售人员、技术人员、后期人员以及客服人员等。

（二）团队成员

队长：武希宇

组员：钱雅娟　陆菁　倪世恒　黄佳兴

（三）工作分工和责任

技术人员：武希宇

责任：负责店铺的装修以及店铺的促销等方面的广告制作等；

财务人员：钱雅娟　陆菁

责任：负责统计每天店铺的销售情况等；

后勤人员：黄佳兴　倪世恒

责任：负责回复顾客的留言，以及商品的及时更新和下架等；

销售人员：钱雅娟　陆菁　武希宇

责任：负责线上、线下的商品推销和推广等；

在线客服人员：武希宇　陆菁　钱雅娟　倪世恒　黄佳兴

责任：负责更好地服务顾客的任何疑难问题以及解决其问题。

四、营销策略与实施规划

（一）营销渠道

供应商优福网直接发货给消费者，我们店铺提供一个代理平台，供消费者浏览商品的平台。

（二）推广计划

论坛推广（BBS、天涯、篱笆等）

博客推广（博客网、新浪、网易等）

邮件推广（QQ邮箱、163邮箱等）

搜索引擎推广（百度、搜狗、雅虎等）

交换链接推广（在优福网的其他店铺下留言或者是淘宝网等）

线下传单推广（印发传单）

（三）广告策略和促销计划

开店初期可进行“包邮”、“打折”、“有买有赠”等促销活动，以吸引客户；每年的各种节日（如五一、十一、圣诞、元旦等）期间，进行一些适合本店客户的促销活动，如“满就送”、“满就减”等，以增加成交量。

（四）实施规划（阶段计划）

前期（2010年11月1日～2010年12月31日）：让广大消费者了解我们的店铺。

中期(2011年1月1日～2011年2月28日):尽量让来我们店铺的网友购买我们的产品，并且让顾客友情帮忙宣传。

后期（2011年3月1日～2011年5月1日）：使顾客成为我们店铺的常客，并不断涌入新的顾客。

我们也会在不同的时期采取一些不同的打折促销方式，例如，目前店铺正在进行一

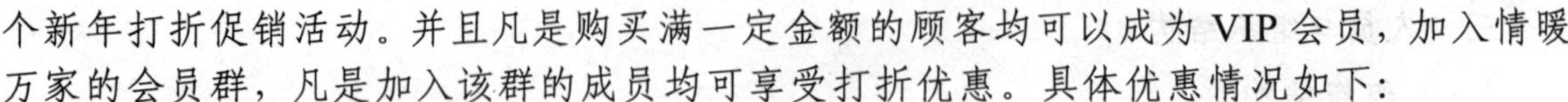

个新年打折促销活动。并且凡是购买满一定金额的顾客均可以成为VIP会员，加入情暖万家的会员群，凡是加入该群的成员均可享受打折优惠。具体优惠情况如下：

消费满60元成为：普通会员享受优惠9.5折。

消费满150元成为：高级会员享受优惠8.5折。

消费满300元成为：VIP会员享受优惠7.5折。

五、财务规划与管理

（一）营业费用预算

（1）广告费用

印发一些我们店铺的宣传单。

（2）活动经费

节日活动、促销活动。

预计总金额：500元。

（二）销售预算和盈亏分析

这项工作主要由财务人员负责，她们每天会进行这方面的预算并把情况向全组的人员汇报，然后大家一起商讨应对策略。店铺人员武希宇15天销售情况，见表8-2。

表8-2 15天的销售情况

A	B	C	D	E	F
商品			数量	价格	佣金
鱼之语 烤鳗片 100克			1	12	0.35
鱼之语 特级鱿鱼丝 150克			1	16.8	0.49
桂发祥 50克单封多味麻花			1	2.85	0.32×2
龙华素斋之“苔条花生”			1	5	0.15×2
丹姿 牛奶嫩白润手霜80g			4	6.3	5.6
丹姿 营养美白润肤露			3	8.8	1.95×3
丹姿 嫩白补水睡眠面膜			1	17.6	3.9
丹姿 嫩白亮采沐浴露			1	14.8	3.3
丹姿 氨基酸活肤嫩白保湿			1	16.7	3.7
丹姿 氨基酸活肤营养乳液			2	19.4	8.6
丹姿 吸黑头美白套装 50g			1	14	3.1
丹姿 20g活力修复眼者喱			1	13.6	2.95
丹姿 氨基酸毛孔细致爽肤			1	19.4	4.3
张飞牛肉五种口味 牛肉棒			3	3.5	0.11×3

仔细分析各种数据，包括一个月内上架商品的数量，成交商品的数量，成交率的情况等；

找出小店的经营特点，比如销售旺季、淡季在什么时候？顾客的消费特点；小店的资金流量状况；

浏览量的变化及其特点，根据总结得到的结果，及时调整进货品种，进货数量。

六、风险管理

（一）人员风险

1）因为团队的每位成员都具有自己独特的想法，所以有时候难免会出现矛盾，这就需要我们冷静思考，决定出最好最适合的方案。

2）在经营店铺中，总会遇到一些挫折，有时还会导致大家情绪低落，这时就需要我们互相鼓励，坚持不懈。

（二）客户风险

1）由于客户购物时是凭图片购买，所以买回家后可能会出现对实际产品不满意的情况，此时就需要耐心地为顾客解释，不能不管不顾。

2）如果客户的投诉没有及时得到解决，就要诚心地向顾客道歉。

（三）过程风险

由于物流这一方面的问题我们没有办法控制，有时候物流送达的时间不及时，造成顾客收货太晚；或者在物流途中有东西损坏，我们会和物流公司沟通，争取使顾客的利益不受损。

点评：

这是一份非常谨慎的计划书，经营团队事先做了大量的调研工作，方方面面都考虑到了。这也是一份内容非常丰富的计划书，除了文字，还有大量的数据和图表来辅佐论证。

良好的开端是成功的一半，在以后的运营中，该店铺取得了不俗的业绩。

案例2

“匪城国际”网上创业计划书

一、目标客户年龄层次大约在 15～22 岁之间。这个年龄段大多数是在校学生，购买力有限，所以在进货时单价上要注意控制，否则价格过高可能导致产品滞销。由于现在这个年龄段的大多都是九零后，在网店装修风格上要偏向于潮流风头正旺的风格。这样的店铺网上可能会有很多，所以要尽可能做到有自己的特色，力争在众多店铺脱颖而出，避免埋没在店铺海洋中。

二、网店中出售的商品通常都有以下几个特点。

1）体积较小：主要是方便运输，降低运输的成本。

2）附加值较高：价值低过运费的单件商品是不适合网上销售的。

3）具备独特性或时尚性：网店销售不错的商品往往都是独具特色或者十分时尚的。

4）价格较合理：如果网下可以用相同的价格买到，就不会有人在网上购买了。

5）通过网站了解就可以激起浏览者的购买欲：如果这件商品必须要亲自见到才可以达到购买所需要的信任，那么就不适合在网上开店销售。

6）网下没有，只有网上才能买到：比如外贸订单产品或者直接从国外带回来的产品。

所以选择衣服服装时也应该按照上面的几点来挑选衣服类型、大小来方便各种细节。在网店成功开设之前，应该事先做好长期的物流配送中心联系，物品包装工具等方面的工作并且在网店开设以后要做好售后服务的工作，从而拉拢更多的客户。

三、组织结构、团队成员介绍、工作分工和责任

网店开设之初有4个人，在网店看到成功的果实后再增加人员数量。

吕某某：主要负责进货渠道、销售渠道、客户信息。

徐某某：主要负责网店推广宣传和营销策划。

蒋某某：主要负责网店装修和网络推广。

曹某某：主要负责装货物，联系物流商。

四、网店开设之前会在各大网站上建立博客来推广我们的网店。在网店开设以后会在现实中和网络中实现各种推广手段。比如，印制分发传单，网络广告等。

具体的网店计划是：

1）开设网店后短时期稳定店铺的位置，保持在上流店铺中。以保证网店正常运营才能实现以后的计划。

2）用 3～4 年时间来让店铺在电子商务交易网站上变成行业众所周知的店铺。

3）网店开设成功只是店铺的开始，可以在店铺的基础上开设实体店、分店，也可以踏足电子商务其他领域。

点评：

该计划书过于简单，缺乏市场调研和数据分析，虽然制定了经营目标和定位，以及人员分工，但都缺乏事实依据，很难真正落实。

项目小结

当选定了创业目标与确定创业的动机之后，在资金、人脉、市场等各方面的条件都已准备妥当或已经累积了相当实力，这时候，就必须提出一份完整的创业计划书。创业计划书是整个创业过程的灵魂，主要详细记载了一切创业的内容，包括创业的种类、资金规划、阶段目标、财务预估、行销策略、可能风险评估、内部管理规划等，在创业的过程中，这些都是不可或缺的元素。在某些时候，创业计划书除了能让创业者清楚明白自己的创业内容，坚定创业的目标外，还可以兼具说服他人的功用，例如，创业者可以通过创业计划书去说服他人合资、入股，甚至可以募得一笔创业基金。

实战强化

实训：撰写网上创业计划书

1．实训目的

通过本次实训，熟练掌握网上创业计划书的写作。

2．实训组织

以小组的形式完成一份电子版的计划书，在班级内部交流，小组间相互点评该计划书的可行性。

3．实训要求

1）计划书中必须包含规定的基本要素，同时自己可酌情增加。

2）为了增强可阅读性，计划书中可合理使用图片、表格等。

项目 9

了解网上创业的法律及政策

创业是一项事业，有一定难度，也有很大的风险，需要有法律进行保障。创业者要在激烈的市场竞争中建功立业，必须掌握必要的法律法规，做到知法、懂法、守法，才能在市场竞争中避免不必要的损失，获取更大的经济利益。为扶持大学生自主创业，近年来，国家相继出台多项优惠政策和鼓励措施，大学生应该善于利用这些优惠政策，实现创业梦想。

学习提示

学习目标

- 知识目标：了解网上创业的法律及政策。
- 能力目标：能够守法创业，能够巧用创业优惠政策。

本项目重点

网上交易法律法规。

本项目难点

巧用创业优惠政策。

任务1　了解网上创业的法律

任务要点

关 键 词：工商登记、网络交易法律法规、网络信息法律法规。
理论要点：消费者权益保护法、网络隐私权。
实践要点：能够守法经营，能够运用法律武器保护网上创业成果。

任务情境

深圳市某生活用品有限公司聘请了专业的摄影师为一款随身杯拍了一系列照片，挂到了公司和淘宝网店的网页上。在把图片放上网之前，这家公司在深圳市版权协会知识产权平台上申请了时间戳保护，防止图片被盗用。之后不久，这家公司突然发现身在广州的孙某在其用于经营目的的个人网站上，贴出了上述这款随身杯的图片，一共9张，于是将其告上了法庭。深圳市版权协会出具了《关于电子文件时间戳保护的证明》，证明了孙某网站上的图片确系盗用深圳该家公司的。东莞另一家公司也证明，孙某复制的图片确系用于商业用途。于是，广州市天河区人民法院对此案作出一审判决，判被告孙某赔偿原告深圳市某生活用品有限公司经济损失及诉讼费在内共2万元。

这个法律故事告诉我们，网上创业要懂法守法，同时也可以运用法律武器保护自己的网上创业成果。

任务分析

虽然网上经营业务的自由度很大，也不受地域和经营时间限制，与传统经营方式不尽相同，但网上创业者同样需要具备基本的法律知识，如按照相关规定办理工商登记，熟悉网上交易法律法规，遵守《著作权法》，在网络营销过程中保护客户的网络隐私权。

任务实施

步骤1　办理工商企业登记手续

注册企业需要办理工商执照、雕刻印鉴、银行开户、税务登记和组织代码等手续。这些事情可以自己亲力亲为，也可以委托专门的机构去办理。

1. 个体工商户开业登记

申请从事个体工商户经营的个人或者家庭，应当持身份证或所在地户籍证明，向所在地工商行政管理所申请登记，经县级工商行政管理机关核准领取营业执照后，方可经营。另外国家规定经营者需要具备特定条件或者需经行业管理部门批准的，申请人申请登记时，还应当依据有关规定的要求提交批准文件。

2. 个人独资企业设立登记

投资人申请设立个人独资企业登记，应向企业登记机关提交以下文件：

1）投资人签署的个人独资企业设立申请书。

2）投资人身份证明。

3）企业场所证明。

4）国家工商行政管理部门规定提交的其他文件。

经营法律、行政法规规定须报经有关部门审批的业务的，应当提交有关部门的批准文件。委托代理人申请设立登记的，应当提交投资人的委托书和代理人的身份证明或者资格证明。

3. 合伙企业登记

申请合伙企业设立登记，应提交以下文件：

1）全体合伙人签署的设立申请书。

2）全体合伙人的身份证明。

3）全体合伙人指定的代表或者共同委托的代理人的委托书。

4）合伙协议。

5）出资权属证明。

6）经营场所证明。

7）国家工商行政管理部门规定提交的其他文件。

法律、行政法规规定设立合伙企业须报经审批的，还应当提交有关批准文件。合伙协议约定或者全体合伙人决定，委托一名或者数名合伙人执行合伙企业事务的，还应当提交全体合伙人的委托书。

4. 有限责任公司登记

申请设立有限责任公司首先应当申请名称预先核准，并提交下列文件：

1）有限责任公司的全体股东签署的公司名称预先核准申请书。

2）股东的法人资格证明或者自然人的身份证明。

3）公司登记机关要求提交的其他文件。

设立有限责任公司应当由全体股东指定的代表或者共同委托的代理人向公司登记机关申请设立登记，并向公司登记机关提交以下文件：

1）公司董事长签署的设立登记申请书。

2）全体股东指定代表或者共同委托代理人的证明。

3）公司章程。

4）具有法定资格的验资机构出具的验资证明。

5）股东的法人资格证明或者自然人身份证明。

6）载明公司董事、监事、经理的姓名、住所的文件以及有关委派、选举或者聘用的证明。

7）公司法定代表人任职文件和身份证明。

8）企业名称预先核准通知。

9）公司场所证明。

10）法律、行政法规规定设立有限责任公司必须报经审批的，还应当提交有关的批准文件。

步骤2 了解网上交易法律法规

1. 网络消费者权益保护法律法规

为了保护网上交易中消费者的合法权益，我国已经形成了以保护消费者权益的基本法《中华人民共和国消费者权益保护法》（以下简称《消费者权益保护法》）为核心，以《中华人民共和国民法通则》（以下简称《民法通则》）、《中华人民共和国合同法》（以下简称《合同法》）、《中华人民共和国反不正当竞争法》（以下简称《反不正当竞争法》）、《计算机信息网络国际联网安全保护管理办法》等法律法规为主要内容的网上消费者权益保护的法律制度。

根据《消费者权益保护法》的规定，消费者在购买、使用商品和接受服务时享有安全保障权、知悉真情权、公平交易权、求偿权以及监督权等。结合我国消费者权益保护的实践，在电子商务法律环境下，网络消费者主要享受安全权、知情权、公平交易权和索赔权等。

（1）安全权　安全权包括两个方面内容，一是人身安全权，二是财产安全权。

人身安全权是指生命健康权不受损害，即享有保持身体各器官及其机能的完整以及生命不受危害的权利。财产安全权是指消费者购买、使用的商品或接受的服务本身的安全，并包括除购买、使用的商品或接受服务之外的其他财产的安全。

在网上交易中，网络消费者安全权的内涵比较广泛。网络的开放性和虚拟性也增加了消费者财产可能遭受侵害的风险，尤其在网上交易的电子支付环节，交易安全很难得到保障。此外，网络消费者的个人信息也存在被非法收集的危险，对网上消费者的隐私权构成威胁。

为了能使这一权利得到实现，消费者有权要求经营者提供的商品或服务符合保障人身、财产安全的要求。也就是说，有国家标准、行业标准的，消费者有权要求商品和服务符合该国家标准、行业标准，如家用电器不允许有漏电、爆炸、自燃等潜在危险存在。对于没有国家标准、行业标准的，必须符合社会普遍公认的安全、卫生要求。

网上消费者人身安全权和财产安全权的一般性保护可适用《民法通则》、《消费者权益保护法》等法律、法规的有关规定。网上经营者应根据其对消费者安全造成损害的性质、情节和危害程度依法承担相应的民事责任、行政责任和刑事责任。安全权保护的立法完善主要体现在对网上消费者隐私权的保护。侵犯消费者隐私权的行为主要表现在对消费者个人信息的收集、利用和销售。我国还没有专门的法律对网络隐私权加以保护，《消费者权益保护法》也没有对消费者个人信息的保护做出具体规定，不利于网上交易活动中消费者隐私的保护。

（2）知情权　随着经济的发展，特别是现代科学技术的广泛应用，新的消费品品种日益增多，一些商品的使用要求越来越复杂，消费者需要对商品和服务做必要的了解。他们有权根据商品或服务的不同情况，要求经营者提供商品的价格、产地、生产者、用途、性能、规格、等级、主要成分、生产日期、有效期限、检验合格证明、使用方法说明书、售后服务，以及服务的内容、规格、费用等有关情况。《消费者权益保护法》第八条规定：“消费者享有知悉其购买、使用的商品或者接受的服务的真实情况的权利。”在网络交易环境中，网上消费者知情权应增加对网店经营者真实身份知悉的内容。根据网上交易的实际，网上消费者的知情权应包括：获得有关经营者真实身份的权利；获得有关商品或服务的真实情况的权利；获得有关交易商品或服务技术指标的真实情况的权利；获得有关交易商品或售后服务的真实情况的权利。

在网上交易中，消费者和经营者是在虚拟的网络环境中进行交易的，消费者对经营者及其提供的商品或服务的了解完全依赖于经营者单方面提供的信息，因而无法对其所获信息的真实性做出辨别，其知情权的行使受到极大的限制。这种信息的不对称或缺失极易造成电子商务消费者因购买商品或接受服务时遭受人身或财产损失，而且由于难以确定经营者的身份进而无法进行索赔，造成消费者投诉无门的情况。

网上消费者知情权保护的主要现行法律依据是《消费者权益保护法》，此外，《合同法》、《中华人民共和国广告法》、《反不正当竞争法》及《中华人民共和国食品卫生法》和《中华人民共和国药品管理法》等法律也为网上消费者知情权的保护提供了法律依据。

（3）公平交易权　网上消费者购买商品或接受服务是一种市场交易行为，如果经营者违背自愿、平等、公平、诚实信用等原则进行交易，则侵犯了消费者的公平交易权。消费者的公平交易权主要表现在：一是有权获得公平交易条件，如有权获得质量保障、价格合理、计量正确等交易条件；二是有权拒绝经营者的强制交易行为，如强迫消费者购物或接受服务、强迫搭售等。《消费者权益保护法》第十条规定："消费者享有公平交易的权利。消费者在购买商品或者接受服务时，有权获得质量保障、价格合理、计量正确等公平交易条件，有权拒绝经营者的强制交易行为。"网络的虚拟性使电子商务消费者的弱势地位变得更加严重，电子商务消费者无法获得与经营者协商的平台，因而极易造成侵害电子商务消费者公平交易权的情况。

消费者的公平交易权的核心是消费者在与经营者之间进行的交易中享有获得公平的交易条件的权利。因此，对电子商务合同条款的规制成为网上消费者公平交易权保护的主要问题。电子商务交易中最常使用的合同是"单击合同"，即电子商务消费者按照网上预定的合同内容提示，通过单击"同意"或"接受"而与电子商务经营者订立的电子商务合同。这些合同通常采用格式合同的形式，消费者没有与经营者协商的余地。电子商务经营者多利用其优势地位制定有利于自己而不利于消费者的格式合同，在这些格式合同中存在减轻、免除自身责任的条款，消费者一旦确认合同，就承认了其中某些不公平、不合理的免责条款。根据《合同法》第四十一条的规定，在对网上经营者提供的格式合同条款的理解发生争议时，应按照通常理解予以解释。对网上格式合同条款有两种以上解释时，应当做出不利于网上经营者的解释，以保护网上消费者的利益。

对于电子商务经营者的告知义务，我国在立法时可以加入电子商务经营者在与消费者订立合同前告知义务的规则，如明确规定电子商务经营者应当于消费者在网上确认交易条件后的约定时间内，以电子邮件方式将确认书发送至消费者指定的邮箱。确认书包括下列主要内容：商品经营者的名称、所在地点、商品名称、规格、编号、完税后的价格、交易数量和单位、付款方式、配送费用、配送方法、商品交付时间、售后服务、承诺撤销权行使的条件和程序等内容，以细化网上经营者的通知义务，有利于网上消费者公平交易权的保护。

（4）索赔权　消费者在购买、使用商品或接受服务时，既可能人身权受到侵害，也可能财产权受到侵害。人身权受到的侵害，包括生命健康权，人格方面的姓名权、名誉权、荣誉权等受到侵害。财产损害，包括财产上的直接损失和间接损失。直接损失指现有财产上的损失，如财物被毁损，伤残后支出的医药费等。间接损失指可以得到的利益没有得到，如因侵害住院而减少的劳动收入或伤残后丧失劳动能力而得不到劳动报酬等。

在电子商务交易中，消费者索赔权的保护存在着诸多障碍。例如，在网络空间，电子商务经营者的身份往往难以确定，当消费者的权利遭受侵害时，很可能因找不到实际的侵权者，且消费者往往因为举证困难而无法获得赔偿。B2C电子商务交易多为小额交易，采用传统的司法程序解决争议往往成本过高，且管辖权和法律适用等存在许多不确定性。现有法律法规中关于消费者索赔权的某些规定无法适用于某些数字化商品，因而对其保护缺乏相应的法律依据。电子交易的达成需经过合同订立、支付、配送等环节，涉及电子商务经营者、银行、物流公司等多方当事人，在发生纠纷时，在责任主体的界定和责任分担的确定方面存在很大的难度，妨碍了电子商务消费者索赔权的实现。

根据《民法通则》、《消费者权益保护法》的有关规定，电子商务经营者侵害了网上消费者的人身权利或者财产权利的，应承担赔偿责任。目前电子商务中，网上消费者索赔权保护中存在的主要问题是数字化商品退换货及交易当事人的责任分担问题。

2．电子支付法律法规

（1）销售者在电子支付中的权利和义务　销售者在电子支付中一般扮演收款人的角色。在电子支付法律关系中，收款人不能基于电子支付行为向指令人或接受银行主张权利，收款人只是基于和付款人之间的债权债务关系而与付款人之间存在电子支付权利义务关系。销售者在电子支付中享有两项基本的权利：首先是得到支付的权利，即销售者根据其与消费者订立的买卖合同享有通过电子方式得到支付的权利；销售者还有得到通知的权利，即销售者根据消费者与银行间的金融服务合同享有从金融机构处得到通知的权利。

销售者在电子支付中收到款项后，有告知消费者已收到款项并发出货物，请求消费者查收及查验的义务。在消费者告知已完成支付，而销售者未收到款项时，销售者有义务及时告知消费者，请其核实支付的完成情况。

（2）消费者在电子支付中的权利和义务　消费者在电子支付中有权要求接收指令的网上银行按照指令的时间及时地将指定的金额支付给指定的收款人，如果接收指令的网上银行没有按照指令完成义务，消费者有权要求其承担违约责任，赔偿因此造成的损失。消费者在电子支付中的义务如下。

1）签发正确的支付指令，并按照接收金融机构的程序，检查指令有无错误和歧义，并有义务发出修正指令，修改错误或有歧义的指令。

2）支付的义务，即一旦向接收银行发出指令后，自身也受其指令的约束，承担从其指定账户付款的义务；在符合商业惯例的情况下接收认证机构的认证义务。

3）不得设置容易被其他人识别的个人识别码或其他密码的义务，如设置“111111”，“123456”等，容易被他人识别，带来支付风险。

4）挂失和通知的义务，消费者在知晓下列情况时应当立即通知发行者或发行者授权的人：其一，电子支付工具或电子支付工具使用方式丢失或被窃；其二，其账户上出现未经授权的交易记录或其他异常情况。

我国电子支付相关法律法规主要有《电子支付指引（第一号）》、《关于改进个人支付结算服务的通知》、《中华人民共和国银行业监督管理法》、《中华人民共和国商业银行法》、《中华人民共和国外资金融机构管理条例》、《电子银行业务管理办法》、《中华人民共和国电子签名法》、《电子认证服务管理办法》、《合同法》等。

3．物流相关法律法规

物流企业是以盈利为目的对物品进行运输、储存、装卸、搬运、包装、流通加工、配送、信息处理等物流操作的经济组织。网上交易中与物流相关的有商品包装和仓储问题、与商品的运输交接相关的问题两大类。

物流相关法律法规主要有《中华人民共和国公司法》、《中华人民共和国公路法》、《中华人民共和国航空法》、《中华人民共和国铁路法》、《中华人民共和国海商法》、《公路管理条例》、《汽车货物运输规则》、《中国民用航空货物国内运输规则》、《中国民用航空货物国际运输规则》、《铁路合同管理办法》、《铁路货物运输管理规则》、《水运危险货物运输规则》、《国内水路货物运输规则》等。

4．网络商品交易监管

工商行政管理部门监管网络商品交易的措施主要有以下三个方面。

（1）信用监管　当前制约网络商品交易发展的主要瓶颈是信用体系的缺失。因此，抓住了信用监管就抓住了规范和促进网络市场发展的关键，抓住了维护网络市场秩序的关键。《网络商品交易及有关服务行为管理暂行办法》将信用监管作为主要监管措施和手段，第三十三条规定，县级以上工商行政管理部门应当建立信用档案，记录日常监督检查结果、违法行为查处等情况；根据信用档案的记录，对网络商品经营者和网络服务经营者实施信用分类监管。

（2）网络信息化监管　网络商品交易是运用网络信息技术产生的新型交易活动和方式，监管好网络商品交易行为必须紧紧抓住网络信息技术这个环节，以网络信息技术为依托，以网络信息技术为手段，努力实现“以网管网”的目标。工商行政管理部门对网络商品交易行为的监管将以网络信息化为手段和依托，对网络商品交易行为全面实行以网管网的监管措施和手段。

（3）全国一体化监管　网络商品和服务交易无地域限制的特征决定，过去实行的以地域管辖、级别管辖为主要特征的监管措施和方式已不能完全适应网络交易的要求，必须以网络信息化为手段和依托，实行全国联网一体化监管，通过全国一体化监管的措施和手段实现监管目标。目前，工商行政管理部门按照统一组织开发网络监管信息系统和平台、统一组织开发监管软件的要求，正在全力推进网络监管信息系统和平台建设工作，力争经过三年左右的时间，建立起全国一体、统分结合、功能齐全、上下联动的网络监管信息系统和平台，为促进服务网络经济发展、维护经营者和消费者的合法权益、规范网络市场秩序打下牢固坚实的基础。

步骤3　了解网络信息法律法规

1．著作权

著作权（也称版权）是基于特定作品的精神权利以及全面支配该作品并享受其利益的经济权利的合称。

未经作者或者其他权利人许可而以任何形式（包括数字形式）复制、出版、发行、改编、翻译、广播、表演、展出、摄制影片等，均构成对著作权的直接侵犯。除去侵犯作品传输、复制等使用权和获得报酬权的行为外，网络还会涉及侵犯作品发表权、署名权、修改权和保护作品完整权等其他侵权行为。

小链接 9-1

知名作家状告百度文库盗版

2011年3月15日，贾平凹、韩寒等50位作家公开发布《中国作家声讨百度书》，指责百度文库“偷走了我们的作品，偷走了我们的权利，偷走了我们的财物，把百度文库变成了一个贼赃市场”。两天后，中国音像协会唱片工作委员会公开声援文学界维权的呼吁和行动。2011年3月26日百度发表官方声明，称在3天内删除所有未获授权的文学作品，并对一些作家表示歉意，称将积极推进与版权方分享收益的尝试。

《著作权法》对一般的网络用户侵权，作出了如下规定：

1）认定向公众传播作品侵害使用权的，可以适用《著作权法》第45条第5项的规定，民事责任承担的形式为停止侵害、消除影响、公开赔礼道歉、赔偿损失等，不适用行政处罚和民事制裁。

2）对于已刊登的作品，除著作权人声明不得转载、摘编的以外，网络可以传输（转载）或者作为文摘、资料刊登，但应当注明出处，并按照规定向著作权人支付报酬。

3）认定侵害获得报酬权的，可以适用《著作权法》第 45 条第 6 项的规定。

4）认定故意去除或改变著作权管理信息而导致侵权后果的行为构成侵权的，可以适用《著作权法》第 45 条第 8 项的规定。

5）认定剽窃、抄袭他人作品的，可以适用《著作权法》第 46 条第 1 项的规定。

2．网络隐私权

顾客关系营销和数据库营销等，都涉及如何在营销的过程中正确处理顾客隐私权的问题。如果处理不当，就有可能遭到顾客的反感甚至引发法律纠纷。

网络隐私权是指在网络交易过程中，公民享有私人生活安宁和私人信息依法受到保护，不被他人非法侵犯、知悉、搜集、利用或公开的一种人格权。

（1）网络隐私权的主要内容

1）知情权。也称知悉权，是网络隐私权的基本权利。指用户有权知道网站收集于自己的哪些信息，这些信息将用于什么目的，以及该信息会与何人分享。只要网站搜集的是与用户有关的个人信息资料，用户就有权知道上述事宜。否则，网络知情权就是不完整的，用户也就无法充分、正确地行使其他的隐私权利。

2）选择权。选择权是指消费者对个人资料的使用用途具有选择的权利。用户有权决定是否允许网站搜集自己的个人信息资料并如何使用。但是，在实际操作中，绝大多数网站都要求用户提供比较多的个人信息。否则用户将无法或者很难使用网站所提供的大部分功能。这种做法不利于用户选择权的充分实现。

3）支配权。也称控制权，是指网络用户能够通过合理的途径访问个人资料并修改错误的信息或删改数据，以保证个人信息资料的准确与完整。这一权利包括通过合理的途径访问个人资料，并针对错误的个人信息进行修改、补充、删除，以保证个人信息资料的准确、完整。

4）安全请求权。用户有权要求网站采取必要的、合理的措施，保护用户个人资料信息的安全。事实上，网站也应该保证用户信息的安全性，阻止未被授权的非法访问。不论网站所收集的是哪种个人信息，只要涉及网络隐私权，就必然与信息资料的安全问题有密切关系。不论是人为的信息泄露或被窃取，还是技术上的缺陷或者操作上的失误而导致的信息资料或者数据丢失，都将严重地影响个人信息资料的正常使用和用户网络隐私权的保护。

（2）网络隐私侵权的主要表现

1）非法散布他人隐私。未经授权在互联网上公开散布他人隐私，对他人名誉造成损害。《计算机信息网络国际联网管理暂行规定实施办法》18 条规定用户不得擅自进入未经许可的计算机系统，篡改他人信息；不得在网络上散发恶意信息，冒用他人名义发出信息，侵犯他人隐私。针对上述违法行为，可以引用相关的民法规定进行网络隐私权的保护。

2）窃取他人隐私。未经授权进入他人系统收集、复制资料，篡改他人的私人信息；或者企业利用 Cookie 以及相应软件非法搜集用户资料；或者计算机及网络设备制造商在其产品中植入后门程序；或者互联网服务提供商非法查看用户的电子邮件、泄露商业机密等。《计算机信息网络国际联网管理暂行规定实施办法》18 条规定用户不得制造、传播计算机病毒及从事其他侵犯网络和他人合法权益的活动。如果行为严重，有可能触犯刑法 252 条、253 条、

285 条、286 条、287 条的规定。

3）网络监视及窃听。网络管理者可以非常容易地监视或窃听局域网内的其他计算机的使用情况。但是，这种严重侵犯用户隐私权的行为很难被网络用户所发觉。目前各种法律法规对此监管和约束仍然处于空白。

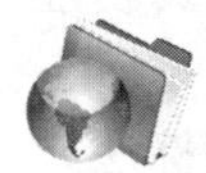

触类旁通

网络商品交易及有关服务行为管理暂行办法（节选）

第三条　本办法所称的网络商品经营者，是指通过网络销售商品的法人、其他经济组织或者自然人。

本办法所称的网络服务经营者，是指通过网络提供有关经营性服务的法人、其他经济组织或者自然人，以及提供网络交易平台服务的网站经营者。

第十条　已经工商行政管理部门登记注册并领取营业执照的法人、其他经济组织或者个体工商户，通过网络从事商品交易及有关服务行为的，应当在其网站主页面或者从事经营活动的网页醒目位置公开营业执照登载的信息或者其营业执照的电子链接标识。

通过网络从事商品交易及有关服务行为的自然人，应当向提供网络交易平台服务的经营者提出申请，提交其姓名和地址等真实身份信息。具备登记注册条件的，依法办理工商登记注册。

第十一条　网上交易的商品或者服务应当符合法律、法规、规章的规定。法律法规禁止交易的商品或者服务，经营者不得在网上进行交易。

第十二条　网络商品经营者和网络服务经营者向消费者提供商品或者服务，应当遵守《消费者权益保护法》和《产品质量法》等法律、法规、规章的规定，不得损害消费者合法权益。

第十三条　网络商品经营者和网络服务经营者向消费者提供商品或者服务，应当事先向消费者说明商品或者服务的名称、种类、数量、质量、价格、运费、配送方式、支付形式、退换货方式等主要信息，采取安全保障措施确保交易安全可靠，并按照承诺提供商品或者服务。

网络商品经营者和网络服务经营者提供电子格式合同条款的，应当符合法律、法规、规章的规定，按照公平原则确定交易双方的权利与义务，并采用合理和显著的方式提请消费者注意与消费者权益有重大关系的条款，并按照消费者的要求对该条款予以说明。

网络商品经营者和网络服务经营者不得以电子格式合同条款等方式作出对消费者不公平、不合理的规定，或者减轻、免除经营者义务、责任或者排除、限制消费者主要权利的规定。

第十四条　网络商品经营者和网络服务经营者提供商品或者服务，应当保证商品和服务的完整性，不得将商品和服务不合理拆分出售，不得确定最低消费标准以及另行收取不合理的费用。

第十五条　网络商品经营者和网络服务经营者向消费者出具购货凭证或者服务单据，应当符合国家有关规定或者商业惯例；征得消费者同意的，可以以电子化形式出具。电子化的购货凭证或者服务单据，可以作为处理消费投诉的依据。

消费者要求网络商品经营者和网络服务经营者出具购货凭证或者服务单据的，经营者应当出具。

第十六条　网络商品经营者和网络服务经营者对收集的消费者信息，负有安全保管、合理使用、限期持有和妥善销毁义务；不得收集与提供商品和服务无关的信息，不得不正当使用，不得公开、出租、出售。但是法律、法规另有规定的除外。

第十七条　网络商品经营者和网络服务经营者发布的商品和服务交易信息应当真实准确，不得作虚假宣传和虚假表示。

第十八条　网络商品经营者和网络服务经营者提供商品或者服务，应当遵守《商标法》、《反不正当竞争法》、《企业名称登记管理规定》等法律、法规、规章的规定，不得侵犯他人的注册商标专用权、企业名称权等权利。

第十九条　网络商品经营者和网络服务经营者不得利用网络技术手段或者载体等方式，实施损害其他经营者的商业信誉、商品声誉以及侵犯权利人商业秘密等不正当竞争行为。

第三十九条　违反本办法第十条第一款、第二十八条、第二十九条、第三十条规定的，予以警告，责令限期改正，逾期不改正的，处以一万元以下的罚款。

第四十一条　违反本办法第十六条、第二十五条，侵犯消费者个人信息的，予以警告，责令限期改正，逾期不改正的，处以一万元以下的罚款。

第四十二条　本办法由国家工商行政管理总局负责解释。

第四十四条　本办法自 2010 年 7 月 1 日起实施。

【案例 9-1】

网售走私化妆品原空姐获刑 11 年

离职空姐李晓航和男友多次从韩国免税店购买化妆品入境却未申报，并在淘宝网上销售牟利，被控偷逃海关进口环节税 100 余万元。2012 年 9 月，北京市第二中级人民法院对李晓航和男友以及货主褚某进行了宣判，三人分别因犯走私普通货物罪获刑。

被控逃税 100 余万元

李晓航今年 30 岁，曾是海南航空公司空姐。褚某曾任韩国三星电子有限公司工程师，并有两次因携带大量化妆品而受到罚款以及行政拘留的处罚。

据检方指控，2010 年至 2011 年 8 月间，李晓航与褚某预谋，由褚某提供韩国免税店账号，并负责在韩国结算货款，由李晓航伙同男友石某多次在韩国免税店购买化妆品等货物，后以客带货方式从无申报通道携带进境，并通过李晓航、石某在淘宝网的网店销售牟利，共计偷逃海关进口环节税 100 余万元。

检方认为，李晓航三人各自分工配合，共同逃避海关监管，应以走私普通货物罪追究 3 个被告人的刑事责任。

想靠走私赚钱养活自己

“我认罪，但有部分事实我有异议，金额也不对。”对于指控，在庭审中，李晓航说，她没有预谋逃避海关监管，只是不清楚带化妆品还要交税。此外，李晓航称，订单上的货物并没有全部带回国，有些化妆品在韩国机场就卖给了一个姓李的韩国男子，还有一部分货物是从国内代购网站上买的。

面对公诉人的询问，李晓航哽咽着说：“我就想自己赚点生活费，这样可以不再跟父母要钱……我一直是他们的骄傲……没想到犯了法。”

当庭，褚某也称，女友和他分手后拿走了所有的钱，自己最痛苦时是李晓航飞到韩国陪了他4天。“我们公司开有免税店，员工有福利账号。”褚某说，因为他对李晓航的照顾很感动，就帮助李晓航用离职同事的信息建立了账号，并教会她如何网上付款。

法院经审理认为，检方指控罪名成立，以走私普通货物罪分别判处李晓航、褚某和石某有期徒刑11年、7年和5年，并各处罚金50万元、35万元和25万元。

■ **链接**

《刑法》规定，走私普通货物罪是指违反海关法规，逃避海关监管，非法运输、携带、邮寄除武器、弹药、核材料、伪造的货币、文物、贵重金属、珍贵动物及其制品、珍稀植物及其制品、淫秽物品以及毒品之外的其他货物进出境，偷逃应缴税额5万元以上的行为。对多次走私未经处理的，按照累计走私货物、物品的偷逃应缴税额处罚。

请思考：网络代购应该怎么做才能既合法又有利可图？

任务2　了解网上创业的政策

任务要点

关 键 词：资金扶持、税费优惠、自主创业证。

理论要点：各级政府网上创业优惠政策的主要内容。

实践要点：能够在网上创业过程中充分利用优惠政策。

任务情境

南京地税工作人员向有创业意向的大三学生张磊介绍，“你明年毕业自主创业从事自主经营，可以在3年内按每户每年8 000元为限额依次扣减其当年实际应缴纳的营业税、城市维护建设税、教育费附加和个人所得税。现在就业形势这么紧张，而政府又给出了这么优惠的条件，为什么不自己创业呢？”在税务工作人员的鼓励下，张磊开设了一家桌游茶餐厅。

毕业的日子临近，已经大四快毕业的张磊却更忙了，他的茶餐厅办得越来越火。地税局的工作人员也早和他交上了朋友，总在第一时间告诉他最近的优惠政策，这不，在地税工作人员的指导下，张磊刚刚招了2位刚毕业的大学生，享受了3年内每人每年4 800元的营业税减免。总共算下来，3年享受了28 800元的减免税款。“长这么大都没和税务局打过交道，第一次就享受到了这么贴心的服务，有他们的支持，我对创业成功更有信心啦！”

任务分析

为扶持大学生自主创业，近年来，国家相继出台多项优惠政策和鼓励措施。大学生创业初期一般规模小、资金少，因此关注和了解相关税收优惠政策，还是很有必要的。我们可以通过各级人力资源和社会保障、财政、税务、工商、科技、教育、团委、银行等部门了解这些优惠政策和鼓励措施，在相关政府部门办公地点或者网站都能够方便地获取这些信息。

任务实施

步骤1 了解国家级创业政策的主要内容

（一）2012年国家鼓励普通高校毕业生自主创业政策公告

1．放宽市场准入条件

1）初创企业时，允许按行业特点放宽资金、人员准入条件，注册资金可分期到位。

2）按照相关规定可将家庭住所、租借房、临时商业用房等作为注册地点及创业经营场所。

2．享受资金扶持政策

1）对负荷条件的高校毕业生自主创业的，可在创业地按规定申请小额担保贷款；从事微利项目的，可享受不超过10万元贷款额度的财政贴息扶持；合伙经营和组织起来就业的，可根据实际需要适当提高贷款额度。

2）视当地情况，可申请“大学生创业资金”。

3．实行税费减免优惠

1）毕业2年以内从事个体经营时，自工商部门首次注册登记之日起3年内，可免交管理类、登记类和证照等有关行政事业性收费。

2）持《就业失业登记证》（注明“自主创业税收政策”或附着《高校捕野生自主创业证》）的高校毕业生在毕业年度内（至毕业所在自然年，即1月1日至12月31日）从事个体经营的，3年内按每户每年8 000元为限额依次扣减其当年实际应缴纳的营业税、城市维护建设税、教育费附加和个人所得税。

3）从事农、林、牧、渔、环境保护、节能节水等行业，开办高新技术企业、软件企业、动漫企业或小型微利企业等，均可依法享受国家现行规定的税费减免政策。

4．提供培训指导服务

1）对高校毕业生在毕业年度内参加创业培训的，根据其获得创业培训合格证书或就业、创业情况，按规定给予培训补贴。

2）进入“高校学生科技创业实习基地”创办企业，可以享受减免12个月的房租、专业技术服务与咨询、相应的公共设施以及公共信息平台服务等。

3）在办理自主创业行政审批事项时，可以通过“绿色通道”享受联合审批、一站式服务、限时办结和承诺服务等。

4）各城市应取消高校毕业生落户限制，允许高校毕业生在创业地办理落户手续（直辖市按有关规定执行）。

5）自主创业申报灵活就业的高校毕业生，各级公共就业和人才服务机构按规定提供人事、劳动保障代理服务，做好社会保险关系接续工作。

详细内容请登录全国大学生就业公共服务立体化平台：www.ncss.org.cn。

（二）《高校毕业生自主创业证》申领流程

毕业年度内高校毕业生在校期间创业

学生网上申请
注册登录教育部大学生创业服务网（http://cy.ncss.org.cn），按要求在网上提交《高校毕业生自主创业证》申请。

↓

高校网上初审
所在高校对毕业生提交的相关信息进行审核，通过后注明已审核，并在网上提交学校所在地省级教育行政部门。

↓

省级教育行政部门复核
省级教育行政部门对毕业生提交的相关信息进行复核并确认。

↓

高校发放《高校毕业生自主创业证》
复核通过后，由所在高校打印并发放《高校毕业生自主创业证》，相关部门和学生本人都可随时查询。

↓

学生申领《就业失业登记证》
毕业生持《高校毕业生自主创业证》向创业地县以上人力资源社会保障部门提出《就业失业登记证》认定申请，由创业地人力资源社会保障部门核发《就业失业登记证》，一并作为当年及后续年度享受税收扶持政策的管理凭证。

毕业年度内高校毕业生离校后创业

学生申领《就业失业登记证》
毕业生凭毕业证直接向创业地县以上人力资源社会保障部门提出申请，县以上人力资源社会保障部门在对提交申请相关情况审核认定后，对符合条件的毕业生相应核发《就业失业登记证》，并注明“自主创业税收政策”。

↓

学生享受创业税收优惠政策
毕业生持《就业失业登记证》（注明“自主创业税收政策”或附《高校毕业生自主创业证》）、减免税申请及税务机关所需提供的其他相关材料，向创业所在地县以上主管税务机关申请减免税，通过审核后，享受相关创业税收优惠政策。

步骤2 了解省级创业政策的主要内容

1．陕西省大学生创业工商部门扶持政策

1）大中专毕业生毕业后5年内从事个体经营的（国家限制的行业除外），3年内免交登记类、管理类和证照类收费。

2）高校毕业生创办公司3万元即可登记，允许投资人首期注册资本到位10%，剩余部分可在三年内全部到位，并允许货币出资低于30%。

3）高校毕业生办理工商登记时，只需提交有效房屋租赁合同，无需再提交相关产权证明文件，允许用自有或租赁的住房兼作经营场所。

4）高校毕业生创业开办公司或个体工商户的，凭《毕业证书》、《报到证》、个人身份证

复印件享受优惠政策。

5）高校毕业生从事建筑业、娱乐业、销售不动产、转让土地使用权、广告业、房屋中介、桑拿、按摩、网吧、氧吧等10个行业的经营活动，不享受政策减免。

2．湖北大学生创业优惠政策

只要有创业意愿的大中专院校毕业生，在户籍所在地的就业服务机构进行失业登记后，具备工商注册资质，能提供一定的反担保证明（如由国家工职人员出面担保，或是出具家庭财产证明等），然后按照一定的程序进行申请，通过申请就可以获得不同额度的贷款。

大学生就业创业贷款额度分两种情况，如果是个人申请贷款最高额度为5万元，如果是合伙创办企业申请贷款最高额度为200万元，武汉市还可以扩大到300万。贷款期限一般为两年，视情况可以延期一年。

湖北大学生创业优惠政策具体的申请程序是：首先是向当地基层劳动保障部门（居住社区或所在区人才服务中心）提出贷款申请，接着是劳动保障等相关部门联合审查，然后贷款担保机构审核，并承诺担保，最后商业银行核贷并发放贷款。

3．上海市降低门槛推出大学生创业“零首付”新政

为降低创业门槛，上海工商部门近日推出大学生创业“零首付”新政策。可以参考注册公司，规定毕业两年内的大学生创业，首期缴付注册资本从 3 万元降为“零”，创业后两年内分期缴纳。并且，大学生从事个体经营，自注册登记之日起3年内，可免收登记类、管理类、证照类等行政事业费。

解决大学生创业的资金难题，“零首付”政策有实效，但创业者也得明白，零首付不等于零风险。不但两年内要缴足注册资本，企业成立了还要努力活下来，否则“零首付”也就没有意义。

步骤3　了解市县级创业政策的主要内容

1．江苏省连云港市鼓励支持高校毕业生自主创业措施

1）加大创业信贷支持力度。对自主创业的高校毕业生，在其自筹经费不足时，可申请不超过 10 万元的小额担保贷款，期限不超过 2 年。对合伙经营和组织起来就业的，可根据实际需要适当提高贷款额度。个人申请小额贷款并从事微利项目的由财政据实全额贴息，从事其他非微利项目的（国家限制行业除外）给予50%的贴息。对已办理小额担保贷款并按规定还本付息的自主创业扶持对象，贷款期限到期后，经审核同意贷款期限可再延长2年。

2）落实鼓励创业的税费减免政策。高校毕业生从事个体经营的，在规定的行业范围内，按有关规定，自其在工商部门首次注册登记之日起3年内，免收管理类、登记类和证照类等有关行政事业性收费，并按每户每年 8 000 元为限额依次扣减其当年实际应缴纳的营业税、城市维护建设税、教育费附加和个人所得税。2011 年 1 月 1 日至 2011 年 12 月 31 日，对高校毕业生创办的年应纳税所得额低于 3 万元（含 3 万元）的小型微利企业，其所得减按 50%计入应纳税所得额，按 20%的税率缴纳企业所得税。

3）鼓励高校毕业生自主创业企业吸纳毕业生就业。对就业困难的高校毕业生初次自主创业，稳定经营 6 个月以上、且正常申报纳税的，所办企业吸纳高校毕业生并与其签订 1 年

以上劳动合同的，按其吸纳人数给予一次性创业补贴，并享受国家、省、市关于鼓励中小企业吸纳高校毕业生就业的有关优惠政策。

4）鼓励入驻园区集聚发展。依托科教创业园区、科技企业孵化器等各类创业就业载体，积极吸纳符合条件的高校毕业生自主创办的企业入园孵化，并搞好基础设施及配套建设，为其提供专门科研、生产和经营场所，落实孵化企业或孵化基地的水、电、租金及物业管理费用等资金补贴政策，并按规定享受园区税费减免政策。

5）加强高校毕业生创业服务。市人社部门要设立专门高校毕业生自主创业咨询窗口，负责自主创业高校毕业生的政策解答和创业指导，工商、税务等部门及各金融机构要设立专门服务窗口，服务自主创业高校毕业生，适当放宽市场准入条件。积极为有创业意愿的高校毕业生提供创业指导和创业培训。对具有本市户籍的高校毕业生，按1 200元/人的标准提供创业培训补贴，并鼓励创业指导机构加强后续指导服务，对提供有效服务的，按每人300元给予补贴。

2．湖南省长沙县大学生创业可享零租金

2012年3月，经长沙县创业办精心筹备的大学生孵化基地——长沙县大学生创业大厦现已正式启动报名，符合条件的大学毕业生现可提出申请。

该大厦坐落于湖南机电职业技术学院院内，位于万家丽北路与湘龙路交会处，交通十分便利，距火车站仅15分钟车程。大厦两公里范围内有10多所高校，是大学生创业的理想之地。“零租金”大学生创业大厦将遴选一定数量的大学生创新创业项目入驻基地孵化成长，为有志创业的大学生们提供一个良好的创业服务平台。

凡毕业三年内的大学生都可零租金入驻创业大厦孵化三年，符合条件的大学毕业生现可向长沙县推进创业富民工作领导小组办公室提出申请。大学生创业大厦预计将于5月中旬正式投入使用。

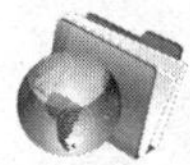

触类旁通

网上创业者应该主动通过网站、电话或者是直接去办公地点等途径，获取优惠政策和鼓励措施的信息。以下网址、电话供网上创业者参考。

教育部大学生创业服务网 http://cy.ncss.org.cn

国家工商行政管理总局 http://www.saic.gov.cn/zcfg/zcjd

人力资源和社会保障部门咨询电话 12333

中国工商银行咨询电话 95588

中国农业银行 http://www.abchina.com/cn

大学生创业网 http://www.studentboss.com

中国创业网 http://www.ccyw.org.cn

中国创业培训网 http://www.siyb.com.cn

创业网 http://www.cye.com.cn

浙江共青团 http://www.zjgqt.org

江苏省连云港创业网 http://cy.lygpx.com.cn

【案例 9-2】

巧用优惠政策实现创业梦想

打工多年的彭丕东，从事过很多行业，也经历了不少风雨。梦想有自己的事业，但始终漂浮不定，直到 2009 年的三月份从电视上了解了一些政府关于创业及创业扶持政策，就到昆明市就业局报名参加了昆明市就业局举办的创业培训。“在培训班上，老师用形象生动的语言让我们了解创办企业需要掌握的基本知识。”彭丕东说。比如，市场评估，企业的人员组织，企业的法律形态，法律环境和责任，预测启动资金的构成及分配，利润计划（制定销售价格，销售收入的预测，制定销售和成本计划，制定现金流量，资金来源），企业的组建、巩固和发展到企业的日常活动和中长期发展规划等。通过系统的培训后，更加坚定了彭丕东的创业信心。

2009 年 4 月，在昆明市就业局专家团的指导下彭丕东筹备并创办了自己的企业——车鑫调味品批发部。主要从事调味品的批发配送，客户群为餐厅、农贸市场、商场、超市。仅仅 8 个月的时间就完成销售收入 50 万元，带动就业 5 人，并在政府的大力扶持及专家团的指导下次年销售额就突破了 200 万元大关，带动就业人数 6 人。而在 2010 年的 11 月份以前，彭丕东的公司还主要和昆明本土两家企业合作，当时还没有自己的品牌，这给企业的发展带来了很多不便。彭丕东意识到，这样利润空间并不大。因此，他又开始将合作战线延伸到州市，成功和州市企业建立合作，为企业的长远发展奠定了坚实的基础。

未来，彭丕东希望自己能在 5 年内独家代理不少于 10 家的品牌，销售收入能够突破千万元大关，能够带动就业 30 人以上，并在昆明开设至少 5 个直营门店，开办一家食品厂。他说：“如果能组织起大家形成连片种植再进行深加工提升产品附加值，那么不但能给企业带来可观的效益，同时也能带动当地经济发展。”而他的创业梦，在政策的帮扶下，一步步正在变成现实。

请思考：从这个案例中你得到哪些启示？

项目小结

网上创业与传统创业一样，都必须守法经营。网上创业者需要具备基本的法律知识，熟悉网上交易法律法规，遵守《著作权法》，在网络营销过程中保护客户的网络隐私权，在守法经营的同时能够运用法律武器保护自身的合法权益。

大学生创业优惠政策一般涉及小额贷款、基金扶持、税费减免、创业培训、创业指导等方面。可以通过各级人力资源和社会保障、财政、税务、工商、科技、教育、团委、银行等部门了解这些优惠政策，通过网站、电话或者在相关政府部门办公地点等渠道方便地获取这些信息。

实战强化

实训 1　对网店及商品进行守法经营评估

1．实训目的

进一步熟悉网络经营的相关法律法规，能够消除店铺经营在法律方面的安全隐患。

2．实训组织

1）每 3～5 人一组，小组成员对经营的店铺及商品进行安全评估，发现安全隐患，提出解决方案。

2）各组提交实训报告。

3．实训要求

搜集 2 个网上侵权案例；分析商品是否存在侵权等隐患；改进支付、交易等方面的安全保障措施，确保店铺守法经营。

实训 2　实地了解自主创业的优惠政策和鼓励措施

1．实训目的

通过本次实训，了解自主创业的优惠政策和鼓励措施。

2．实训组织

1）每 3～5 人一组，在学校所在地的人力资源和社会保障、财政、税务、教育、团委、工商、银行等部门中，给每个小组指定一个实地考察的部门，以小组为单位了解该部门实施的自主创业优惠政策和鼓励措施。

2）在班级内进行调查信息、心得体会的交流，选出最受全班同学欢迎的 3 项优惠政策或鼓励措施。

3）教师点评。

3．实训要求

1）调查前要做好调查的准备工作。

2）外出调查，小组成员要做好分工、互相配合、注意安全。

3）调查结束后，完成调查报告。

参 考 文 献

[1] 刘平．创业管理理论与实践[M]．北京：清华大学出版社，2011．

[2] 孙德林．网上创业理论与技能[M]．北京：电子工业出版社，2011．

[3] 史达．网上创业实务[M]．大连：东北财经大学出版社，2011．

[4] 北京光华慈善基金会．如何成功创办一个小企业[M]．上海：华东师范大学出版社，2010．

[5] 淘宝大学．网店推广[M]．北京：电子工业出版社，2011．

[6] 罗岚．网店运营专才[M]．南京：南京大学出版社，2011．

[7] 李志刚．网上创业理论与实践[M]．北京：机械工业出版社，2010．

[8] 彭纯宪．网上开店实务[M]．北京：机械工业出版社，2009．

[9] 俞成平．网上开店与推广技巧总动员[M]．北京：清华大学出版社，2011．

[10] 崔红．网上开店与创业[M]．北京：电子工业出版社，2010．

[11] 石淼．网店运营[M]．北京：中国水利水电出版社，2011．

[12] 武新华，岳瑞凤，段玲华．网上创业指南[M]．北京：机械工业出版社，2008．

[13] 罗岚．网店经营宝典[M]．北京：清华大学出版社，2011．

[14] 浙江淘宝网络有限公司．C2C 电子商务创业教程[M]．北京：清华大学出版社，2010．

[15] 顾明，江跃进，梁伟康．网上创业教育是普及创业教育的有效途径[J]．北京：中国职业技术教育，2013．